Die Welt der Vögel

Die Welt

Farbbilder: AD CAMERON
Text: DR. CHRISTOPHER PERRINS
Edward Grey Institut für Ornithologie an der
Universität Oxford

Herausgeber der deutschen Ausgabe:
Dr. Josef Reichholf
Ornithologische Abteilung der zoologischen
Staatssammlung München

der Vögel

Evolution
Körperbau
Verhalten

HERDER

FREIBURG

BASEL

WIEN

Redaktion der deutschen Ausgabe:
GÜNTER STEINBACH

ÜBERSETZUNG: LENI SOBEZ

Die englische Originalausgabe erschien unter dem Titel
BIRD LIFE

Advisory Editor:
Dr. C. J. O. Harrison
Keeper of Birds, British Museum (Natural History), Tring

Editor:
Dr. Peter Hutchinson

geplant und hergestellt von
© Elsevier Publishing Projects S. A., Lausanne 1976
© der deutschen Ausgabe:
Verlag Herder KG, Freiburg im Breisgau 1976

ISBN 3-451-17686-6

INHALT

Bildbeschreibungen zu nächster Seite:
Die Tarnfarbe ermöglicht es vielen Vögeln, der Entdeckung durch Feinde zu
entgehen. (1) Ein Sperlingskauz *Glacidium gnoma* aus Vorder- und Rücken-
ansicht (2); (3) Grauer Tagschläfer *Nyctibius griseus;* (4) Moorschneehuhn
Lagopus mutus im Winter- und (5) Sommerkleid; (6) Große Rohrdrossel *Botaurus stellaris;* (7) Sandregenpfeifer *Charadrius hiaticula* und (8) Amerikanischer Ziegenmelker *Caprimulgus vociferus.*

Ein neues Vogelbuch...

wird mit diesem Werk der Fülle der bereits vorhandenen hinzugefügt. Es ist nicht einfach »wieder eines«, sondern die Zusammenfassung des schier unglaublich anwachsenden Wissensgutes über die Vögel und ihre Lebensweise; gewissermaßen ein allgemein verständlicher Situationsbericht. Das Werk ist ein neuer Versuch, Ordnung und Übersicht in die unabsehbare Vielfalt der Lebenserscheinungen der 8600 Vogelarten der Erde zu bringen. Es vermittelt Verständnis für die Zusammenhänge im Wechselspiel von Anpassungsleistung und Umweltgegebenheiten; es weckt Interesse für die Besonderheiten der Vögel und es wird der Vogelkunde, wie immer sie auch betrieben werden mag, neue Impulse geben.

Seit etwa 200 Jahren wird Vogelkunde, die Ornithologie, systematisch betrieben. In dieser Zeit haben in wachsendem Tempo Fachleute, besonders aber Amateure unsere Kenntnisse über das Vogelleben erweitert und vertieft. Die Zusammenarbeit ist so eng, daß man wirklich sagen kann, die Ornithologie wäre ohne die zahllosen Amateure in ihrem heutigen Standard gar nicht denkbar. Denn viele wesentliche Beobachtungen und Studien haben die nicht-professionellen Ornithologen beigetragen. Die Skala dieser von Amateuren gemachten Beobachtungen reicht von der Erfassung des lokalen Vorkommens der verschiedenen Arten und ihrer Häufigkeit bis zu minutiösen Studien des Verhaltens und der Fortpflanzungsbiologie einzelner Arten, von der koordinierten Zusammenarbeit in internationalen Programmen bis zu Forschungsreisen.

In einer wesentlichen Hinsicht unterscheidet sich die moderne Beschäftigung mit den Vögeln von der früheren oder vom ähnlich beliebten Hobby des Sammelns von Schmetterlingen und Käfern: die Vögel werden heutzutage nicht mehr getötet und in Sammlungen gesteckt! Sie bleiben Bestandteil der freien Natur. Die »Jagd« nach den Seltenheiten oder den neuen Arten, die der Ornithologe kennenlernen möchte, geschieht mit dem Fernglas; die Ergebnisse verstauben nicht in Schränken oder als Trophäen an der Wand, sondern gehen als wertvolle Daten in die Tagebücher und Archive. So ist es bei vielen Ornithologen Mode geworden, eine Liste zu führen, in der alle Arten von Vögeln aufgezeichnet sind, die man bereits mit eigenen Augen in freier Wildbahn gesehen hat. Manche »Artenjäger« führen dazu Jahreslisten und charakterisieren gute und weniger ertragreiche Jahre ihrer vogelkundlichen Beobachtungstätigkeit mit den Artenzahlen, die sie pro Jahr erreicht haben. Die vielen Daten über biologische Beobachtungen werden aber in zunehmendem Maße systematisch gesammelt und in Aufsätzen in Fachzeitschriften publiziert. Vogelbeobachtung als Hobby ist daher gleichzeitig zum wichtigen Beitrag für die Wissenschaft geworden.

Das Interesse der Allgemeinheit an den Vögeln und ihrer Lebensweise ist groß und es scheint noch immer anzusteigen. Vogelbestimmungsbücher, die zum genauen Erkennen der verschiedenen Arten unter Freilandbedingungen führen, haben in Europa und in Nordamerika Auflagen in Millionenhöhe erreicht. Sie sind nun nahezu für alle Kontinente verfügbar — wenn auch nicht in der außerordentlichen Qualität, die für die europäische und nordamerikanische Fauna erreicht worden ist. Hier ist es leicht, sich einzuarbeiten und zu richtigen Bestimmungen zu kommen. Hat man aber einmal den Zugang gefunden, der das reiche Artenspektrum aufschließt, so kommt das Interesse an der Lebensweise der Vögel ganz von selbst. Und wer die europäischen Vögel kennengelernt hat, der wird auch bald Interesse an den afrikanischen, südostasiatischen oder südamerikanischen Arten finden. Mittlerweile sind sogar Listen veröffentlicht worden, die alle Vogelarten der Welt aufführen. Doch es gibt wohl keinen Menschen, der sie alle einmal lebendig gesehen hätte. Tausend verschiedene Arten zu kennen, das ist schon eine sehr gute Leistung.

Dieses Werk gibt nun keinen umfassenden Überblick über die Artenfülle, wohl aber über das weit gespannte Spektrum von Anpassungen und Besonderheiten. Es führt ein in die Welt der Vögel, in ihre Probleme und in die Art und Weise, mit der sie ihre Probleme meistern. Daß die Vögel nicht an der Natur, aber vielfach an dem, was der Mensch daraus gemacht hat, scheitern, ist nicht nur für diese bedauerlich, sondern unter Umständen auch für den Menschen selbst höchst bedeutsam. Denn die Vögel waren es, die vor den Gefahren der schleichenden Vergiftung unserer Umwelt erstmals vehement gewarnt haben. Und es sind die Adler und Großfalken, die aufgrund ihrer Spitzenpositionen in den Nahrungsketten die Häufung der Gifte anzeigen und wiederum davor warnen, die Biosphäre ungebührlich mit unseren Giftprodukten zu belasten.

Es ist daher nicht nur die Theorie, die mit dem Studium der Galapagos-Finken durch Charles Darwin und David Lack so entscheidende Impulse gewonnen hat, daß die Vögel zum Zentrum der Abstammungslehre und zu ihrer Festigung geworden sind bzw. entscheidend dazu beigetragen haben. Heute ist es die praktische Anwendung der Erkenntnisse der Vogelkunde, die zahlreiche Arten als Bioindikatoren ausweist. Die Vögel sind gewissermaßen die lebendigen Meßinstrumente für das Ausmaß und für die Veränderungen in der Belastung unserer Umwelt. Die Vogelkunde hat daher wie kaum ein anderer Zweig der Biologie gleichermaßen hohe wissenschaftliche und praktische Bedeutung. Wenn dieses Buch dazu anregt, sich intensiver mit den Vögeln zu beschäftigen, dann hat es seinen Hauptzweck erfüllt. Sicher wird es Begeisterung erwecken und neue Freunde der Vogelkunde zuführen, denn die Illustrationen von AD Cameron, faszinierend in ihrer Genauigkeit und Farbtreue und höchst informativ in den Detailzeichnungen, die die Wunderwelt der Vögel, ihren sonst vom Federkleid verdeckten hochkomplizierten Organismus erkennbar und verständlich machen, lassen das Studium der Vögel nicht nur für den Fachmann, sondern gerade für den Laien und Vogelliebhaber zu einem wirklichen Vergnügen werden.

Dr. Josef Reichholf

EINFÜHRUNG

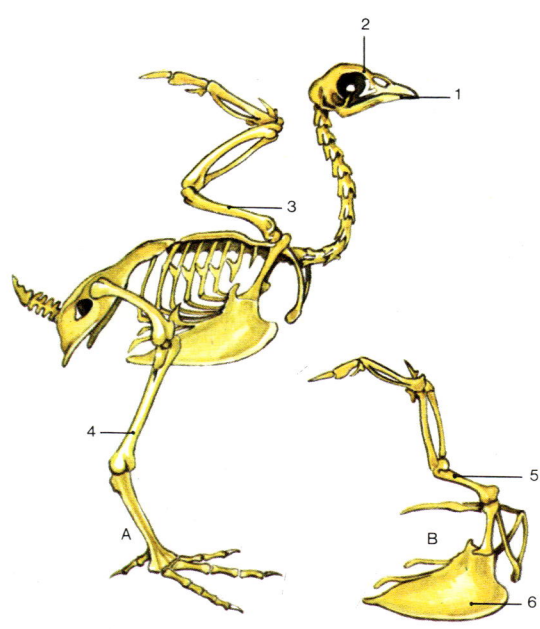

Das Skelett der Vögel zeigt eine Reihe von Veränderungen, welche die Flugfähigkeit ermöglichen (A). Die schweren Zähne sind durch einen leichten Schnabel ersetzt worden (1), die Schädelknochen sind dünn (2), und in Flügeln (3) und Beinen (4) finden sich dünnwandige Röhrenknochen. Arm und Schultergürtel (B) sind so gestaltet, daß sie den Ansatz der großen Flugmuskeln ermöglichen, die sich zwischen Oberarm (5) und Brustbeinkiel erstrecken (6).

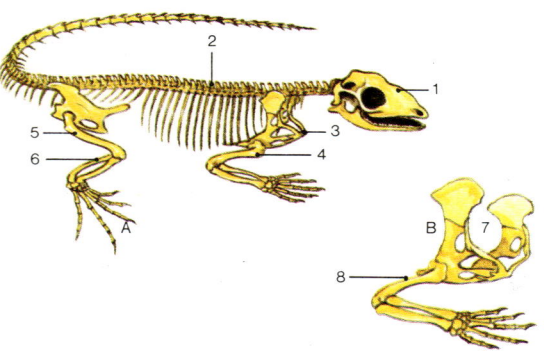

Die Vögel entwickelten sich aus einer den Dinosauriern nahe verwandten Gruppe von Kriechtieren vor rund 150 Millionen Jahren. Das Reptilienskelett beispielsweise einer Eidechse (A) ist dem Vogelskelett noch in mancher Hinsicht recht ähnlich. Der Schädel (1) ist mit der Wirbelsäule (2) gelenkig verbunden. Der Schultergürtel (3) stützt die Vorderbeine (4), während der Beckengürtel (5) die Hinterbeine (6) trägt. Die Detailzeichnung (B) zeigt, daß der Schultergürtel kräftig ausgebildet (7) und mit dem Vorderbein (8) gelenkig verbunden ist. Diese Konstruktion stützt den Vorderkörper. Aus diesem Grundbauplan sind auch die Umwandlungen ableitbar, die das Vogelskelett kennzeichnen.

Man kann dem Menschen mit Recht vorwerfen, daß er die Welt fast ausschließlich von seinem Standpunkt aus betrachtet. Ihn interessiert in erster Linie, was ihn selbst betrifft und wie er auf diesen unseren Planeten einwirken kann. Bis zu einem gewissen Grad ist diese Einstellung berechtigt und auch verständlich.

Doch geraten dabei nur allzuleicht die Lehren, die aus der intensiven Beschäftigung mit anderen Lebewesen gezogen werden können, in Vergessenheit.

Gerade hier will dieser Band einsetzen und eine Brücke zur Tierwelt allgemein und zur Vogelwelt im besonderen schlagen helfen.

Das vorliegende Buch ist dazu bestimmt, das vorhandene Interesse an der Vogelwelt zu fördern und grundlegende Kenntnisse über das Leben der Vögel zu vermitteln.

Vögel haben von jeher Faszination auf den Menschen ausgeübt. Solange wir zurückdenken können, haben sie Kunst und Mythologie stark beeinflußt. In neuerer Zeit ist die Beobachtung von Vögeln und das Studium ihres Verhaltens besonders in Europa und in den Vereinigten Staaten zu einer beliebten Freizeitbeschäftigung geworden. In ihrem Gefolge entstand eine umfangreiche Populärliteratur über Vögel. Die meisten Werke dieser Art krankten jedoch daran, daß sie nur das äußere Erscheinungsbild der Vögel beschrieben. Dem Leser blieb also kaum mehr zu tun, als die einzelnen Vogelarten zu identifizieren, um ihren wissenschaftlichen Namen sowie ihre Bezeichnung in der Umgangssprache herausfinden zu können. Zudem behandelten diese Bücher vorwiegend Vögel, die nur in bestimmten Regionen leben, so blieben beispielsweise die Vögel der Antarktis oder des Amazonasbeckens relativ unbekannt. Auch was über die bloße Erscheinungsform hinausging, etwa die Lebensweise der Vögel, wurde kaum gewürdigt.

Der erste uns bekannte Vogel ist der *Archaeopteryx*, der als 150 Millionen Jahre altes Fossil im Juragestein gefunden wurde. Seit dieser Urzeit haben sich die Vögel — dank des evolutionären Prozesses — zu einer immensen Vielfalt entwickelt. So leben heute etwa 8600 Vogelarten, eingeteilt in 176 Familien. Darin sind jene Vögel zusammengefaßt, die man ihrer engeren Abstammung nach einem gemeinsamen Ursprung zuordnen muß. Diese Familien wurden wiederum systematisch so geordnet, daß sie von den primitiven bis zu den am weitesten entwickelten Formen eine geschlossene Reihe bilden. Es werden daher alle wichtigen Vogeltypen und auch Vögel aus wenig bekannten Regionen eingehend beschrieben.

Der Text wurde in einer auch Laien leicht verständlichen Sprache gehalten. Um Kontinuität und Homogenität zu sichern, wurde der Band von einem Alleinautor verfaßt, doch haben Ornithologen aus allen Teilen der Welt ihre Erkenntnisse dazu beigetragen. Hier werden jeweils die neuesten Ergebnisse vermittelt, darunter auch solche, die bisher noch nicht in wissenschaftliche Standardwerke Eingang gefunden haben. Fast die Hälfte des Buches nehmen Abbildungen der bekanntesten Vogelarten ein. Die Besonderheit dieses Buches liegt in der Zusammenschau der Erscheinungen anhand ganz verschiedener Arten in oft recht unterschiedlichen Lebensräumen, nicht aber in einer systematischen Beschreibung einer Art.

EVOLUTION UND KLASSIFIKATION

Die Lachmöwe gehört zur Klasse der Vögel (1), da sie Federn trägt, zur Ordnung der Regenpfeiferartigen (2) wegen bestimmter Baueigentümlichkeiten ihres Skeletts und zur Familie der Möwen (3) wegen ihrer langen Flügel und der Schwimmhäute zwischen den Zehen. Sie wird in die Gattung *Larus* (4) eingeordnet, in der sie die Art *L. ridibundus* repräsentiert und sich von allen anderen Arten aufgrund bestimmter Körpermerkmale deutlich unterscheidet. Diese Art der Einteilung ermöglicht das rasche Erkennen der verwandtschaftlichen Zusammenhänge. Jede Art ist mit ihren beiden Namen (Gattung und Art) allgemein verständlich gekennzeichnet.

Evolution

Vor 150 Millionen Jahren war der Luftraum von fliegenden Reptilien, den *Ptero-dactylen*, bevölkert. Das waren jedoch noch keine Vögel. Die Vögel sind stammesgeschichtlich gesehen relativ jung; ihre Entwicklung begann erst nach dem sogenannten Zeitalter der Reptilien.

Unser Wissen über die historische Entwicklung der Vögel in Deutschland setzt ein mit einem Tier von der Größe einer Krähe, dem sogenannten Urvogel. Die fossilen Reste dieses *Archaeopteryx* fand man in den 150 Jahrmillionen alten Jurakalksteinfelsen eines Steinbruchs bei Solnhofen. Der Urvogel ähnelt noch einer Echse mit einem langen, aus Wirbelknochen zusammengesetzten Schwanz. Aber in einer Beziehung war der *Archaeopteryx* bereits einzigartig: Er besaß echte Federn. Dieser Vorläufer der Vögel konnte wahrscheinlich nur gleiten, nicht aber richtig fliegen. Von diesem *Archaeopteryx* oder einer sehr ähnlichen Tierart stammen alle unsere heutigen Vögel ab. Es war nun die Aufgabe der Paläontologen, die Entwicklung der Vögel seit der Jurazeit in Einzelheiten zu rekonstruieren, ein außerordentlich schwieriges Unterfangen, denn Vögel sterben kaum unter Bedingungen, die einer fossilen Erhaltung günstig sind. Die Funde mußten zwangsläufig spärlich bleiben. Nur wenn die Kadaver in stillstehende oder langsam fließende Gewässer fallen, besteht nämlich die Chance, daß sie rasch genug mit Ablagerungen zugedeckt werden, die die Knochen vor der Vernichtung bewahren.

Das erste guterhaltene Fossil nach dem *Archaeopteryx* war der *Ichthyornis*, dem der *Hesperornis* folgte. Diese Fossilien stammen aus der 100 Millionen Jahre alten oberen Kreide von Niobrara in Kansas. In den Kalkablagerungen blieben die Vögel gut erhalten. Sie lebten vermutlich an Gewässern und ernährten sich wohl von Fischen. Der *Ichthyornis* dürfte ein guter Flieger gewesen sein, doch der *Hesperornis* hatte die Flugfähigkeit bereits verloren und dürfte seine Beine zum Schwimmen benutzt haben.

Fossilienfunde ab der Kreidezeit sind sehr viel häufiger. Die 60 Millionen Jahre alten Eozän-Lager des Londoner Lehms enthalten Fossilien von Vögeln, die Reihern, Geiern und Eisvögeln ähneln, während in den etwas jüngeren Ablagerungen im Pariser Becken und an einigen Stellen Amerikas Geier, Flamingos, Gänse, Rallen, Rebhühner und Fasane zu finden sind. Gegen Ende des Miozän, ungefähr vor 11 Millionen Jahren, gab es bereits die meisten der heute bekannten Vogelarten.

Daß die Zahl der Vogelarten in den jüngeren Sedimenten so schnell zunahm, hat zwei Ursachen. Erstens findet man Fossilien sowieso leichter in jüngerem Gestein als in älterem, und zweitens — und das ist noch entscheidender — hat sich in den vergangenen 50 Millionen Jahren die Zahl der Vogelarten vervielfacht. Dank ihres Flugvermögens konnten die Vögel alle Lebensräume der Erdoberfläche erreichen und sie zumeist auch besiedeln. Wegen dieser hohen Mobilität konnten die Vögel auch neue Futterquellen erschließen. Die jüngste Phase der Evolution hat dementsprechende Schnabelformen hervorgebracht, die ganz bestimmten Arten des Nahrungserwerbs angepaßt sind. Wir werden dies auf den folgenden Seiten sehen.

Klassifikation

Vögel sind von sehr unterschiedlicher Größe. Ein Strauß wird zum Beispiel bis zu 2,4 m hoch, während ein kleiner Kolibri trotz seines relativ langen Schnabels nur 6,3 cm mißt. Zwischen diesen beiden Extremen gibt es etwa 8600 verschiedene lebende Arten, die erstaunlich viele unterschiedliche Lebensräume bewohnen und über eine immense Vielfalt von Charakteristika verfügen.

Der Artenreichtum ist das Ergebnis einer verhältnismäßig raschen Evolution in den letzten 50 Millionen Jahren. Wurde zum Beispiel ein Vogelschwarm von einem Sturm nach Hawaii verschlagen, so fand er dort ganz andere Lebensbedingungen vor. Nach vielen Generationen konnte sich vielleicht ein Teil der Nachkommenschaft den neuen Lebensbedingungen anpassen. So entwickelten sich z.B. kurze, kräftige Schnäbel, die sich für Nüsse und Samennahrung eigneten, oder aber lange, schlanke, die Nektar als Nahrungsquelle zur Verfügung hatten. Heute gibt es auf den Hawaii-Inseln 22 verschiedene Arten von Kleidervögeln, alle haben sich wahrscheinlich aus einer einzigen eingewanderten Art entwickelt.

Die Klassifikation hat die Funktion, Unterschiede zwischen den einzelnen Arten durch Gruppierung näher miteinander verwandter Formen festzuhalten. So sind die Kleidervögel von Hawaii zu der einheitlichen Familie der *Drepanididae* zusammengefaßt, nicht nur aufgrund zahlreicher gemeinsamer Merkmale, sondern auch, weil sie ganz offensichtlich von gleicher Abstammung sind.

Die Familie ist nicht die einzige Klassifikationsgruppe, die zur Einteilung der Vögel benutzt wird. Es gibt ein streng hierarchisches System für die Klassifikation: Die Klassen sind in Ordnungen, diese in Familien geteilt, die sich aus Gattungen zusammensetzen. Die Gattungen entstehen durch den Zusammenschluß nahe verwandter Arten, und diese sind wiederum aus Unterarten und Populationen

Vertreter der 34 Ordnungen von Vögeln
(1) Dinornithiformes, (2) Struthioniformes,
(3) Aepyornithiformes, (4) Rheiformes, (5) Diatrymiformes,
(6) Casuariiformes, (7) Archaeopterygiformes,
(8) Ciconiiformes, (9) Sphenisciformes, (10) Apterygiformes,
(11) Ichthyornithiformes, (12) Pelecaniformes,
(13) Anseriformes, (14) Tinamiformes, (15) Procellariiformes,
(16) Gaviiformes, (17) Podicipitiformes,
(18) Hesperornithiformes, (19) Odontopterygiformes,
(20) Psittaciformes, (21) Gruiformes,
(22) Falconiformes, (23) Strigiformes, (24) Trogoniformes,
(25) Coliiformes, (26) Galliformes, (27) Charadriiformes,
(28) Passeriformes, (29) Apodiformes, (30) Piciformes,
(31) Coraciiformes, (32) Cuculiformes,
(33) Columbiformes und (34) Caprimulgiformes.

aufgebaut, die aus Gruppen zusammengehöriger Individuen bestehen. Die Individuen können sich miteinander fortpflanzen, und die Fähigkeit zu gemeinsamer Fortpflanzung ist entscheidendes Kriterium für die Zugehörigkeit zu einer Art:

Die Grundsätze der Klassifikation lassen sich am besten am Beispiel der Lachmöwe erklären: Sie gehört in die Klasse der *Aves* (Vögel), denn sie besitzt, wie alle anderen Vögel, Federn. Allein dieses Merkmal unterscheidet die Vögel von allen anderen lebenden und ausgestorbenen Tieren, ist es doch der Beweis dafür, daß sie sich aus dem gefiederten Reptil *Archaeopteryx* entwickelt haben. Die Klasse *Aves* besteht aus 34 Ordnungen, und die Lachmöwe gehört wie die Seeschwalben, die Raubmöwen, die Scherenschnäbel und andere Möwen zu den *Charadriiformes* (Regenpfeiferartige). Alle Mitglieder dieser Ordnung müßten von Stelzvogel-Ahnen abstammen, denn bei ihnen bestehen sehr große Ähnlichkeiten in der Form des Schädels und der Beinknochen. Die *Laridae* (Möwen) bilden eine der 16 Familien der Ordnung langbeiniger, geselliger Seevögel mit Schwimmhäuten an den Füßen und relativ schwerem Schnabel. Alle Möwen sind leistungsfähige Flieger. Gehen wir weiter, so kommen wir zur Gattung *Larus*. Dazu gehören die meisten Möwen mit Ausnahme so spezialisierter Formen wie der Dreizehenmöwe, die an steilen Klippen nistet und über dem offenen Meer nach Nahrung sucht. Sie ist in die Gattung der *Rissa* eingeordnet. Die Lachmöwe dagegen gehört zu den echten Möwen der Gattung *Larus*. Sie trägt den Artnahmen *L. ridibundus*. Von den anderen Mitgliedern der Gattung unterscheidet sie sich dadurch, daß sie relativ klein ist (38 cm lang), einen ziemlich schlanken Schnabel besitzt. Die Lachmöwe ist also folgendermaßen klassifiziert:

KLASSE (Classis) *Aves*, ORDNUNG (Ordo) *Charadriiformes*, FAMILIE (Familia) *Laridae*, GATTUNG (Genus) *Larus*, ART (Spezies) *L. ridibundus*
Man bezeichnet die Lachmöwe nur mit Genus und Spezies als *Larus ridibundus*.

ANATOMIE, BEWEGUNG UND VERHALTEN

Das Vogelskelett (1) mag unbeholfen wirken, aber es wird durch die Befiederung in eine Stromlinienform gebracht. Die Vordergliedmaßen tragen die Schwungfedern, die die zum Fliegen notwendige große Tragfläche bilden. In den hohlen Knochen (2) garantieren besondere Strukturen die große Stärke und die enorme Leichtigkeit; lebendige Vorbilder für technische Konstruktionen!

Zu den wenigen Tieren, die ähnlich gut wie die Vögel fliegen können, gehören die Fledermäuse. Ihre Flügel (1) formt eine Spannhaut, die sich von den stark verlängerten Fingern bis zu den Hinterbeinen erstreckt. Beim Vogelflügel (2) dagegen ist der Arm die tragende Größe; die Finger sind rückgebildet und spielen eine vergleichsweise geringere Rolle.

Anatomie

Fast alle anatomischen Besonderheiten der Vögel lassen die Entwicklung zum Flugvermögen erkennen. Die Vögel gehören zu den wenigen Tieren, die richtig fliegen können und nicht nur schweben; sie teilen diese Fähigkeit mit Flugsauriern und Fledermäusen. Als Warmblütler konnten die Vögel auch in Berg- und Polarregionen überleben und sich noch dort fortpflanzen, wo andere Tiere keine Lebensmöglichkeit gefunden hätten.

Das Vogelskelett entspricht seiner Anlage nach den Skeletten der anderen Wirbeltiergruppen. Der Schädel schließt sich an das knöcherne Rückgrat, die Wirbelsäule (Vertebra), an, während die inneren Organe durch die Rippen geschützt im Brustkorb liegen. Der Schultergürtel setzt sich in die vorderen Gliedmaßen fort, die zu Flügeln umgebildet sind; der Beckengürtel in die Beine. Diese Konstruktion ist dazu bestimmt, das Gewicht so zu verlagern, daß die Beine den Körper stützen können, wenn sich der Vogel auf dem Boden bewegt.

Die für das Fliegen notwendige Verringerung des Gewichtes wird auf verschiedenen Wegen erreicht: Die Zähne wurden im Laufe der Entwicklung der Vögel durch einen hornigen Schnabel ersetzt. Eine ganze Reihe von Knochen sind außerordentlich dünn. Ist besondere Widerstandsfähigkeit erforderlich, so wird der solide Knochen durch eine Struktur ersetzt, die geringes Gewicht mit großer Starrheit vereint. Die Beinknochen und die dickeren Skelettknochen sind hohl und haben, wo besondere Stabilität erforderlich ist, innere »Verstrebungen«.

Die Beckenwirbel sind fest miteinander verschmolzen. Zum Ausgleich für die Starrheit der unteren Körperhälfte ist der Hals sehr beweglich und oft von extremer Länge. Der Flügel besteht aus dem Oberarmknochen, aus Elle und Speiche, die den »Unterarm« bilden, sowie aus Handgelenk und Fingerknochen. Die Armschwingen der Flügel werden vom Unterarm gestützt, während Handgelenk und Fingerknochen miteinander verschmolzen sind und den Handschwingen dadurch einen festen Halt sichern. Der erste und der fünfte Finger hat sich zurückgebildet; der zweite ist so geformt, daß der Alula- oder Bastardflügel besonders gestützt wird, da dieser beim Flug eine ungemein wichtige Funktion ausübt.

Die Flügel sind mit dem Schultergürtel verbunden. Die Gelenkpfannen werden durch die Schlüsselbeine (Clavikel) verstrebt, die miteinander verwachsen auch das Brustbein bilden. Als Ganzes ist der Schultergürtel dazu bestimmt, den auf den Vorderkörper wirkenden Belastungen standzuhalten, die sich beim Zusammenziehen der kräftigen Flugmuskeln ergeben. Diese Muskeln reichen vom Kopf des Oberarmknochens bis zum Ende des Brustbeines. Sie sind flach und liegen auf der Mittellinie des Körpers auf.

Da die Flügel den Vogel auf dem Boden nicht stützen können, ist das Skelett so geformt, daß der Vogel auf den Hinterbeinen laufen kann, eine Fortbewegungsart, die man Bipedalismus, also Zweifüßigkeit, nennt. Der Rückenknochen ist zwischen Schulter- und Beckengürtel beträchtlich verkürzt; dadurch verlagert sich der Schwerpunkt nach rückwärts, so daß das Gleichgewicht mit den Hinterbeinen gehalten werden kann. Diese sind so konstruiert, daß sie sich unter dem Körper nur vor- und rückwärts bewegen können. Interessanterweise gab es in

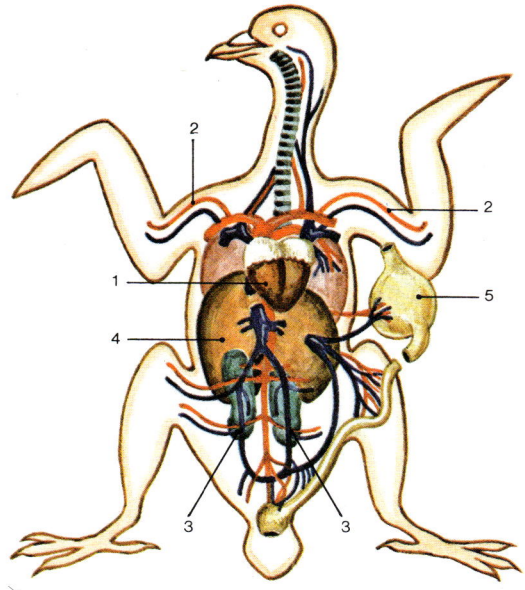

Im weitverzweigten und sehr effektiven Gefäßsystem versorgt das Blut alle Organe des Körpers mit dem lebenswichtigen Sauerstoff und sorgt für den Abtransport des Kohlendioxyds. Da Vögel besonders aktive Tiere sind, muß ihr Blutsystem auch höchst effektiv arbeiten. Die rot dargestellten Arterien sind groß und befördern das frische Blut vom Herzen (1) in den Körper. Besonders kräftig sind die Arterien (2), die die Flügel versorgen. Das Blut kommt zum Herzen über die Venen zurück (blau), nachdem es z. B. Nieren (3), Leber (4) und Magen (5) versorgt hatte. In den Lungen erfolgt dann der Austausch der Atemgase.

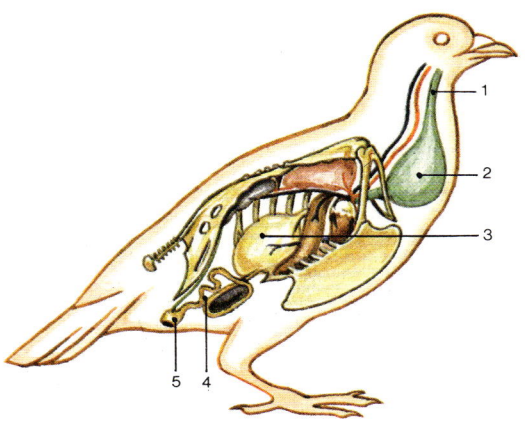

Seitenansicht der inneren Organe. Der Verdauungstrakt gliedert sich in Schlund (1), Kropf (2) und den zweigeteilten Magen (3), der aus dem Vorhof und dem eigentlichen Muskelmagen besteht. Hierauf folgt der Darm (4), der zur Kloake (5), der Austrittsöffnung für die Abfallprodukte, führt. Diese hat auch die wichtige Aufgabe des Wasserentzugs aus den Verdauungsprodukten.

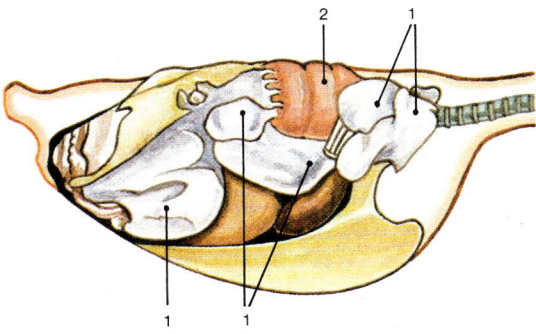

Viel Raum nehmen im Vogelkörper die Luftsäcke (1) ein, die Ausstülpungen der Lunge (2) darstellen. Sie helfen mit, die großen Sauerstoffmengen zu gewinnen, die der Vogel zum Fluge nötig hat.

der Evolution des Menschen eine ähnliche Veränderung, als sich nämlich der auf den Hinterbeinen aufgerichtete Gang aus der vierfüßigen Fortbewegungsweise der Prähominiden entwickelte.

Wie das Skelett, so wird auch die Muskulatur den Anforderungen des Fluges gerecht. Die wichtigsten Muskeln sind die Flugmuskeln, die zwischen dem Oberarm und dem Längsträger verlaufen. Beim Geflügel und Vogelwild kennen wir sie als »Brust«. Es gibt zwei Paar Flugmuskeln. Das größere Paar nennt man *pectoralis major* (großer Brustmuskel); sein Zusammenziehen bewirkt die kraftvolle Abwärtsbewegung. Die Aufwärtsbewegung erfordert viel weniger Energie und wird vom zweiten Muskelpaar, *pectoralis minor* (kleiner Brustmuskel), ausgelöst. Auch diese Muskeln verlaufen zwischen Oberarm und Längsträger und liegen unter dem großen Brustmuskel auf dem Brustbein. Sie sind aber nicht direkt mit dem Oberarm verbunden, so daß sie die Aufwärtsbewegung bewirken könnten. Sie enden vielmehr in einer Sehne, die durch ein Loch zwischen den Knochen des Schultergürtels zur Oberseite des Oberarms verläuft. Die Aufwärtsbewegung entspricht also im Grunde nur einem einfachen mechanischen Zugprinzip.

Auch der Vogelkörper ist den Anforderungen des Fluges wohl angepaßt; sei er nun gedrungen oder schlank, stromlinienförmig ist er immer. Die Federn sorgen dabei für eine glatte Oberfläche. Der Schwanz besteht nur aus Federn; er trägt wesentlich zum Erscheinungsbild des Vogels bei und kommt in einer Unzahl von Formen und Längen vor.

Die langen Beine eines Storches zeigen an, daß der Vogel dem Umherwaten in seichtem Wasser oder in Sumpfgelände angepaßt ist. Wie lang die Beine auch sein mögen, sie stören niemals die Stromlinienform, da sie beim Flug gewöhnlich dem Körper angelegt werden.

Der Vogel besitzt weit mehr Freiheit als ein Tier, das auf dem Boden kriecht oder läuft. Der Vogel muß seine schwierigen Bewegungen vollkommen miteinander koordinieren, und da er Geschwindigkeiten von mehr als 100 km/h zu erreichen vermag, müssen seine Bewegungen auch außerordentlich schnell erfolgen. Der Gehirnteil, der für die Koordination der Bewegungen verantwortlich ist, heißt *cerebellum* (Kleinhirn) und ist bei Vögeln entsprechend groß und gut durchgebildet. Noch umfangreicher sind jedoch die beiden Gehirnhälften, die Gehirnlappen, mit deren Hilfe der Vogel komplizierte Verhaltensmuster entwickelt.

Das Verdauungssystem ist sehr leistungsfähig. Da es sich bei den Vögeln um sehr aktive Tiere handelt, müssen sie die aufgenommene Nahrung ungeheuer schnell umsetzen. Ein kleiner Vogel wie das Goldhähnchen frißt pro Tag eine Nahrungsmenge, die einem Drittel seines Körpergewichts entspricht. Bei den Vögeln gibt es Pflanzen-, Fleisch- und Allesfresser. Pflanzenfresser ernähren sich von Samen, Früchten und Pflanzenteilen. Ihr Verdauungssystem ist viel komplizierter als bei den Fleischfressern. Vom Schnabelraum führt der Schlund zu einem Vorratssack, dem sogenannten Kropf. Bei Arten, die sich von Körnern ernähren, wie zum Beispiel die Tauben, ist er besonders gut ausgebildet. Im Kropf wird die Nahrung aufgeschlossen, ehe sie in den zweikammrigen Magen geht. Im Vormagen (*proventriculus*) wird sie mit Verdauungssäften vermischt und dann in dem kräftig bemuskelten Hauptmagen zu Brei zermahlen. Pflanzenfresser verschlucken auch kleine Steine, die im Hauptmagen die Zerkleinerungsarbeit unterstützen. Fleischfresser besitzen keinen oder nur einen kleinen Kropf, und ihr Hauptmagen ist nicht so muskulös wie bei den Körnerfressern. Manche Vögel, wie etwa die Eulen, machen erst gar nicht den Versuch, Knochen, Fell oder Haut ihrer Beute zu verdauen; die Rückstände werden als Gewölle wieder ausgewürgt.

Vögel brauchen extrem viel Sauerstoff, um ihre beträchtlichen Nahrungsmengen in Energie umzusetzen. Im Gegensatz zu anderen Wirbeltieren haben sie deshalb eine einzigartige Lungenkonstruktion mit einem wie Blasebälge wirkenden System von Luftsäcken entwickelt. Die eingeatmete Luft wird durch die Lungen in die Luftsäcke und von dort wieder in die Lungen geleitet. Bei Tauchvögeln

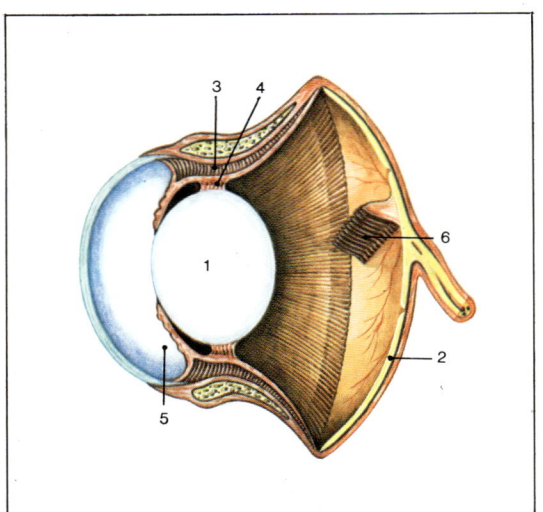

Viele Vögel übertreffen alle anderen Tiere an Sehschärfe. Das Auge eines Greifvogels ist relativ größer als das menschliche Auge. Die Linse (1) sammelt und richtet das Licht auf die lichtempfindlichen Zellen der Retina (2). Sie wird von einem verknöcherten Ring stabilisiert (3). Die Scharfeinstellung wird durch Veränderung der Linsenkrümmung durch die Augenmuskeln (4) erzielt, während die Lichtmenge, die eintreten kann, von der Iris (5) kontrolliert wird. Umstritten ist noch die Funktion eines Kammes (Pecten) (6), der vielleicht die Sehschärfe steigert, da er besonders bei den sehr scharfsichtigen Greifvögeln gut ausgebildet ist.

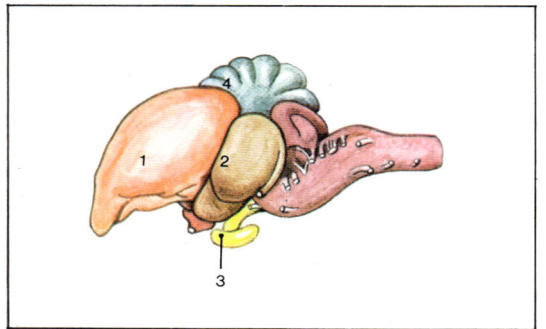

Seitenansicht der wichtigsten Gehirnteile. Großhirn- (1), vorderlappen, Sehzentrum (2), Hypophyse (3) und Kleinhirn (4). Die Hemisphären und das Kleinhirn sind bei den Vögeln besonders gut entwickelt.

wird dieser Vorgang bis zum Ausatmen einige Male wiederholt, so daß sie lange unter Wasser bleiben können.

Das Gefäßsystem ähnelt mit nur geringen Abweichungen dem der Reptilien. Das sauerstoffreiche Blut verläuft getrennt vom sauerstoffarmen, das heißt, das sauerstoffreiche Blut mischt sich im Herzen nicht mit dem sauerstoffarmen, das aus dem Körpergewebe zurückströmt. Ein solches getrenntes Gefäßsystem findet man sonst nur bei Säugetieren; dem Vogel dient es zur Erhaltung einer gleichbleibend hohen Körpertemperatur. Das ist wichtig, denn es sichert den Vögeln ein hohes Maß an Unabhängigkeit von der Temperatur ihrer Umgebung. Reptilien, die keine hohe Körpertemperatur aufrechterhalten können, verfallen in Starre, sobald die Temperatur ihrer Umgebung stark absinkt. Aus diesem Grund kommen Reptilien vorwiegend in warmen Regionen vor; in gemäßigten Zonen halten sie in den Kältemonaten einen Winterschlaf.

Das Vogelherz ist äußerst kräftig und schlägt sehr schnell. Bei großen Vögeln, zum Beispiel bei Truthühnern, werden 100 Herzschläge pro Minute gezählt, bei kleinen, sehr lebhaften Vögeln sind dagegen 500 Schläge/min durchaus normal.

Die Körpertemperatur liegt zwischen 41° und 45°C. Dabei wirkt das Federkleid zusätzlich als Isolationsschicht. Wasservögel, wie zum Beispiel die Pinguine und Sturmvögel, verfügen darüber hinaus noch über eine wärmedämmende Fettschicht. Die einzigen nicht isolierten Körperteile sind die Füße; sie werden als Organe zur Wärmeabgabe benutzt. Wird es dem Vogel zu heiß, so verstärkt sich der Blutzustrom zu den Beinen mit dem Ergebnis, daß überschüssige Wärme sehr rasch an die Luft oder Wasserumgebung abstrahlt. Außerdem kann Hitze auch durch die Lungen und Luftsäcke abgelassen werden.

Die Fortpflanzungsorgane der Vögel unterscheiden sich nicht sehr von denen der Säugetiere. Die Befruchtung erfolgt im Innern des weiblichen Tieres. Das Männchen besitzt ein ausstülpbares Zeugungsorgan, mit dem der Samen in die Kloake des Weibchens befördert werden kann. Flachbrustvögel, Schwäne, Enten und Gänse haben einen Penis.

Das Vogelei besteht — wie bei allen anderen Tieren auch — aus einer einzigen Zelle. Erst nach der Befruchtung teilt sich diese Zelle, um das Küken zu entwickeln. Diese embryonale Entwicklung ist sehr kompliziert und umfaßt im Grunde genommen zwei Prozesse: die Zellteilung und die Zelldifferenzierung. Die durch die Teilung der Eizelle entstandenen Zellen ähneln sich anfangs vollkommen. Erst später differenzieren sie sich und bilden verschiedene Eigenschaften aus, so daß sich bald bestimmen läßt, welche Organe und Körperteile sie hervorbringen.

Das Ei besteht aus drei wesentlichen Komponenten: dem Dotter, dem Eiweiß oder Albumen und der Schale. Der Dotter enthält Fett und Protein und dient dem Embryo während späterer Entwicklungsphasen als Nahrung. Das Eiweiß dagegen wirkt als Kissen und Stoßdämpfer, wenn das Ei bewegt wird. Die Schale bietet weiteren Schutz; sie ist häufig so gefärbt, daß sie sich kaum von der natürlichen Umgebung abhebt. Dies trifft besonders für Bodenbrüter zu.

Der Dotter hängt an zwei Strängen, den sogenannten Hagelschnüren, im Eiweiß; diese Stränge halten den Dotter, wenn das Ei gedreht wird, immer in der gleichen Lage. Das ist sehr wichtig, weil die Zellen, aus denen sich das Küken entwickelt, wie eine winzige Scheibe auf der Oberseite des Dotters haften. Diese Keimplatte besteht anfangs nur aus einer einzigen Lage von Zellen, aber in den ersten Tagen nach der Bebrütung oder sogar schon vorher teilen sich diese Zellen und bilden eine Doppelschicht, die *Gastrula*. Mit Bildung der dritten Lage geht nicht nur die Zellteilung, sondern auch die Zelldifferenzierung vor sich. Wenn ein Ei zu Beginn der Entwicklung geprüft wird, ist über der Keimplatte im rechten Winkel zur Längsachse eine dunkle Linie sichtbar. Sie heißt Primitivstreifen und bedeutet das erste Lebenszeichen des Embryonalstadiums. An einem Ende des Primitivstreifens wird bald die Kopfanlage sichtbar, während sich an dem Streifen entlang Zellblöcke bilden, aus denen sich später die Muskeln entwickeln..

Der große Brustmuskel (1) trägt den Hauptanteil der Flügel-muskulatur (hier in Seitenansicht A und von unten in B). Tri-ceps (2) und Biceps (2) strecken und falten den Flügel, wäh-rend eine Serie von Spannmuskeln (4) die Federn in ihrer richtigen Stellung hält.

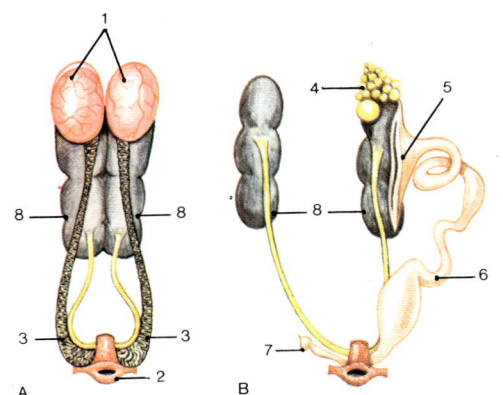

Männliche (A) und weibliche (B) Fortpflanzungsorgane. Die Samenzellen werden in den Hoden (1) produziert, die mit der Kloake in Verbindung stehen. Die Verbindungsröhre wird als Samenleiter (3) bezeichnet. In den Eierstöcken (4) werden die Eier gebildet und von einer Tube (5) aufgenommen, die sie zum Eileiter (6) führt, in dem die Schale ausgebildet wird. Normalerweise ist nur der linke Eierstock entwickelt, wäh-rend der rechte in einem zurückgebildeten Zustand (7) ver-harrt. Bei beiden Geschlechtern liegen die Fortpflanzungs-organe unmittelbar an den Nieren (8).

Stadien der Embryonalentwicklung im Ei. Ein Netz von Blut-gefäßen (2) versorgt die Keimscheibe (1) nach der Befruch-tung mit Nährstoffen aus dem Dotter, bis die Entwicklung (A-D) abgeschlossen ist.

Eines der ersten Organe, das funktionstätig ausgebildet wird, ist das Herz. Es pumpt Blut durch ein Netz von Gefäßen, die vom Embryo zum Dotter führen. Durch das Gefäßsystem erhält der Embryo aus dem Dotter seine Nahrung. Das Wachstum geht äußerst rasch vor sich. Beim Haushuhn zum Beispiel sind nach einer Woche die Anlagen für Schnabel, Augen, Füße und sogar Federn zu erken-nen. Der Schnabel bildet sich in einer sehr frühen Phase und besitzt bei fast allen Vögeln an der Spitze des Oberteils einen sogenannten Eizahn; damit durchbricht das Küken unmittelbar vor dem Schlüpfen die Eischale.

Ein wichtiges Organ für das sich entwickelnde Küken ist ein dünner Gewebe-sack, die *Allantois*. Dieser Sack ist zunächst ein Auswuchs des Darms, umgibt den Embryo aber schließlich völlig und drückt gegen die Innenwand der Eier-schale. Ohne ihn könnte das Küken nicht überleben, denn die eigenen Abfallpro-dukte Harnsäure und Kohlendioxid würden es vergiften. Die Allantois sorgt je-doch dafür, daß das Kohlendioxid durch die Schale nach außen befördert und der Harnstoff sicher abgelagert wird.

Nach etwa einem Monat, wie im Falle des Haushuhns, ist das Küken bereit, die enge Schale aufzubrechen. Vorher müssen aber noch einige wichtige Dinge ge-schehen, denn die neue Umgebung des Kükens ist völlig anderer Natur als das Eiinnere: Zuerst schluckt das Küken die Flüssigkeit, in der es bis dahin »ge-schwommen« ist, und speichert das Wasser im Körpergewebe; dann wird der Dottersack mit den nicht verbrauchten Resten in den Kükenkörper hineingezo-gen. So hat das Küken für die ersten Lebenstage »draußen« einen Nahrungsvor-rat. Während der meisten Zeit seiner Entwicklung nimmt das Küken Sauerstoff aus den Gasen auf, die durch die dünne Membrane der Allantois in sein Blut dif-fundieren. Hat es die Schale durchbrochen, so muß es sich seiner Lungen bedie-nen. Zur Erleichterung des Überganges beginnt es schon zu atmen, solange es noch in der Schale eingeschlossen ist. Am stumpfen Eiende hat sich durch Ver-dunstung eine Luftblase ausgebildet, die das Küken vor dem Schlüpfen anpickt, um daraus die Luft zu atmen. Auf diese Weise bekommt es für kurze Zeit den Sauerstoff gleichzeitig aus dem Blutstrom über die Allantois und aus der Luftbla-se. Die Lungen sind nun voll arbeitsfähig, wenn das Küken schlüpft. Dem Küken wird das Schlüpfen dadurch erleichtert, daß die Schale durch den Entzug von Mi-neralstoffen an Härte verliert. Diese Mineralstoffe werden dem Vogelskelett zu-geführt und härten es, so daß es voll funktionsfähig ist, wenn der junge Vogel die Schale verläßt.

Die Zeit zwischen Zellteilung und Schlüpfen nennt man *Inkubations*- oder Brutzeit. Während dieser Zeit muß mindestens einer der Elternvögel auf dem Ge-lege sitzen, damit sich die Eier nicht unter die für die Entwicklung notwendige In-kubationstemperatur abkühlen. Die Küken würden sonst absterben. Die Brutzei-ten sind bei den einzelnen Vögeln sehr unterschiedlich und hängen von dem Wachstumstempo ab. Im allgemeinen haben große Vögel lange Brutzeiten und kleine Vögel kurze. Der Königsalbatros zum Beispiel brütet 80 Tage, während viele kleine Sperlingsvögel nur 12—13 Tage brauchen.

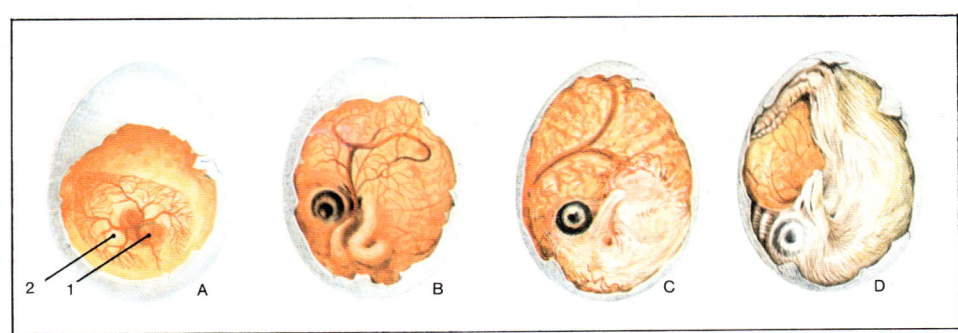

Schnäbel

Die Schnabelform einer Vogelart wird weitgehend von der Art ihrer Nahrung bestimmt. Manche Vögel haben große, gut geformte Schnäbel, die auch für schwere Arbeiten geeignet sind. Im allgemeinen sind sie jedoch, verglichen mit den bezahnten Mäulern der Säugetiere, ziemlich leicht, da ja durch das Schnabelgewicht die Flugfähigkeit nicht beeinträchtigt werden soll. Deshalb zerkleinern Vögel normalerweise ihre Nahrung nicht im Schnabelraum, sondern im Muskelmagen, der dem Schwerpunkt des Vogelkörpers auch näher liegt. Die Unterkieferknochen sind mit einer Hornscheide umgeben, die chemisch dem Material der Federn und der menschlichen Fingernägel ähnelt. Ähnlich wie die Federn werden diese hornigen Hüllen von Zeit zu Zeit abgeworfen und immer wieder ersetzt. Die Schneidekanten nützen sich am meisten ab und müssen ständig erneuert werden.

Öffnet der Vogel den Schnabel, so bewegen sich die Unterkiefer vom Oberkiefer weg, also ähnlich wie beim Menschen. Die Oberkiefer sind bei vielen Arten nicht starr mit dem Schädel verwachsen, sondern oft sehr beweglich wie in Scharnieren aufgehängt. Der Schnabel ist auch nicht immer ein starres, knochiges Gebilde. Der lange Schnepfenschnabel zum Beispiel ist äußerst biegsam. Die Spechte andererseits sind mit extrem starren und zum Holzspalten geeigneten Schnäbeln ausgestattet.

Manche Stelzvögel und andere Arten haben in den Schnabelspitzen Tastrezeptoren, die sogenannten Herbstchen Körperchen; diese ermöglichen es dem Vogel, eine Beute zu fühlen, die er nicht sehen kann. Das ist besonders wichtig bei den Uferschnepfen und Brachvögeln, da sie auf der Suche nach Würmern mit dem Schnabel oft tief im weichen Boden stochern müssen. Diese Sinnesorgane finden sich auch auf der Zungenspitze der Spechte, natürlich aus dem gleichen Grund. Andere Tastzellen, die Grandry-Körperchen, sitzen am Gaumen und auf der Zunge; der Vogel kann damit die Nahrung, die er im Schnabel hat, fühlen.

Der Oberschnabel besitzt zwei Öffnungen, die Nasenlöcher. Sie befinden sich gewöhnlich in der Nähe der Schnabelbasis. Bei einigen Vögeln, etwa beim Tölpel, der aus großer Höhe herab ins Meer taucht, liegen hornige Deckel über den Nasenöffnungen, die dadurch beim Tauchen verschlossen werden. Verhältnismäßig wenige Vögel bedienen sich auf der Nahrungssuche ihres Geruchssinnes. Er ist bei den meisten Arten auch nicht allzugut entwickelt. Beim Kiwi allerdings ist das anders. Hier liegen die Nasenöffnungen in der Nähe der Schnabelspitze, so daß der Vogel beim Graben die Nahrung riecht.

Viele Vögel setzen ihren Schnabel wirkungsvoll zur Schaustellung ein. Oft ist er auffallend gefärbt oder sogar mit Ornamenten verziert. Von Zeit zu Zeit wird die Hornschicht abgeworfen, und bei manchen Arten sind die Muster auf den Hornscheiden je nach Jahreszeit verschieden. Manche Arten von Alken, besonders die Papageitaucher, tragen während der Brutzeit voluminöse Hüllen über den Schnäbeln. Diese farbigen Scheiden werden nach der Brutzeit abgeworfen und im Winter durch viel kleinere und unauffällig gefärbte ersetzt. Vor der nächsten Brutperiode bildet sich dann wieder die plakatfarbene Hülle. Auch einige Pelikane legen sich für die Brutzeit hornige Schnabelauswüchse zu, die sie ebenfalls wieder abwerfen.

Bei der Futteraufnahme wird häufig, beispielsweise bei den Finken, die Zunge mit dazu verwendet, die Körner zwischen den Kiefern zu placieren, damit sie mit dem Schnabel richtig geknackt werden können. Der Papageitaucher etwa drückt mit der Zunge einen kleinen Fisch an den Oberschnabel und kann so weitere Fische fangen. Bisweilen hängen ihm mehrere wie ein Schnurrbart aus dem Schnabel, wenn er zum Nest zurückkehrt. Die Zungenwurzel und der Schlund weisen Geschmacksknospen auf. Sie sind zwar nicht so zahlreich wie bei den Säugetieren, doch können Vögel ebensogut wie diese schmecken, und das ist bei der Nahrungsaufnahme sehr wichtig.

Der Flamingo *Phoenicopterus ruber* (1) seiht seine Nahrung, winzige Organismen, mit umgedrehtem Schnabel aus dem Wasser. Die Oberseite liegt dabei dem Untergrund auf, während Unterschnabel und Zunge mit Pumpbewegungen das Wasser und die darin befindliche Nahrung durchschleusen. Sie bleibt an den feinen Lamellen hängen. Mit Hornzähnchen am Schnabelrand hält der Gänsesäger *Mergus merganser* (2) seine Beute fest (Fische). Mit einem kräftigen Haken fängt der Eissturmvogel *Fulmarus glacialis* (3) aber auch Abfall von den Fischkuttern. Offenbar mit Hilfe des Geruchssinnes kann der *Kiwi Apteryx* (4) seine Nahrung beim Stochern in weichem Boden orten. Die Nasenlöcher liegen fast an der Schnabelspitze.

16

Die Vielfalt der Schnabelformen. (1) Scharlachroter Ibis *Endocimus ruber*, (2) Fichtenkreuzschnabel *Loxia curvirostra*, (3) Schlangenhalsvogel *Anninga anhinga*, (4) Riesentukan *Ramphastos toco*, (5) Lachender Hans *Dacelo gigas*, (6) Formosa-Goldhähnchen *Regulus goodfellowi*, (7) Säbelschnäbler *Recurvirostra avosetta*, (8) Adlerschnabel-Kolibri *Eutoxeres aquila*, (9) Schwertschnabel-Kolibri *Ensifera ensifera*, (10) Karminrückenspecht *Chrysocolaptes lucidus*, (11) Nashornvogel *Buceros bicornis*, (12) Kernbeißer *Coccothraustes coccothraustes*, (13) Sperber *Acciporter nisus*, (14) Fahnennachtschwalbe *Semeiophorus vexillarius*, (15) Haubentaucher *Podiceps cristatus*, (16) Schuhschnabel *Balaeniceps rex*, (17) Höckerschwan *Cygnus olor*, (18) Eurasischer Löffler *Platalea leucorodia*, (19) Rosa Pelikan *Pelicanus onocrotalus*, (20) Indischer Scherenschnabel *Rynchops albicollis* und (21) Schwarzköpfchen *Agapornis personata*.

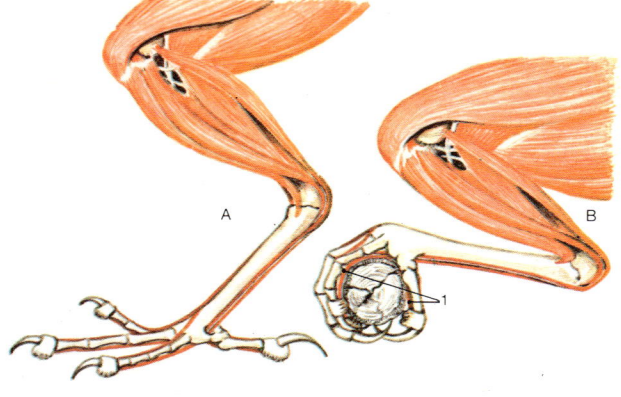

Die Beinmuskulatur der Vögel ist zur Förderung der Flugfähigkeit reduziert (A). Die Vögel müssen mit ihren Zehen fest zupacken können, wenn sie auf einem dünnen Zweig oder auf einem Draht sicher sitzen wollen. Dieser Griff ergibt sich automatisch aus dem Verlauf der Sehnen, wenn der Beuger die Zehen (1) zusammenzieht (B).

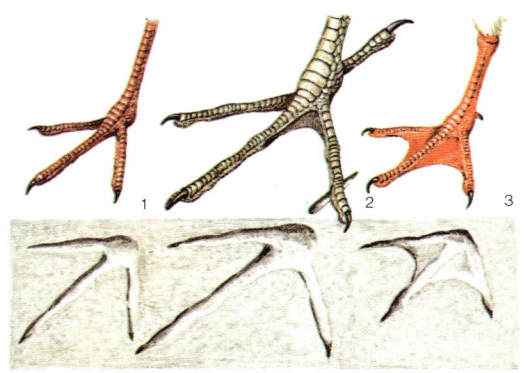

Die Hinterzehe ist in den verschiedenen Vogelgruppen sehr unterschiedlich ausgebildet. Bei den Stelzenläufern (1) fehlt sie, während sie bei den Reihern (2) zwar vorhanden, aber hochgestellt ist. Bei den Seeschwalben (3) ist sie stark reduziert, so daß sie in den Fußabdrücken nicht mehr erscheint.

Beine

Die Fähigkeiten des Fliegens bedingen eine besondere Verteilung der Muskulatur an den Beinen der Vögel. Die Muskeln sitzen nahe am Körper und damit nahe beim Schwerpunkt. Vogelbeine gliedern sich in drei Hauptabschnitte: Der Oberschenkel *(Femur)* ist relativ kurz und in kräftige Muskeln eingebettet. Der daran anschließende Abschnitt ist mit dem Oberschenkel durch ein Gelenk verbunden. Da er sich nur unvollkommen mit dem menschlichen Unterschenkel vergleichen läßt, nennt man ihn Lauf *(tibio-tarsus)*. Der dritte Abschnitt ist der eigentliche Fuß. Dieser Knochen, der aus den oberen Fußknochen *(Tarso-metatarsus)* geformt ist, wird nach menschlichem Muster häufig »Fuß« genannt, entspricht aber eher Teilen unseres Knöchels. Das sichtbare, nach hinten biegbare Gelenk ist kein Knie, dieses liegt weiter oben und ist unter Federn verborgen.

Der Oberschenkel ist meistens kürzer als die beiden anderen Abschnitte. Lauf und Fuß unterscheiden sich sehr in der Länge. Bei Pinguinen sind sie sehr kurz, bei Lauf- und Stelzvögeln dagegen sehr lang. Die beiden Knochen sind aber bei jeder Art etwa gleich lang; der Vogel hätte sonst nämlich Schwierigkeiten beim Sitzen und Aufstehen, weil sich der Schwerpunkt in Relation zum Fuß verlagern würde.

Da die unteren Teile wenig Muskeln tragen, werden sie von den oberen Beinmuskeln aus durch ein Flaschenzugsystem über eine Reihe von Sehnen bewegt. Eine der wichtigsten Sehnen läuft über der Beinrückseite zum »Fußknöchel« und zu den Zehen. Läßt sich der Vogel auf den Fuß nieder, so spannt sich die Sehne über dem Gelenk und zieht damit die Zehen ein. Das ist besonders wichtig, wenn der Vogel etwa auf einem Zweig sitzt, weil sich dann die Zehen so fest darum schließen, daß der Vogel auch im Schlaf in der richtigen Haltung bleibt. Will er diese Klammerstellung der Zehen lösen, so muß er sich aufrichten. Vollführt er

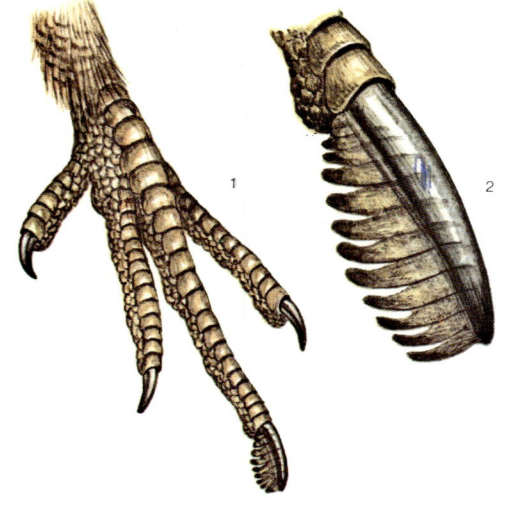

Der Kamm an der Mittelkralle des europäischen Ziegenmelkers *Caprimulgus europaeus* (1) und im Detail (2). Ähnliche Krallenkämme finden sich bei einigen Reihern und bei den Brachschwalben. Sie mögen der Gefiederpflege dienen.

Die Verschiedenartigkeit der Fußformen der Vögel. (1) Schreieule *Otus asio*, (2) Kubatrogon *Priotelus temnurus*, (3) Kasuar *Casuarius casuarius*, (4) Hopfkuckuck *Cuculus saturatus*, (5) Eisvogel *Alcedo atthis*, (6) Amerikanisches Blatthühnchen *Jacana spinosa*, (7) Austernfischer *Haematopus ostralegus*, (8) Binden-Fregattvogel *Fregata minor*, (9) Dreizehenspecht *Picoides tridactylus*, (10) Blaufußtölpel *Sula nebouxii*, (11) Truthahngeier *Cathartes aura*, (12) Kragenhuhn *Bonasa umbellus*, (13) Nachtreiher *Nycticorax nycticorax*, (14) Ohrentaucher *Podiceps auritus*, (15) Afrikanischer Strauß *Struthio camelus*, (16) Wiesenpieper *Anthus pratensis*, (17) Fischadler *Pandion haliaetus*, (18) Stockente *Anas platyrhynchos*, (19) Hauben-Schwarzspecht *Dryocopus pileatus*, (20) Mauersegler *Apus apus*, (21) Odinshühnchen *Phalaropus lobatus*, (22) Doppelband-Rennvogel *Rhinoptilus africanus*, (23) Kormoran *Phalacrocorax carbo*.

diese Bewegung sehr schnell, dann wird er abrupt hochgehoben und beinahe in die Luft geschleudert.

Vögel hüpfen oder laufen auf dem Boden. Zum Laufen haben sie lange, kräftige Beine entwickelt. Um sehr schnell zu sein, muß der Vogel auch ziemlich groß sein. Die Fähigkeit zum schnellen Laufen hat sich daher auf Kosten der Flugfähigkeit enwickelt. Bei einigen Arten hat sich der Fuß sowohl allgemein — seiner Größe nach — als auch durch Verringerung der Zehenzahl verkleinert. Ein Extrem in dieser Richtung bildet der Strauß, der nur noch zwei Zehen hat.

Vogelfüße sind mit relativ wenig Gewebe ausgestattet und brauchen daher nicht viel Energie zur Warmhaltung. Vögel, die in sehr kalten Zonen leben, haben eine besondere Schutzvorrichtung entwickelt: Bei ihnen verzweigen sich die blutführenden Arterien in sehr viele feine Gefäße und verflechten sich mit den ebenfalls stark verzweigten Venen, so daß das Arterienblut seine Wärme an das venöse Blut abgibt und die Wärme dem Körper zum größten Teil erhalten bleibt. Die Beine können recht niedere Dauertemperaturen ertragen.

Der Vogelfuß hat nur vier Zehen; die fünfte ging sehr früh im Lauf der Entwicklungsgeschichte verloren. Auch die Zehen sind der Lebensweise der verschiedenen Arten wohl angepaßt. So haben manche Formen Schwimmhäute entwickelt. Die hornigen Schuppen der Beine bestehen wie der Schnabel aus keratinösem Material; sie werden auch regelmäßig abgeworfen. Beim Schneehuhn verändern sich die Zehenschuppen im Winter zu haarähnlichen Gebilden. Damit kann der Vogel im weichen Schnee wie mit Schneeschuhen laufen. Diese Haarschuppen werden im Frühling durch die normalen Sommerschuppen ersetzt.

Die Vielfalt der Anpassungsformen reicht von den mit kräftigen Krallen ausgestatteten Greiffüßen der Greifvögel und Eulen und den harten, flachen Laufbeinen der bodenbewohnenden Vogeltypen, wie z. B. der Strauße, Trappen und Hühner, bis zu den zarten, kaum das eigene Körpergewicht tragenden Füßchen der rein luftbewohnenden Formen, wie der Segler.

12   13   14   15   16

17   18   19   20

21   22   23

(A) das Großgefieder besteht aus zwei Federtypen, den Flug-
(1) und den Konturenfedern (2). Die Federn der Schwingen-
ober- (B) und -unterseite (C) gliedern sich in die Hand- (3) und
Armschwingen (4), in die großen (6) und kleinen Flügeldek-
ken (7). Sie geben dem Flügel seine aerodynamische Form.
Der Schwanz, in Aufsicht (D) und von unten (E), wird von den
Schwanzfedern *(Rectices)* (8) gebildet. Hand- und Armschwingen werden auf dem Flügel (F) durch eine elastische
Sehne in Position gehalten (9). Andere Federn sind die permanenten Daunen (G), die Fadenfedern (H) und die Konturenfedern (I). Das Wachstum einer Feder (J) beginnt mit einer
Gruppe von Zellen (10), der Entwicklung in einen Federkeim
(11), der die Haut durchbricht (12), bevor sich die Federfahnen ausformen (13). Flugfedern (K) setzen sich aus einer inneren (14) und einer äußeren (15) Fahne zusammen, die an
einem Schaft (16) angeheftet sind, der mit einem basalen
Kiel (17) beginnt. Die Fahnen setzen sich (L) aus Strahlen (18)
und verbindenden Häkchen (19) zusammen.

Einige Federn haben Afterschäfte, die von der Unterseite des
Kiels ausgehen. In diesem Beispiel hat eine Konturenfeder
(1) einen daunig ausgebildeten Afterschaft (2).

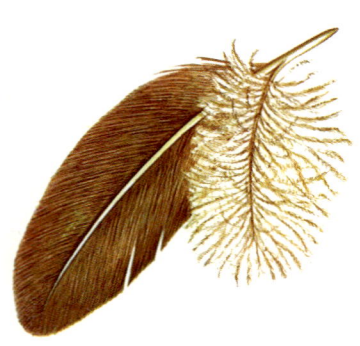

Federn

Die Federn haben vier wichtige Funktionen: Sie bilden eine Isolierschicht um den Körper, schaffen Flügel- und Schwanzflächen, die für den Flug wesentlich sind, schützen den Körper vor Nässe und dienen dem Vogel als Tarnkleid oder verse-hen ihn für die Werbung mit einem bunten, auffälligen Federschmuck.

Es gibt zwei Grundtypen von Federn; die äußeren Federn oder *pennae*, die sich wieder in Flug- und Konturenfedern aufteilen, und die Daunen, *plumulae*. Die Flugfedern haben abgeflachte Fahnen; sie bestehen aus zahlreichen ineinan-dergreifenden Einheiten, die auf einer Ebene aus der Mittelrippe oder dem Kiel *(rachis)* hervortreten. Diese Rippe ist an der Basis hohl. Sie nimmt die von der Haut während des Federwachstums herangeführten Nährstoffe auf und gibt sie weiter. Wachsende Federn kennt man daran, daß die Kiele noch mit Blut gefüllt sind. Die Struktur der Federfahnen ist äußerst kompliziert. Zu beiden Seiten der Rippe wachsen einige hundert parallele Strahlen (»Bartfäden«) heraus; diese wei-sen ihrerseits wieder einige hundert Paare noch feinerer Verzweigungen auf, die ineinandergreifen wie die Zähne eines Reißverschlusses und durch Häkchen ver-bunden sind. Bei den meisten Vögeln wachsen die Federn felderweise (»Fluren«) mit federlosen Zwischenräumen (»Raine«); das läßt sich bei einem gerupften Hühnchen genau feststellen. Die Federn wachsen aus speziellen Papillen (»Gän-sehaut«), von denen jede jährlich bis zu drei Federsätzen produzieren kann.

Die Daunen sind viel einfacher und weisen nicht die Vielfalt der Konturenfe-dern auf. Ihre Rippe ist sehr kurz, es gibt keine Verbindungen, so daß die Strah-len nicht ineinandergreifen. Daraus resultiert die Flauschigkeit der Daunen.

Eine wichtige Funktion der Vogelfedern ist die Erhaltung der gleichmäßig ho-hen Körpertemperatur von mehr als 40° C. Direkt über der Haut bilden sie eine isolierende Luftschicht und halten sie fest. Wird es dem Vogel zu kalt, so plustert er seine äußeren Federn auf, um die isolierende Luftschicht zu verstärken. Eine andere genauso wichtige Funktion ist die Erzielung der Stromlinienform des Vo-

Verschiedene Federformen. Schwingenschleppe der Fahnennachtschwalbe *Semeiophorus vexillarius* (A); Kopffeder des Wimpeltträger — Albert-Paradiesvogel *Pteridophora alberti* (B); Schwanzfeder des Türkisbraunen Motmots *Eumomota superciliosa* (C); eine Feder mit Afterschaft des Emus *Dromiceius novaehollandiae* (D); Schwingenfedern des Schlangenhalsvogels *Anhinga anhinga* (E); Hartlaubs-Turako *Turaco hartlaubi* (F); Sonnenralle *Eurypyga helias* (G) und Baumfalke *Falco subbuteo* (H); Halsfeder des Geierperlhuhns *Acryllium vulturinum* (I); Armschwinge des Seidenschwanzes *Bombycilla garrulus* (J); Flügeldecke des Eichelhähers (K); Konturenfedern des Grünspechts *Picus viridis* (L); Eisvogel *Alcedo atthis* (M) und des Weibchens (N) und Männchens (O) vom Sperber *Accipiter nisus,* schließlich eine der brillianten oberen Schwanzdecken des Männchens vom Blauen Pfau *Pavo cristatus* (P).

Der weiche Saum der Flügelfeder einer Eule ermöglicht den geräuschlosen Flug.

gelkörpers und die Bildung von Tragflächen. Den Flugumständen entsprechend, kann der Vogel seine Körperform dadurch variieren, daß er die Stellung seiner Konturenfedern verändert, um beispielsweise maximale Stromlinienform zu erreichen. Die Flugfedern der Schwingen, *remiges,* und die des Schwanzes, *retrices,* können ausgebreitet werden und bilden jene kräftige und dabei doch unvergleichlich leichte Tragfläche, die dem Vogel seine in der Tierwelt einmalige Flugfähigkeit verleiht. An den Schwingen gibt es drei Federgruppen: die Handfedern an der Hand, die Armfedern am Unterarm und die Deckfedern am Oberarm. Auch das kleine Federbüschel an dem *alula* (Nebenfittich) ist beim Flug von Bedeutung.

Eine weitere Funktion des Federkleids ist die Tarnung. Die meisten Vögel sind am Unterkörper heller und wirken damit ihrem eigenen Schatten entgegen. Das Gefieder vieler Arten verschmilzt optisch ausgezeichnet mit dem Hintergrund ihres Lebensraumes. Das trifft vor allem für die Vogelweibchen zu, die besonders gut getarnt sein müssen, wenn sie brüten. Das Gefieder spielt zudem eine wichtige Rolle im sozialen Zusammenhalt eines Vogelschwarmes. Ganz bestimmte Flügel- oder Schwanzmuster dienen im Flug als Signale für die anderen Mitglieder der Gruppe.

Federn, Federmuster und Kämme zeigen während der Brautwerbung dem Weibchen die Paarungsbereitschaft des balzenden Männchens an und weisen die richtige Artzugehörigkeit aus.

Die Anzahl der Federn ist bei den einzelnen Arten und im Laufe der Jahreszeiten verschieden. Je kälter das Klima, desto mehr Federn hat ein Vogel im Winter, und natürlich nimmt die Zahl der Federn auch mit der Vogelgröße zu. Ein Rubinkehlkolibri hat zum Beispiel rund 940 Federn, ein Singschwan dagegen 25.216. Es ist eine erstaunliche Tatsache, daß das Gesamtgewicht des Gefieders mehr als das doppelte Skelettgewicht eines Vogels ausmachen kann. Ein Weißkopf-Seeadler wiegt zum Beispiel 4,08 kg, hat ein Skelett von 0,272 kg und 7.182 Federn mit 0,586 kg sowie Daunen von 0,091 kg.

Wechsel der Gefiederfärbung und -zeichnung bei der Lachmöwe *Larus ridibundus*.
(1) Küken,
(2) halb erwachsener Jungvogel im ersten Winter, (3) einjährig, (4) erwachsen, Winterkleid, und (5) erwachsen, Brutkleid.

Farben

Vögel gehören zu den farbenprächtigsten Vertretern des Tierreichs, und zum Teil ist ihre allgemeine Beliebtheit auf diese Tatsache zurückzuführen. Die Färbung hat sich jedoch nicht zur Befriedigung der ästhetischen Bedürfnisse des Menschen entwickelt, sondern sie erfüllt verschiedene wichtige biologische Funktionen. Ehe wir diese betrachten, müssen wir erst untersuchen, wie die Farben von den Vögeln erzeugt werden.

Es gibt zwei Ursachen dafür, daß die Federn bunt erscheinen: sie können besondere Feinstrukturen besitzen, die das Licht auf verschiedene Weise reflektieren, etwa so wie ein Ölfilm auf dem Wasser. Die dabei entstehenden Farben nennt man Strukturfarben. Oder sie enthalten Farbstoffe (Pigmente); diese Farben bezeichnen wir als Pigmentfarben. Bei den Strukturfarben gibt es schillernde und nichtschillernde. Die schillernden hängen vom Lichteinfallwinkel ab und erscheinen metallisch. Ihre Ursache ist eine dünne Keratinschicht in der Oberfläche der Federfeinstrukturen, oder es sind winzige Melaninkörnchen, die als dünne Schicht unter der Oberfläche liegen. In beiden Fällen wird das auf die Feder treffende Licht in die Spektralfarben aufgespalten, ehe es reflektiert wird.

Nichtschillernde Farben entstehen, wenn das Licht beim Durchgang durch winzige luftgefüllte Hohlräume im Keratin der Federn gestreut wird; sie verändern sich nicht mit der Veränderung des Lichteinfallwinkels.

Pigmentfarben erscheinen weniger metallisch als Strukturfarben und sind nicht auf die Federn des Vogels beschränkt. Schnabel, Beine, Füße, manchmal auch Kopf und Hals der Vögel sind pigmentiert. Das häufigste Pigment ist das Melanin, das in stärkerer Konzentration schwarz wie das Raben- oder Amselgefieder ist. Ein rotgelber Farbstoff, das Karotin, färbt die Kehllappen der Fasane und vielleicht auch die Flamingofedern. Interessant ist, daß der Flamingo sein Pigment nicht selbst erzeugen kann, sondern es mit der Nahrung aufnehmen muß. Der afrikanische Bananenvogel, der Turako, produziert ein weiteres rotes Pigment, das Turazin.

Einige Vögel kombinieren Struktur- und Pigmentfarben. Der Rosenkopfsittich zum Beispiel hat schimmernde purpurfarbene Federn; diese Färbung resultiert aus einer Kombination von Blau, das durch Lichtstreuung entsteht, und roten Pigmenten.

Es gibt zwei verschiedene Farbfunktionen bei Vögeln: Einmal soll die Färbung unauffällig erscheinen, dann wieder soll sie besonders auffällig wirken. Die unauffälligen Farben sind Tarnfarben, in denen der Vogel nahezu mit seinem Hintergrund verschmilzt. Lerchen, die in Wüstengebieten leben, sind ein gutes Beispiel dafür. Jede Art paßt sich genau der jeweiligen Farbe der Felsen und des Bodens an, die ihren Lebensraum bestimmen. Schneehühner, die in nördlichen Klimazonen leben, sind im Winter in der Regel weiß und haben im Sommer ein dunkleres Gefieder. Küken von Bodenbrütern haben immer eine Tarnfarbe, nehmen aber, sobald sie erwachsen sind, eine lebhaftere Färbung an. Diese Tarnfarben werden noch durch bestimmte Stellungen verstärkt, die die Jungvögel einnehmen, sobald Gefahr droht. Eine Rohrdommel zum Beispiel streckt bei Gefahr den Kopf nach oben; dadurch werden am Hals dunkle Streifen sichtbar, die dem Muster des Schilfes entsprechen, in dem sie lebt.

Auffällige Farben erfüllen verschiedene Zwecke. Grelle, leuchtende Farben dienen bei einigen Vogelarten als Kennzeichen der Art und auch des Geschlechts. Mit diesen Farben stellt sich der Vogel zur Schau; zusätzlich richtet er oft noch die Federn auf. Viele Vögel zeigen so ihre Stimmung und Absichten an. Drohhaltungen und Brautwerbungssignale sind Beispiele hierfür.

Farben können oft eine Hilfe beim Zusammenhalten des Schwarmes sein. Seevögel sind gewöhnlich weiß, da weiße Objekte von den Fischen erst im letzten Moment gesehen werden.

22

Struktur- und Pigmentfarben. (1) Quetzal *Pharomachrurus mocino*, (2) Kubatodi *Todus multicolor*, (3) Roter Kleidervogel *Vestiaria coccinea*, (4) Regenbogentukan *Ramphastos sulfuratus*, (5) Felsenhahn *Rupicola rupicola*, (6) Glanzfasan *Lophophorus impejanus* und Afrikanische Pitta (7) *Pitta angolensis*.

Die Weißgesicht-Zwergohreule *Otus leucotis* kann sich gut hinter einem Baumstamm verbergen. Wenn sie aber bedroht wird, öffnet sie ihre Augen weit und verwandelt sich blitzschnell aus der schlanken Tarn- in die aufgeplusterte Drohstellung, die sie überproportional groß erscheinen läßt.

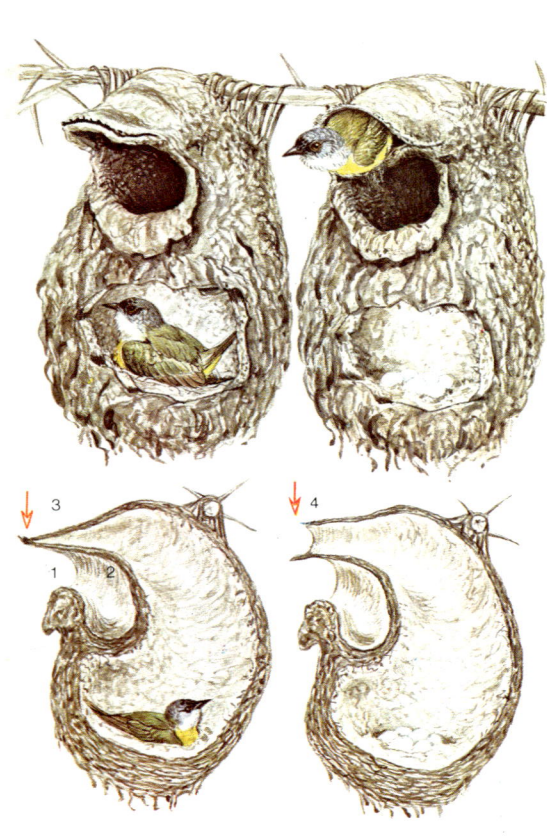

Die Kap-Beutelmeise *Anthoscopus minutus* konstruiert ihren Nestbeutel mit einem falschen Eingang (1), der blind endet (2) und Nesträuber täuscht. Der wirkliche Eingang ist ein schmaler Schlitz (3), roter Pfeil, über dem falschen, der sich schließt, wenn der Vogel das Nest verlassen hat (4) oder eingeflogen ist.

Tarnung

Ein Tier, dem Gefahr von seiten eines Verfolgers droht, ist dann im Vorteil, wenn der Räuber es nicht leicht finden kann. Die Tarnung erhöht also die Überlebenschancen nicht nur für den Vogel selbst, sondern auch für Eier und Nest.

So deckt sich das weiße Wintergefieder des Schneehuhnes fast völlig mit dem Schnee. Wenn dagegen im Frühjahr der Schnee schmilzt, ist ein weißer Vogel vor einem erdfarbenen oder grünen Hintergrund leicht auszumachen. Also legen sich die weißen Hühner im Frühling bräunliche oder graue Federn zu, und diese Färbung deckt sich zuerst mit dem schneegefleckten, dann mit dem schneefreien Untergrund. Im Herbst werden die Federn dann ebenso allmählich wieder in das weiße Winterkleid verwandelt.

Am erstaunlichsten tarnen sich Vögel, wie die Waldschnepfe oder der Ziegenmelker, die am Boden leben oder nisten. Diese Vögel verschmelzen so sehr mit ihrer Umgebung, daß man sie erst findet, wenn man fast auf sie tritt und sie wegfliegen. Bei einigen Arten, etwa bei den Fasanen, wo das Weibchen allein brütet, können sich die Geschlechter farblich sehr stark voneinander unterscheiden. Die Fasanenhenne ist fast so gut getarnt wie der Ziegenmelker, die Männchen weisen dagegen eine sehr lebhafte Färbung auf. Selbst bei Arten, die in Büschen nisten, sind die Männchen ebenfalls meist unauffälliger gefärbt, wenn sie beim Brüten helfen. Aber nicht alle Bodenbrüter unter den Vögeln sind gut getarnt. Viele Watvögel, die in offenem Land brüten, sind grellfarbig, obwohl ihnen wenig Versteckmöglichkeiten bleiben. Aber dafür hat der Vogel einen weiten Ausblick; im Falle einer Gefahr verläßt er das Nest und fliegt sehr auffällig davon. So hat das Raubtier kaum Aussicht, das gut getarnte Gelege zu finden. Andere wohlgetarnte Vögel, die ihr Nest in einem Versteck bauen, wie Fasane und Enten, legen dagegen weiße oder fast weiße Eier. Der Vogel sitzt dann aber ständig auf den Eiern und fliegt nur weg, wenn man fast auf ihn tritt. Aus dieser Nähe wären auch Eier mit Schutzfärbung kaum zu übersehen.

Sehr wichtig bei der Tarnung ist auch die Auflösung von Schatten. Sehr oft sind die Unterseiten der Tiere weit blasser gemustert als die Oberseiten. Das ist die Gegenfarbe, denn sie scheint die dunklere Farbe, die vom eigenen Schatten an der Unterseite herrührt, aufzulösen oder wenigstens abzuschwächen. Da die Vögel auf dünnen Beinen stehen, werfen sie bei hellem Licht verdächtige Schatten, die sie allzuleicht verraten könnten. Aus diesem Grund ducken sich viele Vögel bei Gefahr im Verzug auf den Boden, um diesen verräterischen Schatten zu vermeiden. Der Kopf wird eingezogen oder auf dem Boden ausgestreckt.

Wie viele bodenbewohnende Vogelarten duckt sich die Zwergtrappe *Otis tetrax*, wenn ein Feind vorbeizieht. Mit der gestreckten Körperhaltung wird sogar der Schatten des Körpers praktisch vermieden, so daß eine ausgezeichnete Tarnung erzielt wird.

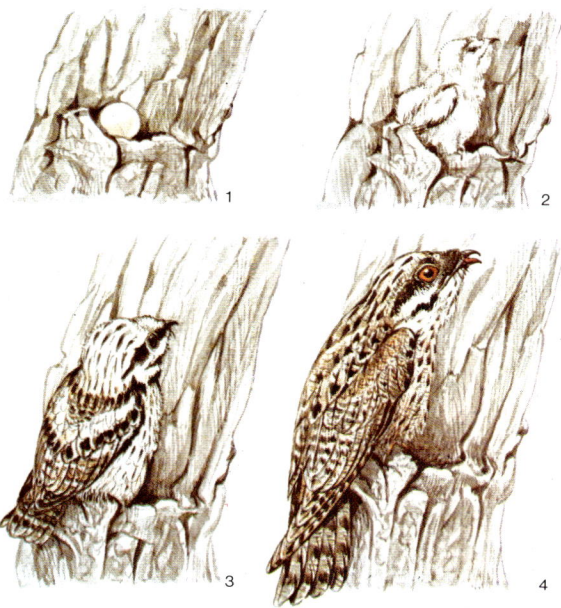

Der Graue Tagschläfer *Nyctibius griseus* ist mit den Nachtschwalben verwandt. Doch er legt sein Ei nicht wie diese auf den Boden, sondern auf einen Aststubben (1). Hier sitzt er unbeweglich und brütet in einer Stellung, die ihn einem abgestorbenen Aststück täuschend ähnlich macht (4). Auch das Junge ist bestens getarnt (2-3).

Junge Unglückshäher *Perisoreus infaustus* der sibirischen Taiga kuscheln sich eng aneinander, um sich warmzuhalten.

In der offenen Tundra mit Schneeresten ist die Schnee-Eule *Nyctea scandiaca* fast unsichtbar. Das etwas größere Weibchen trägt eine hellbraune Sperberung in ihrem Gefieder.

Das richtige Verhalten des Vogels bei der Tarnung ist ungeheuer wichtig, wenn sie nicht nutzlos sein soll. Junge Watvögel zum Beispiel haben eine wundervolle Tarnfarbe — aber nur wenn sie sich zusammenducken; denn wenn sie stehen, verrät ihr Schatten sie doch sehr leicht. Also müssen sie den Warnruf der Eltern sofort befolgen und sich zusammenducken. Das vielleicht extremste Beispiel hierfür sind die Jungen des Flußregenpfeifers, die zwischen den Kieselsteinen einfach verschwinden, sobald sie sich zusammenducken. Man hat größte Mühe, sie zu finden, auch wenn man sie nicht aus den Augen zu lassen glaubt. Die Rohrdommel dagegen muß sich bei Gefahr aufrichten, will sie zwischen den Stengeln des Schilfes, in dem sie lebt, verschwinden. Selbst die Vögel mit den schönsten Tarnfarben haben aber immer noch große Augen, die sie verraten könnten; also schließen sie diese bis auf kleine Schlitze, durch die sie den sich nähernden Feind beobachten können. Einige Arten müssen ihren Nistplatz sehr sorgfältig auswählen; die Eier mancher Flughühner sind genau von der Farbe abgefallener Blätter, und die beinahe schwarzen Eier des Temminck-Rennvogels ähneln den Kotballen der Antilopen; in beiden Fällen fielen die Eier auf, wenn sie am falschen Ort abgelegt wären.

Bei den afrikanischen und asiatischen Lerchen gibt es lokale Rassen, deren Farben sich der vorherrschenden Bodenfarbe ihres Lebensraumes genau anpassen. Man sagt, daß diese Vögel sich weigern, ihren passenden Hintergrund zu verlassen, wenn sie von Menschen verfolgt werden. Tarnung ist ja nur wirksam im richtigen ökologischen Zusammenhang. Vögel, die vielleicht in einem Museumsschaukasten sehr auffällig wirken, mögen innerhalb ihres Lebensraums ausgezeichnet getarnt sein. Die hellgrünen Papageien verschwinden völlig in einem belaubten Baum, und man wundert sich dann, wo die ganze Schar geblieben ist. Ähnliche Vögel, etwa die Trogone mit hellroten oder gelben Unterseiten, sind in den Kronen der Bäume in Regenwäldern kaum zu erkennen. Ihre Farben verschmelzen völlig mit denen der Wipfel, wo totes Holz und junge Blätter für zahlreiche Farbschattierungen sorgen.

Einige Greifvogelarten bedienen sich der Tarnung zur Annäherung an ihre Beute. Die Schnee-Eule hebt sich, wenn sie sitzt, kaum von ihrem Hintergrund ab; oft ist sie nicht einmal im Flug zu erkennen. Der weiße Bauch vieler Seevögel stellt ebenfalls eine sehr gute Tarnung dar, denn der hochblickende Fisch sieht helle Objekte erst viel später als dunkle; zum Entkommen ist es dann meist zu spät.

Tauben sind beobachtet worden, wie sie einen oder beide Flügel in vertikaler Position hielten, um die Federn dem Regen auszusetzen, vermutlich um sie zu waschen.

Ein Gelbschnabel-Eistaucher *Gavia adamsii* (1) und eine Reiherente *Aythya fuligula* (2), die sich auf den Rücken rollen, um ihre Unterseiten zu putzen.

Gefiederpflege beim Gekräuselten Kokette-Kolibri *Lophornis magnifica*. Kolibris kratzen ihren Hals und Nacken mit den Füßen. Manchmal wird das sogar versucht, wenn sich der Vogel in der Luft befindet.

Ein Eichelhäher *Garrulus glandarius* beim Einemsen. Wenn er ein passendes Ameisennest gefunden hat, plustert sich der Eichelhäher auf, damit die Ameisen leichter in sein Gefieder eindringen können. Man glaubt, daß die von den Ameisen abgegebene Ameisensäure Parasiten im Gefieder zu töten.

Federpflege und Hygiene

Allen Tieren ist Sauberkeit ein Lebensgebot, und das gilt insbesondere für Vögel, weil für sie die Funktionstüchtigkeit ihres Gefieders absolut lebenswichtig ist. Schmutzige Federn kleben zusammen, vernichten den Wärmeschutz und sind die Ursache für Ungezieferbefall. Die großen Schwungfedern der Vögel stellen in vieler Hinsicht eine bedeutende Verbesserung im Vergleich zu den Flügeln der Fledermäuse, Flugechsen und Insekten dar. Die Strahlen der Vogelschwinge trennen sich, wenn sie im Flug getroffen oder durchbohrt werden, erleiden aber relativ selten dauerhafte Schäden. Der Vogel kann die Federn später meist durch Putzen »reparieren«.

Die Federpflege erfordert deshalb auch die meiste »Toiletten-Zeit«. Die Vögel baden in Wasser oder, wie es viele Haushühner tun, in trockenem Sand oder Staub. Anschließend schütteln sie sich kräftig und entfernen damit Fremdkörper aus ihrem Gefieder. Zum Federputzen reibt der Vogel seinen Schnabel an der Bürzeldrüse und verteilt ihr Öl über die Federn, besonders die Schwungfedern. Das geht sehr schnell, und vor allem trocknet das Öl rasch. Der Sinn und Zweck dieses Einölens ist nicht völlig geklärt. Man nimmt an, daß dieses Öl die Beschaffenheit der Federn in irgendeiner Weise verbessert; ob aber die frühere Annahme, daß es die Federn wasserabstoßend macht, stimmt, ist bis heute nicht klar. Tatsächlich benetzen viele Vögel vor dem Verteilen des Öls die Federn. Das Öl hat auch noch eine andere Funktion: Wird es ultravioletten Strahlen ausgesetzt, dann entsteht Vitamin D, das möglicherweise durch die Haut aufgenommen wird, vielleicht aber auch erst beim nächsten Putzen. Manche Vögel, wie Tauben, Papageien, Spechte und Schwalme, haben keine Bürzeldrüse und halten ihr Gefieder trotzdem in tadellosem Zustand.

Die Vögel benützen zum Strählen nicht nur den Schnabel, sondern auch die Füße. Bei Reihern und Ziegenmelkern besitzt die dritte Kralle einen gezahnten Rand, der vermutlich beim Putzen nützlich ist. Die Krallen werden vor allem dort eingesetzt, wo der Schnabel nicht hinkommt, also am Kopf. Bei manchen Arten putzen sich die Vögel gegenseitig, und auch hier konzentrieren sie sich auf den Kopf, den sie selbst nicht erreichen können. Trotzdem ist der Schnabel das wichtigste Instrument zur Federpflege.

Es gibt dabei zwei Möglichkeiten: Entweder werden die Federn schnell durch den Schnabel gezogen, oder der Vogel knabbert etwas langsamer die Federstrahlen entlang. Letzteres scheint kleine Reparaturen an den Strahlen zu bewirken; der Vogel beschäftigt sich dabei besonders mit den Stellen, wo Federn geknickt oder durch Fremdkörper verunreinigt sind.

Die Funktion des Einemsens, das manche Vögel vornehmen, ist ebenfalls nur unvollkommen geklärt. Ein Vogel setzt sich dabei in einen Ameisenhaufen und läßt Ameisen über die Federn laufen oder pickt sie sogar auf, um sie schnell über die Federn zu ziehen. Die Vögel scheinen die Ameisensäure zu genießen oder zu brauchen, um Parasiten zu töten. Flöhe und Federläuse, die sich in großer Zahl im Gefieder einnisten können, werden von der Ameisensäure getötet.

Auch über andere Pflegemaßnahmen ist wenig bekannt. Während des Putzens nimmt der Schnabel häufig Öl auf, und manche Vögel verteilen es auch auf die hornigen Beinschuppen. Der Schnabel wird entweder mit den Füßen oder durch heftiges Reiben an einem Zweig oder an einem harten Gegenstand gesäubert.

Vögel, die in Höhlen wohnen, müssen sehr darauf achten, daß sie ihren Nistplatz nicht mit Kot verunreinigen, besonders während der Brutzeit. Diese Hygiene führt zum Beispiel zu solch extremen Erscheinungen, daß Nestlinge ihren Kot in kleinen gelatinösen Säckchen, den Fäkalsäckchen, absetzen, die von den Eltern leicht zu beseitigen sind. Solange die Jungen noch sehr klein sind, fressen die Elternvögel diese Säckchen, aber sobald sie größer werden, werfen die Eltern die Säckchen in einiger Entfernung vom Nest weg.

Gefiederpflege: (1) Einemsen beim amerikanischen Blauhäher *Cyanocitta cristata*, (2) Flügelstrecken beim Sichelstrandläufer *Calidris ferruginea*, (3) indirektes Kratzen beim Ruby-crowned Goldhähnchen *Regulus calendula*, (4) Schwanzpflege bei der Amsel *Turdus merula* und (5) Flügelpflege beim Scharlachspint *Merops mubicoides*, (6) direktes Kratzen beim Rotkrönchen *Regulus calendula*, (7) Baden beim Hausspatz *Passer domesticus* und (8) Hausspatz beim Baden im Staub, (9) Putzen bei der Reiherente *Aythya fuligula* und (10) Einfetten des Gefieders beim Haubentaucher *Podiceps cristatus*.

Flug und Fliegen

Um fliegen zu können, muß ein Vogel Auftrieb bekommen. Eine Vogelschwinge ist so geformt, daß sie diesen Auftrieb ermöglicht. Sie wird damit zur Tragfläche. Die Führungskante einer Tragfläche ist dicker als die Hinterkante und die Oberfläche stärker gekrümmt als die Unterfläche. Der Aeronautik-Ingenieur studiert die Eigenschaften einer Tragfläche im Windkanal: Die Luft trifft auf die Führungskante, wo sie sich teilt; die eine Luftmenge streicht über die Oberfläche, die andere über die Unterfläche. Und hier wird die Tragflächenform wichtig: Die Oberfläche der Schwinge hat sozusagen mehr Oberfläche, weil sie stärker gebogen ist als die Unterseite der Schwinge. Um nun ungefähr zur gleichen Zeit an der Schwingenhinterkante anzukommen, muß die über die Oberfläche streichende Luft sich schneller bewegen als die an der Unterseite. Je schneller sich aber die Luft über die Oberfläche bewegt, desto weniger Druck übt sie darauf aus. Durch diese relative Druckabnahme entsteht der Auftrieb.

Der Flügel kann nur dann Auftrieb erhalten, wenn die Luft weich über die Oberfläche strömt.

Ist die Luftströmung sehr turbulent, geht der Auftrieb verloren, die Schwinge »sackt«; das kommt vor allem dann vor, wenn der Winkel zu steil angesetzt ist, so daß die Luft nicht so leicht über die Oberfläche fließen kann. Der Auftrieb geht auch dann verloren, wenn die Luftströmung zu schwach ist. Es läßt sich nicht vermeiden, daß ein Teil des Auftriebs durch Luftverluste an der Flügelspitze verlorengeht: Dieser induzierte Sog spielt eine größere Rolle beim Flug kurzflügeliger Vögel; Vögel mit langen Schwingen sind davon weniger betroffen.

Der Auftrieb ist nicht die einzige auf die Schwinge wirkende Kraft. Wenn Luft über die Schwinge hinfließt, neigt sie dazu, den Flügel nach rückwärts zu stoßen. Diese Kraft heißt Rücktrieb und entspricht etwa der »Schwingenmenge«, die dem Wind ausgesetzt ist: je flacher die Schwinge, desto weniger Rücktrieb, je steiler der Anstellwinkel, desto größer der Rücktrieb. Drei Faktoren bestimmen den Auftrieb: die Gesamtoberfläche der Schwinge, die Windgeschwindigkeit und der Anstellwinkel, in dem die Schwinge gehalten wird. Die gleichen Faktoren bestimmen auch das Ausmaß des Rücktriebs.

Grundsätzlich gibt es zwei Möglichkeiten des Gleitens: Erstens kann ein Vogel sich selbst von einem Ast abstoßen und die Flügel ausbreiten; tut er das, so gleitet er abwärts und wird irgendwann landen. Er nutzt die Energie aus, die in der Schwerkraft steckt: Je mehr er an Höhe verliert, um so mehr bewegt er sich vorwärts.

Die zweite Gleitmethode ist nicht mit einem Höhen-, sondern einem Geschwindigkeitsverlust verbunden. Ein vorwärts fliegender Vogel kann mit den Flügeln zu schlagen aufhören, um zu gleiten. Tut er das, so wird er infolge des Widerstandes langsamer. Damit vermindert sich aber auch der Auftrieb, denn dieser hängt von der über die Schwinge streichenden Luft und ihrer Geschwindigkeit ab. Will er mehr Auftrieb, ohne an Höhe zu verlieren oder mit den Schwingen zu schlagen, so muß der Vogel seinen Angriffswinkel verändern, denn der Auftrieb vergrößert sich mit dem vergrößerten Angriffswinkel. Aus diesem Grund kann das Tier nur dann in gleichbleibender Höhe weitergleiten, wenn es den Angriffswinkel erhöht; dabei wird es aber ständig langsamer. Diese Gleitmethode wird meistens bei der Landung angewandt. Um so sanft wie möglich zu landen, muß der Vogel im Augenblick des Überganges zum Sackflug über dem Landepunkt sein. Er muß ihn also von weitem anpeilen und seine Vorwärtsbewegungsenergie rechtzeitig aufbrauchen, damit es nicht zu einer harten Landung kommt.

Mit dem Schweben nach der ersten Methode kommt der Vogel nicht allzuweit, aber wir gingen in unserem Beispiel davon aus, daß er in ruhiger Luft schwebt. In der Natur ist sie aber meistens bewegt. Bei besonders guten Gleitfliegern, etwa bei den Geiern, ist die Geschwindigkeit, mit der an Höhe verloren wird — die so-

Fliegende und gleitende Tiere. Beim fliegenden Fisch sind die Brustflossen und der untere Lappen der Schwanzflosse stark vergrößert. Der Fisch — hier von oben gesehen (1) — kann so nach Verlassen des Wassers beachtliche Strecken im Gleitflug zurücklegen. Der fliegende Frosch (2) und das Flughörnchen (3) gleiten, durch Flughäute unterstützt, von Baum zu Baum. Bei den Fledermäusen (4), die echte Flieger sind, ist die Flughaut zwischen dem Rumpf und den Fingern gespannt. (5) Vogelflügel sind für Beschädigungen jeder Art weniger anfällig als Hautflügel.

Archaische Flieger. Ein kleiner *pterodactylus Rhamphorrhynchus* (1) und der erste Vogel, *Archaeopteryx* (2). Bei *Rhamphorrynchus* wurde der Flug durch große Hautflügel ermöglicht, die sich vom sehr stark vergrößerten kleinen Finger zum Rumpf und bis zu den Enden der Hinterbeine hinzogen. Im Gegensatz zu den heutigen Vögeln hatten die *Pterodactylen* schwere Köpfe und auch Zähne. *Archaeopteryx* hatte zwar bereits einige Merkmale »moderner« Vögel, zeigt aber doch noch typische Charakteristika der Reptilien. Er hatte Zähne und einen langen Reptilienschwanz, der aber schon über seine ganze Länge befiedert war. Auch wenn der Flügel und die Anordnung der Federn in etwa heutigen Vögeln entsprachen, war das Brustbein (an dem die Flugmuskeln ansetzen) noch kümmerlich entwickelt. So ist anzunehmen, daß die Muskeln für aktiven Flug noch nicht ausreichten.

Die Form des Vogelflügels wird bestimmt durch die entgegengesetzten Forderungen nach Geschwindigkeit und Manövrierfähigkeit. Flügel, die im wesentlichen der Schnelligkeit des Vogels dienen sollen, sind lang und laufen spitz aus, während kurze und breite Flügel dem Vogel plötzliche Richtungswechsel ermöglichen. (1) Wanderalbatros *Diomedea exulans*, (2) Rotbugbussard *Buteo albicaudatus*, (3) Moorschneehuhn *Lagopus lagopus*, (4) Schieferfalke *Falco concolor*, (5) Europäischer Mauersegler *Apus apus*, (6) Rotbrauner Kolibri *Selasphorus rufus*, (7) Mauerläufer *Tichodroma muraria*.

genannte Sinkrate — niedrig. Bewegt sich die Luft aufwärts mit demselben Tempo, in dem der Geier in ruhiger Luft Höhe verliert, behält der Vogel seine Höhe bei. Luft in Aufwärtsströmung kann Vögel stundenlang in der Luft halten, und sie brauchen dabei kaum einmal einen Flügelschlag zu tun. Der Geier bedient sich häufig der Thermik, also der aufwärts führenden Luftströme, die sich dann ergeben, wenn die Erdoberfläche von der Sonne aufgeheizt ist. Andere Arten, etwa die Möwen, nützen die Luftströmungen aus, die entstehen, wenn der Wind auf eine Klippe oder eine Düne trifft.

Eine Gruppe von Vögeln gleitet nach einem anderen Prinzip. Die Albatrosse und verwandte Arten nützen den Wind aus, der über der offenen See weht. In vielen Gebieten bläst mehr oder weniger ständig ein ziemlich starker Wind. Der Albatros macht sich die Tatsache zunutze, daß dem Wind durch die Reibung mit der Wasseroberfläche Kraft entzogen wird, so daß er sich direkt über dem Wasser relativ langsam bewegt. Mit zunehmender Höhe nimmt auch der Wind zu und bläst in etwa 15 m Höhe mit voller Kraft. Der Albatros beginnt seine Gleitmanöver bei etwa 15 m Höhe und läßt sich mit dem Wind sehr rasch abwärts treiben. Ist er unmittelbar über dem Wasser, schwingt er scharf in den Aufwind, bis er wieder etwa 15 m Höhe erreicht hat. Dann beginnt erneut die Abwärtsbewegung. Diese Art des Fliegens erfordert eine äußerst hohe Geschwindigkeit. Der Albatros kann gegen den Wind fliegen, ohne mit den Schwingen schlagen zu müssen. Bei starkem und beständigem Wind kann er mit gut 8 km/Stunde im Aufwind in einem Auf-Ab-Zyklus fast 50 m zurücklegen, nämlich in der Aufwindphase circa 166 m, von denen die rund 118 m der Abwindphase abzuziehen sind.

Richtiges Fliegen erfordert mehr Energie als das Segeln. Viele Vögel bedienen sich beim Flug der inneren Schwingenteile als Gleitschwingen, die einigermaßen ruhig gehalten werden, während die Flügelenden als Ruder wirken. Die Vorwärtsbewegung entsteht, wenn die Schultermuskeln die Schwinge abwärts bewegen. Will das Tier vorwärts fliegen, muß der Abwärts-Flügelschlag eine Auf- und Vorwärtsbewegung des Vogels bewerkstelligen; der Vogel hält sich also nicht nur in der Luft, sondern muß sich auch noch gegen den Luftwiderstand vorwärts bewe-

Flugdetails, sichtbar gemacht durch die Zeitlupe. Der Start (1) wird normalerweise durch Abspringen vom Boden erreicht. Während der Landung (2) bringen die Flügel den Körper schon fast in eine vertikale Lage und dienen als Bremsen. Einige wenige Vögel, wie zum Beispiel die Kolibris, können in »der Luft stehenbleiben« (3). Dies wird durch einen extrem schnellen Flügelschlag — bis zu 80 Schläge in der Sekunde — ermöglicht. Im normalen Geradeausflug entsteht der Antrieb für die Vorwärtsbewegung durch das Herabschlagen des Flügels (4).

gen. Dieser »Antrieb« erfolgt auf zwei Wegen, deren relativer Beitrag bei den einzelnen Arten verschieden ist.

Die Flügelknochen liegen an der Vorderkante der Schwinge, die Hinterkante ist mit Federn besetzt. Wird die Schwinge geschlagen, biegen sich die Federn, so daß also die hintere Flügelkante über der vorderen liegt. Obwohl nun die Schwinge nach unten schlägt, wird infolge der Schwingenform die Luft nicht nur nach unten, sondern auch nach rückwärts geschlagen, und der Flügel stößt natürlich in die entgegengesetzte Richtung. Die Flügelspitzen drücken die Luft in dieselbe Richtung, nur eine Kleinigkeit anders. Sieht man den Vogel von der Seite, so bietet sich dem Beschauer nur die mit Federn besetzte Flügelspitze dar. Die großen Flugfedern haben ihre Kiele in der Nähe des Führungs-, also des vorderen Randes. Bewegt sich die Schwinge abwärts, so haben die Federn einen beträchtlichen Luftwiderstand zu überwinden. Da die hintere Federfahne viel größer ist als die führende, biegt sich die Feder um den Kiel mit der hinteren über der vorderen Kante. So bewirkt die Feder ebenso wie die Schwinge einen Druck nach unten und rückwärts. Diese Federbewegung ist besonders wichtig bei Vögeln mit kurzen, gerundeten Flügeln, wo sich die Federn, sobald die Schwinge geöffnet ist, ein ganzes Stück teilen. Da auf die Schwingenfedern beträchtliche biegende und zerrende Kräfte einwirken, nimmt es nicht wunder, daß diese Federn in regelmäßigen Abständen durch Mausern ersetzt werden müssen.

Vögel müssen beim Fliegen auch steuern können. Dafür stehen ihnen eine Reihe von Methoden zur Verfügung. Sie können wenden nur unter Zuhilfenahme ihrer Flügel. Dies läßt sich manchmal bei Schwalben beobachten, die den Schwanz verloren haben, aber dadurch im Fliegen kaum beeinträchtigt zu sein scheinen. Der Vogel hat nur den Winkel oder die Form einer Schwinge zu verändern; faltet

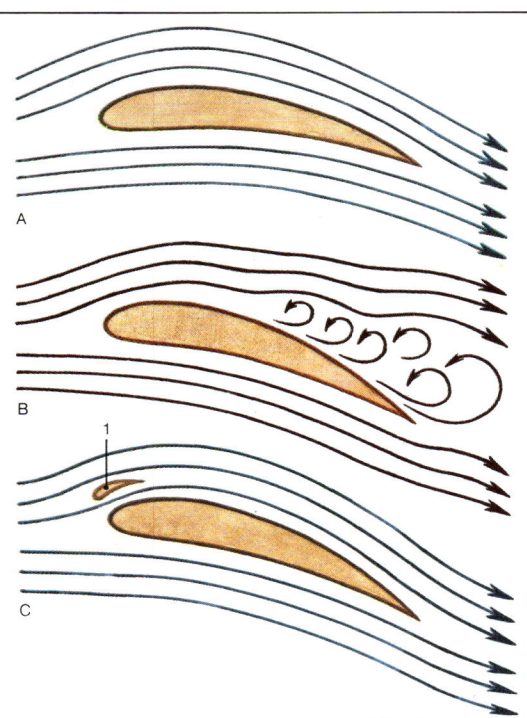

Beim Flug muß der Luftstrom glatt an den Flügeln vorbeistreichen (A). Wird der Flügel nach oben gedreht, bricht dieser glatte Luftstrom ab, und es entstehen Turbulenzen; man sagt dazu: Der Flügel ist abgesackt. Das passiert, wenn sich das Flügelgelenk horizontal hochdreht. Die Vögel verhindern das Absacken, indem sie ihren Nebenfittich (Daumenfittich) aufstellen und so den Luftstrom wieder glätten.

er eine Schwinge leicht an, so verändert er damit den Widerstand auf dieser Seite. Oder er dreht einen Teil des Körpers gegen die Bewegungsrichtung und bewegt sich damit auf eine Seite, so daß er wenden kann. Er setzt dazu den Schwanz, vielleicht auch die Füße ein.

Der Start erfordert eine größere Energieleistung als ein Geradeausflug, denn der Vogel muß beschleunigen und gleichzeitig Höhe gewinnen. Ein kleiner Vogel fliegt etwa in derselben Weise ab, wie er normal fliegt, indem er den Körper in einem 45-Grad-Winkel zum Boden bringt und dadurch Rücktriebs- und abwärtsgerichtete Kräfte in vorwiegend aufwärtsgerichtete Kräfte verwandelt. Der Vogel muß praktisch heftigere Flügelschläge ausführen, um den nötigen Auftrieb zu erhalten. Je größer der Vogel ist, desto mehr stellt sich ihm auch dieses Problem: die nötige Luftgeschwindigkeit zu erreichen, die das Absacken des Vogels verhindert. Sehr große Vögel bedienen sich beim Start mancher Extrahilfen: Sie laufen zum Beispiel in den Wind, so daß die bereits vor dem Start schneller über die Flügel streichende Luft ihnen den nötigen Auftrieb gibt. Andere Vögel werfen sich förmlich von einer Klippe oder einem Baum in den Wind und lassen sich erst abwärts treiben, um eine hohe Geschwindigkeit zu erreichen und dann weiterfliegen zu können. Diese Methode wird nicht nur von sehr großen Vögeln angewandt, sondern ihrer bedienen sich auch Alkvögel und Segler, die zum raschen Absacken neigen. Diesen Vögeln fällt es schwer, schnell eine hohe Fluggeschwindigkeit zu erreichen, aber sie haben ebenso Schwierigkeiten, ihr Tempo zur Landung abzubremsen. Meistens peilen sie dazu einen Punkt unterhalb ihres Nestes an und stoßen praktisch im letzten Moment steil, fast senkrecht, nach oben, um die Schwerkraft als Mittel zur Geschwindigkeitsverringerung einzusetzen. Eine solche Technik erfordert ein hohes Maß an Übung und Geschicklichkeit.

31

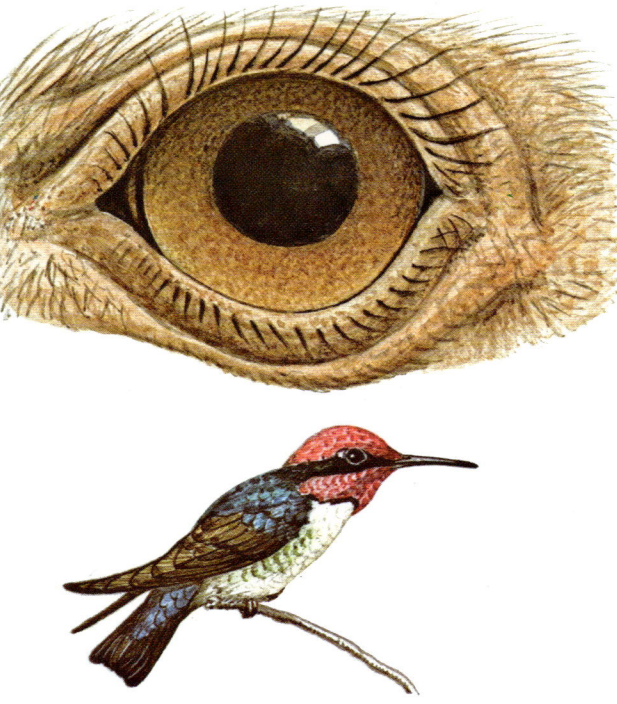

Der kleinste lebende Vogel, der Hummel-Kolibri *Mellisuga helenae* aus Kuba, im Vergleich mit dem Auge des derzeit größten Vogels, des afrikanischen Strauß *Struthio camelus*. Der Kolibri wird nur ca. 5 cm lang und erreicht ein Gewicht von ca. 2,5 g.

Flügelspannweiten im Vergleich. Der ausgestorbene ptero-dactyle *Pteranodor ingens* (kein Vogel) mit 8 m (1); (2) der ausgestorbene Albatros-ähnliche *Gigantoris eaglesomei* mit 6 m; (3) *Teratornis incredibilis,* ein ausgestorbener Vogel, der an den Kondor erinnert, wird auf 5 m geschätzt; (4) der ausgestorbene Verwandte der Störche und Pelikane *Osteodontornis orri* mit 5 m; (5) der Wanderalbatros *Diomedea exulans* mit 3,5 m; (6) der Rosa Pelikan *Pelecanus onocrotalus* mit 2,9 m; (7) der Andenkondor *Vultur gryphus* mit ebenfalls 2,9 m; (8) Lämmergeier *Gypaetus barbatus* mit 2,7 m; (9) Rauhfußbussard *Buteo lagopus* mit 1,5 m. Alle sind verglichen mit dem Zeichner, der eine »Spannweite« von 1,7 m hat.

Größe

Vögel sind in der Größe sehr unterschiedlich. Der Bienenkolibri aus Kuba wiegt etwa 2,5 Gramm oder noch weniger, während ein ausgewachsener, großer Strauß auf 135 kg kommen kann. Aber der ausgestorbene Elefantenvogel *Aepyornis* aus Madagaskar war noch größer. Dieser flugunfähige Riesenvogel war mehr als 3 m hoch und muß etwa 450 kg gewogen haben. Ein Ei hatte circa 9 Liter Inhalt.

Zwei Hauptfaktoren schränken die Größe eines flugfähigen Vogels ein. Vögel sind äußerst aktive Tiere und müssen daher warmblütig sein. Kleine Körper haben jedoch eine relativ viel größere Oberfläche als große. Aus diesem Grund ist der Wärmeverlust nach außen bei kleinen Vögeln auch höher als bei größeren. Infolgedessen müssen sehr kleine Vögel wie Kolibris unverhältnismäßig viel Energie allein zur Wärmeerhaltung aufwenden. Kolibris sind deshalb gezwungen, fast ausschließlich in warmen Zonen zu leben, und überdies neigen sie dazu, nachts in eine winterschlafähnliche Starre zu fallen. So können sie die Energie für die Warmhaltung des Körpers wirtschaftlich einsetzen.

Die Größe der fliegenden Vögel hängt mit der für den Flug nötigen Energie zusammen und wird von ihr begrenzt. Verdoppelt man die lineare Ausdehnung eines Körpers, so erhöht sich das Volumen oder Gewicht im Kubus, die Oberfläche indes vergrößert sich im Quadrat. Wenn wir zwei Vögel der gleichen relativen Proportionen miteinander vergleichen, von denen der eine doppelt so lang ist wie der andere, so hat der größere eine viermal so große Schwingenfläche wie der kleinere, aber ein achtmal so großes Gewicht. Gewicht geteilt durch Schwingenfläche (Schwingenbelastung) des großen Vogels ist zweimal so groß wie beim kleineren. Fliegen ist also für den großen Vogel schwieriger, und um die gleiche Leistung zu erreichen, muß er seine Schwingen kraftvoller schlagen. In Wirklichkeit ist unser hypothetisches Vogelpaar nicht möglich. Der größere Vogel muß kräftigere und deshalb größere Schwingenmuskeln haben als der kleinere, und dies schafft neue Probleme, weil größere Muskeln auch schwerer sind als kleinere.

Die größten fliegenden Vögel sind wahrscheinlich so groß, wie es flugtechnisch gerade noch möglich ist. Vermutlich ist es kein Zufall, daß Vögel verschiedener Ordnungen ähnliche Grundgewichte erreichen, etwa zwischen 13,6 kg und 15,8 kg; es ist auch keine zufällige Übereinstimmung, daß solche Vögel in ihrer überwiegenden Mehrheit beim Abflug »schummeln« und sich einer zusätzlichen Starthilfe bedienen, während der normale Flug aus eigener Kraft bei ihnen häufig nicht allzusehr entwickelt ist. Geier, Adler, Kraniche, Störche und Albatrosse nützen Aufwinde aus und lassen sich lange im Wind treiben, statt zu fliegen. Auch Pelikane bedienen sich bis zu einem gewissen Maß der Thermik; sie schlagen ein paar Sekunden lang mit den Flügeln und gleiten dann eine Weile ohne Flügelschlag.

Um flugfähig zu sein, haben die großen Vögel im Laufe der Evolution ihr Skelett im Vergleich zu dem der kleineren Vögel entsprechend modifiziert. Zur Gewichtsverringerung sind die meisten Vogelknochen hohl; die größeren Adler und Albatrosse besitzen heute mehr hohle Knochen als kleinere Vögel, und bei großen Störchen, etwa beim Marabu, sind selbst die Zehenknochen hohl.

Pelikane, Schwäne und Gänse sparen Kraft durch die besondere Art ihres Flugs: Sie fliegen Formation. Wenn ein Vogel mit den Schwingen schlägt, erhöht er den Druck auf die Unterseite des Flügels, und damit ist eine leichte Druckverminderung auf der Oberseite verbunden. Also fließt Luft um die Schwingenspitze aufwärts, um diesen Unterschied zu verringern. Das nennt man induzierten Sog. Der daraus entstehende Luftstrom erzeugt einen kleinen Luftwirbel an der Schwingenspitze. Diesen können die über- und hintereinander fliegenden Vögel ausnützen, um selbst Kraft zu sparen. Die V-Formation ist daher besonders günstig. Der Vogel an der Spitze wird von Zeit zu Zeit ausgewechselt, damit jeder einzelne Vogel möglichst viel Energie einsparen kann.

Die größten Vögel der Welt, ob ausgestorben oder rezent, sind unter den flugunfähigen Arten zu finden. Einige von ihnen lassen den Menschen doch ziemlich zwergenhaft erscheinen. Der Mann auf dem Bild — der Zeichner selber — ist immerhin 1,80 m groß! Die Vögel haben folgende Maße: (1) Der ausgestorbene Pinguin *Anthropornis* 1,5 m; (2) Kaiserpinguin *Aptenodytes forsteri* 1,2 m; (3) Kasuar *Casuarius casuarius* 1,5 m; (4) Der ausgestorbene *Diatryma* 2,1 m; (5) Emu *Dromiceius novaehollandiae* 1,8 m; (6) der größte Vertreter der ausgestorbenen Moa-Familie, *Dinornis maximus* 3,1 m; (7) Strauß *Struthio camelus* 2,4 m; (8) *Aepyornis maximus*, der größte Vertreter der ausgestorbenen Familie der Elefantenvögel, 3,1 m.

Flugunfähige Vögel

Der Flug ist die augenfälligste Fortbewegungsart der Vögel, wenn auch nicht die ausschließliche. Sie benutzen auch ihre Beine zum Laufen oder Schwimmen. Verschiedene Spezies sind im Laufe der Entwicklung flugunfähig geworden. Dazu gehören Pinguine und Ratiten (Flachbrustvögel) einschließlich des Moa. Elefantenvögel, Emus, Strauße, Pampasstrauße, Kasuare und Kiwis sind weitere hierher gehörige Gruppen. Die Rallen haben vorwiegend auf Inseln einige flugunfähige Arten entwickelt, etwa die Takahe von Neuseeland. Die Stelzenrallen von Madagaskar und die Kagus von Neukaledonien sind ebenfalls flugunfähig.

Dodo und Solitaire von den Maskarenen scheinen mit den Tauben verwandt zu sein, können aber nicht fliegen; der Kakapo, ein Papagei aus Neuseeland, etliche Dampfschiffenten, der Kormoran von den Galápagos-Inseln, ein Taucher von den Seen der Hochanden und der Riesenalk sind ebenfalls flugunfähig. Von den Sperlingen scheint nur eine Art flugunfähig gewesen zu sein, der Stephen-Island-Zaunkönig von Neuseeland, der ausgestorben ist.

Wir dürfen annehmen, daß all diese Vögel erst im Laufe ihrer Entwicklung flugunfähig wurden, denn die Vermutung, daß bereits ihre Vorfahren nicht geflogen sind, ist höchst unwahrscheinlich. Alle diese Arten haben verkleinerte oder verkümmerte Schwingen und Flugmuskeln, zeigen aber sonst alle Charakteristika fliegender Vögel. Sie besitzen die Hohlknochen und die Luftsacksysteme der fliegenden Vögel, ebenso die gewichtsreduzierten Extremitäten, kürzere Schwänze und so weiter, alles also, was zur Flugfähigkeit gehörte. Fast alle diese Vogelarten sind mit Flügeln ausgestattet, und die Schwingen weisen, selbst wenn sie verkümmert sind, denselben Grundplan wie die der Flugvögel auf; man kann sich des Eindruckes nicht erwehren, daß die Vorfahren dieser flugunfähigen Vögel alle größere und viel kräftigere Flügel besaßen. Die sekundäre Flugunfähigkeit muß sich bereits auf einer relativ frühen Stufe in der Geschichte der Vögel entwickelt haben. *Hesperornis*, ein verhältnismäßig früher fossiler Vogel, hatte die Körperform eines Tauchvogels, aber winzige Flügel.

Für den Verlust der Flugfähigkeit kann es mehrere Ursachen geben. Fliegen verbraucht extrem viel Energie; der Vogel muß also, wenn er fliegt, unverhältnismäßig mehr Nahrung aufnehmen, als wenn er auf dem Boden bleibt. Die Erhaltung des Flugapparates, besonders der riesigen Flugmuskeln, ist »aufwendig«. Diese Muskeln wiegen etwa ein Sechstel vom Gesamtgewicht des Vogels und müssen mit Nahrung und Sauerstoff versorgt werden. Es wäre aber allzu vereinfacht zu behaupten, ein Sechstel der Vogelnahrung werde für die Erhaltung der Flugmuskeln beansprucht, und ein Vogel mit kleineren Muskeln brauche dementsprechend weniger Nahrung. In Zeiten der Futterknappheit hätte ein Vogel mit kleineren Flugmuskeln dann bessere Überlebenschancen als einer mit größeren. Also hätte unter Bedingungen, wo Fliegen nicht wesentlich wichtig war, die Evolution eine Rückbildung der Flügel und Flugmuskeln begünstigt.

Der Verlust des Flugvermögens könnte jedoch andere Ursachen haben. Ein Vogel von Straußengröße wäre sowieso nicht imstande zu fliegen, weil er zu schwer ist, und so hat er im Laufe der Entwicklungsgeschichte lange, kräftige Beine ausgebildet, dafür aber die Flugfähigkeit eingebüßt. Alken beispielsweise, die unter Wasser »fliegen«, benötigen dafür nur kleine Flügel, mit denen sie aber dann in der Luft nicht allzugut fliegen können. Die logische Weiterentwicklung einer solchen Adaptation ist die, daß die Vögel die Flugfähigkeit ganz verlieren, um sich immer mehr dem Wasser anzupassen, wie es der Riesenalk und die Pinguine getan haben. Aus dem Verlust des Flugvermögens können große Gefahren resultieren; wenn zum Beispiel in einem Gebiet ein neuer Feind auftritt und das Fliegen nun wieder notwendig wäre, sind diese Vögel relativ schutzlos. Aus diesem Grund konnten zahlreiche Inselvögel durch den Menschen oder von ihm eingeführte Tiere ganz oder teilweise ausgerottet werden.

Manche Vögel sind schnelle Läufer, obwohl sie ihre Flugfähigkeit behalten haben. (1) Rennvogel *Cursorius cursor*, (2) Großer Wegrenner *Geococcyx californianus*, (3) Strichelstelzer *Rhinocrypta lanceolata* und (4) Schwarzkopfpitta *Pitta sordida*.

Laufvögel: (1) Emu *Dromiceius novaehollandiae*, (2) Kiwi *Apteryx australis*, (3) Strauß *Struthio camelus*, (4) Nandu *Rhea americana* und (5) Schopfsteißhuhn *Eudromia elegans*.

Einige Enten, wie z. B. die Krickente *Anas crecca* (1), starten fast vertikal aus dem Wasser. Andere Wasservögel, wie z. B. das Teichhuhn *Gallinula chloropus*, laufen erst ein Stück auf der Wasseroberfläche, bevor sie abheben können.

Kormorane *Phalacrocorax carbo* schwimmen tief ins Wasser eingetaucht. Sie können leicht untertauchen, indem sie die Federn an ihren Körper pressen und so ihren Wasserwiderstand stark herabsetzen.

Die Bergente *Aythya marila* (1) ist in der Lage, nach Nahrung zu tauchen, während der Singschwan *Cygnus cygnus* (2) seinen Körper kippen kann, um den Grund nach Futter abzuweiden.

Die meisten Schwimmvögel haben Schwimmhäute zwischen den Zehen, aber es gibt auch einige, wie z. B. die Negerralle *Limnocorax flavirostra*, die mit langen Zehen ausgestattet ist, um auf der Wasservegetation laufen zu können.

Schwimmvögel: (1) Die Löffelente *Anas clypeata*, eine Schwimmente, die man in fast allen nördlichen Gegenden antreffen kann, (2) Afrikanisches Binsenhuhn *Podica senegalensis* aus Süd- und Zentralafrika, (3) das Thorshühnchen *Phalaropus fulicarius* nistet in der Arktis und wird manchmal wegen seines roten Gefieders Roter Wassertreter genannt, (4) die Tafelente *Aythya ferina* ist eine Tauchente der Alten Welt, (5) der Schwarzhalstaucher *Podiceps nigricollis* kommt in gemäßigten nördlichen Gegenden und auch in Afrika vor, (6) der Zwergsäger *Mergus albellus* ist ein Entenvogel mit Sägezahnleisten im Schnabel, aus Gegenden mit gemäßigtem Klima. ⇨

Schwimmen

Meere und andere Gewässer nehmen den größten Teil der Erdoberfläche ein und bieten Nahrung im Überfluß. Zahlreiche Vogelarten nutzen diesen Lebensraum, und sie hätten große Nachteile, wenn sie dazu nicht befähigt wären. Da sie jedoch im Wasser keine Nester bauen können, müssen alle Vögel zum Nisten und Brüten an Land kommen. Vögel aus nicht weniger als 21 verschiedenen Familien und 9 Ordnungen schwimmen viel und gut — Pinguine, Taucher, Sturmvögel, Pelikane und deren Verwandte, Enten, Rallen, Blatthühnchen, Wassertreter, Möwen, Seeschwalben und Alken. Alle diese Vögel gehören Gruppen an, die die Systematiker für sehr alt halten; dagegen besitzt keine der vermutlich jüngeren Gruppen schwimmende Vertreter. Sperlinge schwimmen nicht — mit der einzigen Ausnahme der Wasseramsel, die unter Wasser läuft und »fliegt« und dort auch den größten Teil ihrer Nahrung sucht. Sie ist aber, verglichen mit den eigentlichen Wasservögeln, dem Wasserleben auf besondere Weise angepaßt.

Die Art zu schwimmen ist von Gruppe zu Gruppe ganz verschieden. Die einen bedienen sich vorwiegend der Flügel, die anderen der Füße. Die Füße sind dem Schwimmen wohl angepaßt, aber auch hier gibt es wieder Unterschiede, besonders in der Ausbildung der Schwimmhäute. Bei weitem nicht alle Wasservögel haben Schwimmhäute, sondern die Fußform auf andere Weise modifiziert. Die Taucher, Bläßhühner und Wassertreter besitzen unterschiedlich ausgebildete Lappen an den Zehen. Die Rallen und Blatthühnchen haben lange Zehen mit flachen, breiten Unterseiten, eine Art Paddel. Bei vielen Schwimmvögeln weisen die Beine eine stark abgeflachte Form auf, die dem Wasser wenig Widerstand bietet. Bei den optimal angepaßten Tauchern zum Beispiel sind die Beine im Querschnitt drei- bis viermal so lang wie breit.

Vögel aus drei Ordnungen schwimmen vorwiegend mit den Flügeln, die Pinguine, die Alken, einige Tauchenten und eine Reihe von Sturmvögeln, besonders die Taucher unter ihnen. Wasser bietet mehr Widerstand als die Luft, so daß Vögel mit großen Flügeln im Wasser nicht »fliegen« könnten. Also haben sie — zum Beispiel die Alken und Pinguine — vorwiegend kleine Flügel, die im Wasser wie Ruder wirken; in der Luft fliegen können sie damit aber nur schlecht beziehungsweise gar nicht. Einige Tauchenten »fliegen« unter Wasser mit gefalteten Schwingen, wobei sie die Flügel oder die inneren Flügelteile manchmal leicht spreizen und zur Stabilisation während des Schwimmens benützen; der Hauptantrieb kommt von den Füßen. Die Flügel der Pinguine sind dem Schwimmen besonders gut angepaßt. Ihre Knochen entsprechen zwar noch dem Bauprinzip und der Zahl denen der Flugvögel, doch sie sind sehr flach und breit und nehmen den größten Teil des Flügels ein. Außerdem sind, im Gegensatz zu den anderen Vögeln, bei den Pinguinen die Ellbogen- und Handgelenke miteinander verschmolzen, um die Kraft im Flügel zu erhöhen. Bedeckt sind die Pinguinflügel mit sehr kleinen, fast schuppenartigen Federn, die dem Ruder eine glatte Oberfläche verleihen.

Im Lauf der Entwicklung mußten die Schwimmvögel mit einigen Problemen fertig werden, da für das Schwimmen ganz andere Voraussetzungen galten als für das Fliegen oder Laufen. Hat ein Vogel zuviel Auftrieb, kann er nicht tauchen. Aus diesem Grund müssen Tauchvögel schwerer sein: Sie besitzen weniger hohle Knochen als die anderen Vögel und auch kleinere Luftsäcke. Sie haben auch dichtere, isolierend wirkende Lagen von Körperfedern, damit im kalten Wasser die Körperwärme erhalten bleibt. Auch das häufige und regelmäßige Pflegen dieser Federn mit den wachsigen Substanzen aus der Bürzeldrüse dient voll demselben Zweck. Die mit besonders langen Strahlen und Verzweigungen ausgestatteten Federn einiger Wasservogelarten halten große Luftmengen fest und geben dem Vogel starken Auftrieb. Vor dem Tauchen können die Vögel ihren Auftrieb dadurch verringern, daß sie die Federn glätten und Luft herauspressen. Kormo-

rane mindern den Auftrieb dadurch, daß sie weniger wasserdichte Federn als viele andere Schwimmvögel haben; deshalb stehen sie auch gerne auf Felsen und breiten ihre Schwingen aus, um sie trocknen zu lassen. Andere Tauchvögel der Gattung *podiceps* tragen häufig im Magen Steine, die sie nicht nur als Verdauungs-, sondern auch als Tauchhilfe brauchen.

Die Tauchvögel, wie Tölpel, schießen aus etwa 10 m Höhe ins Wasser, und das ergibt einen ganz beträchtlichen Aufprall. Bei dieser Gruppe haben die Schädelknochen weniger Hohlräume, so daß die Verletzungsgefahr beim Aufprall verringert wird. Denselben Zweck erfüllen auch die über der Schädelvorderseite dicht verteilten subkutanen Luftsäckchen. Die meisten Tauchvögel stoßen nicht in extreme Tiefen hinunter oder bleiben lange Zeit unter Wasser; zwei bis drei Minuten ist normalerweise das Maximum. Bei einigen Tauchvögeln und bei der Eisente hat man jedoch Tauchtiefen von etwa 60 m gemessen. Bestimmte Wasservögel können, wenn sie dazu gezwungen sind, bis zu 15 min. ohne Atmen unter Wasser aushalten. Dazu sind sie durch gewisse Adaptationseigenschaften befähigt: Sie können zum Beispiel dem in den Muskeln gespeicherten Oxyhämoglobin (roter Blutfarbstoff) Sauerstoff entziehen und besitzen außerdem eine hohe Toleranz gegenüber Kohlendioxid, so daß sie erst bei einer weit höheren CO_2-Konzentration in den Lungen, als der Mensch aushalten würde, zum Atmen gezwungen sind.

Die Füße der Schwimmvögel sind nach rückwärts versetzt. Diese Stellung sichert — ähnlich wie bei den Propellern eines Schiffs — den wirkungsvollsten Antrieb. Gehen die Tiere an Land, haben sie allerdings Schwierigkeiten, das Gleichgewicht zu halten, weil der Schwerpunkt verlagert ist. Daher »watscheln« viele Schwimmvögel so merkwürdig beim Gehen. Die Pinguine, und in geringerem Maße auch die Alken, haben das Problem so gelöst, daß sie ähnlich wie der Mensch aufrecht gehen. Schnell laufen können sie aber nicht. Deshalb halten sich die Alken immer in der Nähe von Klippen auf, damit sie bei Gefahr rasch das sichere Wasser erreichen können. Die Pinguine legen sich nieder und rutschen ins Wasser, wenn sie es eilig haben.

Der Schwimmvogelkörper ist im Gegensatz zu dem eher kugelförmigen Körper der meisten anderen Vögel mehr wie ein Geschoß geformt, denn diese Form bewegt sich vorteilhafter im Wasser. Beim Tauchen wird der Wasserdruck beträchtlich. Deshalb sind sämtliche Knochen, zum Beispiel auch die Rippenknochen, kräftiger als bei anderen Vögeln; die hakenförmigen Fortsätze der Rippen überlappen nicht nur eine Rippe, sondern zwei, wodurch das Skelett entscheidend verstärkt wird.

Alle Vögel müssen »wasserdicht« und warm bleiben. Dieses Problem ist wegen des ständigen Wasserkontakts bei Schwimmvögeln natürlich besonders akut. Allein die Berührung mit dem Wasser, auch wenn es die Federn nicht durchdringt, verbraucht viel Körperwärme; aus diesem Grund besitzen Wasservögel sehr dichtes Gefieder und darunter oft ein ungewöhnlich dickes Kleingefieder (»Daunen«). Die Bürzeldrüse sondert eine fettige Substanz ab, mit der die Vögel ihr Gefieder sehr fleißig einreiben. Während der Mauser müssen daher manche Arten längere Zeit dem Wasser fernbleiben; einige Entenarten und insbesondere die Pinguine verweilen während der ganzen Mauser an Land. Pinguine bilden auch dicke Fettschichten aus, die sie während der Mauserzeit, wenn sie keine Nahrung erbeuten können, verbrauchen. Trotz der guten Isolierung verlieren Schwimmvögel durch die Extremitäten viel Wärme, besonders durch Schnabel und Beine, die ja federlos sind. Doch die Beine vieler Schwimmvögel sind dem Leben im Wasser so angepaßt, daß sie möglichst viel Wärme sparen. Die Ausbildung des Gefieders stellt dabei einen Kompromiß zwischen Wärmeisolation und Schwimm- bzw. Tauchfähigkeit dar. Schwimmvögel tropischer Gewässer können auf Isolation weitgehend verzichten und dafür besser tauchen. In arktischen Gewässern dagegen darf der Körper nicht naß werden.

Wassertreter, wie das Thorshühnchen *Phalaropus fulicarius*, scheuchen kleine, im Wasser lebende Organismen, von denen sie sich ernähren, auf, indem sie in kleinen Kreisen schwimmen und sich dabei gewöhnlich um die eigene Achse drehen. Die Abbildung zeigt einen einzelnen Vogel in verschiedenen Positionen.

Sobald dem Teichhuhn *Gallinula chloropus* eine Gefahr droht, taucht es unter und klammert sich mit den Füßen an der Unterwasservegetation fest.

Instinkt und Intelligenz

Vögel zeigen eine bemerkenswerte Vielfalt von Verhaltensweisen. Beim Nestbau zum Beispiel muß erstens der geeignete Platz und zweitens das richtige, je nach Phase des Nestbaus, jeweils unterschiedliche Material gefunden und der Reihe nach zurechtgebogen oder verwoben werden. Trotzdem bewältigen auch Erstbrüter diese Aufgabe erfolgreich.

Obwohl vieles noch immer ein Geheimnis ist, wissen wir doch inzwischen einiges mehr über das Verhalten der Vögel. Eingehende Studien haben ergeben, daß viele Tätigkeiten des Vogels erlernt und im Laufe der Zeit vervollkommnet wurden. Eine Reihe von Verhaltensweisen sind angeboren; man kann dies testen, wenn man einen Vogel isoliert von seinen Artgenossen aufwachsen läßt — also ohne jede Lernmöglichkeit — und er doch die für seine Art typischen Verhaltensweisen zeigt. Dazu gehört im Prinzip der Gesang.

Manche Vögel haben eine »empfindliche Periode«, in der gewisse Verhaltensmuster geprägt werden können. Junge Gänse zum Beispiel sind darauf »geeicht«, daß sie einem sich bewegenden Objekt schon kurz nach dem Schlüpfen folgen. Normalerweise handelt es sich dabei um ihre Eltern, in Gefangenschaft kann dies aber auch der Mensch sein. Diese Fixierung erfolgt meistens in den ersten 24 Stunden, manchmal sogar in noch kürzerer Zeit, und ist kaum mehr rückgängig zu machen. Den Gesang wird ein Vogel höchstwahrscheinlich den seiner benachbarten Artgenossen angleichen, und zwar von der ersten Brutperiode an. Zahlreiche Fähigkeiten sind also teilweise in der Anlage vorhanden, müssen aber durch

Intelligentes Verhalten (A) beim Zedern-Seidenschwanz *Bombycilla cedrorum,* wobei ein Vogel, der direkt am Futterplatz sitzt, Früchte zu einem weniger günstig sitzenden Nachbarn weiterreicht, (B) beim Stieglitz *Carduelis carduelis,* der in der Lage ist, Futter zu seinem Schnabel zu bringen, indem er die Füße benutzt.

Intelligentes Verhalten der Nebelkrähe *Corvus cornix*, die sich ähnlich wie der Stieglitz verhält, um an Fische zu gelangen, die von Eskimos an Leinen gefangen worden sind.

Der Schwarzkehl-Honiganzeiger *Indicator indicator*, bekannt für seine Fähigkeit, andere Tiere und neuerdings auch Menschen zu Nestern von Honigbienen zu führen.

Die Verhaltensweise, Futter »einzukellern«, ist bei manchen Mitgliedern der Rabenvögel weit entwickelt: Hier ist der Tannenhäher *Nucifraga caryocatactes* zu sehen, wie er während des Winters Nüsse wieder ausgräbt.

Einer der besten Belege für die Lernfähigkeit der Vögel ist die Geschwindigkeit, mit der sich die neu erworbene Verhaltensweise der Blaumeise, Milchflaschen zu öffnen, verbreitete, nachdem die Vögel einmal gelernt hatten, diese leicht auszubeutende Nahrungsquelle zu erschließen.

Übung ausgebildet und durch »Abschauen« bei anderen vervollkommnet werden.

Die Beobachtung und Nachahmung des Verhaltens anderer Artgenossen hilft dem jungen Vogel offensichtlich, sich in seinem Lebensraum zurechtzufinden. Wichtig ist vor allem, daß der junge Vogel möglichst bald unterscheiden lernt, welche Objekte gefährlich und welche harmlos sind. Bei vielen Arten ist die Schulung durch die Eltern daher von ungeheuerem Wert. Bei anderen Arten, wie den Großfußhühnern, Sturmtauchern, Seglern und Kuckucksvögeln, erhalten die Jungvögel keine Hilfe von ihren Eltern, nachdem sie das Nest verlassen haben, sich zurechtzufinden und zu gedeihen.

Durch Versuche und Irrtümer lernen die Jungvögel rasch. Unbekannte Objekte sind stets interessant, und sie werden geprüft, ob sie zur Nahrung taugen. Einige Arten lernen im Versuch sogar, einen langen Faden abzuwickeln, um zu dem Futter, das sich am anderen Ende befindet, zu gelangen. Dazu benützt der Vogel den Schnabel und/oder die Füße, häufig beides. Findet ein Vogel eine neue Futterquelle, so wird dies schnell von anderen nachgeahmt, so daß die neue Gewohnheit bald von der ganzen Vogelbevölkerung der Umgebung aufgenommen wird. Ein gutes Beispiel dafür ist das Öffnen von Milchflaschen. In England scheint sich diese Gewohnheit in Southampton 1929 eingebürgert und dann sehr schnell weiterverbreitet zu haben.

Man sollte sehr vorsichtig sein, wenn man über die Intelligenz der Vögel urteilt. Einige Papageien und verschiedene Krähenarten beispielsweise gelten als besonders intelligent. Diese Annahme basiert jedoch auf einem Kriterium: daß die Vögel lernen können, Dinge zu tun, die der Mensch ihnen aufträgt. Die Vögel haben ihre komplexe Verhaltensweise jeweils so modifiziert, wie es in ihrem normalen Lebensraum am nützlichsten war und ist. Unter diesen natürlichen Bedingungen müssen sie wahrscheinlich niemals zählen können, obwohl Krähen bei Tests durchaus die Fähigkeit zum Erfassen von Zahlen zeigen.

Gewohnheiten, die uns vielleicht als dumm erscheinen, sind möglicherweise solche, die für den wildlebenden Vogel niemals von Überlebenswert waren. Auf gewisse Reize zum Beispiel reagieren bestimmte Arten fast stereotyp. So wirkt die rote Brust des Rotkehlchens als ein »Auslöser« auf andere Vertreter derselben Art. Die Reaktion hängt jedoch davon ab, ob der Artgenosse ein Männchen oder Weibchen ist. Fast die gleiche Reaktion wie auf einen lebenden Vogel seiner Art zeigt das Rotkehlchen schon allein auf ein Büschel roter Brustfedern. Andere Vögel, etwa die Stelzvögel, brüten lieber Eier aus, die größer sind als ihre eigenen. Diese großen Eier wirken so anregend, daß die Stelzvögel unter Umständen ihre eigenen Gelege vergessen, wenn sie die riesigen Scheineier auszubrüten versuchen. Die Aktivitäten in diesen beiden Beispielen erscheinen uns dumm, aber unter natürlichen Bedingungen würden sie so gut wie niemals vorkommen.

Wenn verschiedene Arten große Unterschiede in ihren Verhaltensweisen zeigen, so läßt sich daraus nicht auf eine größere oder geringere Intelligenz schließen. Lummen und Pinguine können zum Beispiel schon frühzeitig ihre Jungen erkennen; bei den Lummen geschieht das noch vor dem Schlüpfen, denn die Eltern können das Piepsen ihrer eigenen Küken schon im Ei von dem anderer Küken unterscheiden. Andererseits erkennen Meisen ihre jungen Nestlinge überhaupt nicht. Bei den Lummen passiert es, daß sich die Jungen unter die anderen Vögel mischen, und die Eltern müssen wissen, welche Jungen sie zu füttern haben. Bei den Meisen, die in Astlöchern oder Baumhöhlen nisten, ist das nicht nötig, da jede Verwechslung mit einer anderen Brut ausgeschlossen ist; deshalb mußte die Fähigkeit, die eigenen Jungen zu »erkennen«, nicht entwickelt werden.

Gesang

Menschen neigen dazu, die Vögel deshalb besonders zu beachten, weil sie dieselben Sinnesorgane benützen wie wir. Der Farbsinn liegt da wohl an erster Stelle, dann folgt das Gehör. Vögel hören etwa dieselben Töne wie der Mensch und verständigen sich mit ihren Artgenossen in einem ähnlichen Wellenbereich wie dieser. Mag sein, daß sie an beiden Enden der Skala ein wenig schlechter hören als ein Mensch mit gutem Gehör. Tatsache ist jedoch, daß die Vogelrufe im Wahrnehmungsbereich der Menschen liegen, und deshalb können wir uns an ihrem Gesang erfreuen.

Das Vogelohr gleicht in vieler Beziehung dem des Menschen, und auch die Stimme, die zwar von einem anderen Organ hervorgebracht wird, hat einige Ähnlichkeit mit der Menschenstimme. Papageien und Mynahs (Hirtenstare) können die menschliche Stimme oft sehr genau nachmachen. Eine Besonderheit der Vogelstimme ist die Fähigkeit, bis zu drei oder vier komplexe Töne, die sich zeitlich überlagern, hervorzubringen. Vögel können also unterschiedliche Töne, die nicht unbedingt miteinander harmonieren müssen, gleichzeitig erzeugen.

Darüber hinaus ist die Übertragungs- und Empfangsgeschwindigkeit der Vogelstimme und des Vogelohrs sehr beachtlich. Ein äußerst kompliziertes Vogellied kann 80 Noten pro Sekunde enthalten. Solche Töne erscheinen dem menschlichen Ohr als Einheit, und nur ein Klangspektrogramm kann das Vogellied zerlegen und in seiner Tonfolge wiedergeben. Wenn der Vogel schon solche Töne produziert, muß er sie natürlich ebensogut empfangen können. Die Tonaufnahmegeschwindigkeit eines Vogels ist etwa zehnmal so groß wie die des Menschen.

Tiere haben viele Möglichkeiten entwickelt, Botschaften zu übermitteln. Eine besonders nützliche Form der Kommunikation sind natürlich Töne. In unübersichtlichen Lebensräumen und besonders in Wäldern und Buschwerk ist die Verständigung mit Tönen wirksamer als jede andere. Daher nimmt es nicht wunder, daß die Stimme das wichtigste Verständigungsmittel der Vögel ist.

Ein singender Zaunkönig *Troglodytes troglodytes* im Winter. Zaunkönige haben hochentwickelte Gesänge, die oft relativ laut sind. Manche Arten behalten ihre Territorien das ganze Jahr über und können auch während dieser Periode regelmäßig vernommen werden. Der Gesang dient nicht nur der Verteidigung des Territoriums, sondern erfüllt auch andere Zwecke, z.B. bei der Werbung eines Weibchens oder beim Nestbau.

Bläßhühner *Fulica atra* verteidigen ihr Nest gegen einen plündernden Iltis. Vögel haben vielfältige Verhaltensweisen, um sich gegen Räuber zu schützen, so z.B. das Ausstoßen von lauten Warnrufen, welche den Brutpartner oder andere Vögel herbeilocken, die dann helfen, den Eindringling zu vertreiben.

Amsel *Turdus merula,* ihre Jungen fütternd. Junge Vögel stimulieren ihre Eltern, sie zu füttern, indem sie Bettelrufe ausstoßen; je intensiver sie schreien, desto mehr Futter schleppen die Alten herbei. Nur wenn die Jungen wirklich satt sind, hören sie auf zu rufen.

Während der Brutsaison zeigt die Bekassine *Capella gallinago* einen charakteristischen Balzflug, den sie mit einem meckernden Geräusch begleitet. Das typische »Meckern« entsteht, wenn der Luftstrom an den äußeren, abgespreizten Schwanzfedern entlangströmt. Dies Geräusch kann man nachahmen, wenn man einen Bekassinenschwanz an einem Bindfaden befestigt und ihn um den Kopf wirbelt.

Vogellieder sind die kunstvollsten Botschaften der Vogelsprache, und der Mensch empfindet sie häufig als schön. Meist wird der Vogelgesang mit den »Singvögeln« (Sperlingsvögel) in Verbindung gebracht, doch diese Ansicht ist aus zwei Gründen irreführend. Erstens beherrschen auch einige Nichtsperlingsvögel, wie etwa Rot- und Grünschenkel, sehr schwierige und schöne Lieder, und auch das Gelächter des Lachenden Hans ist mehr als erstaunlich. Und zweitens gibt es bei anderen Vögeln genügend Tonfolgen, die uns zwar sehr einfach erscheinen, die für die Mitglieder ihrer eigenen Art jedoch ebenso wichtige Mitteilungsfunktionen wie die komplizierten Lieder anderer Arten haben.

Vögel singen mitunter das ganze Jahr hindurch, aber während der Brutperiode tun sie das besonders häufig und schön, da der Gesang einen wesentlichen Bestandteil der Balz darstellt. Vor der Brutzeit kommt dem Gesang auch bei der Festlegung von Revieren eine besondere Bedeutung zu. Die Singbereitschaft scheint eng mit der Präsenz von Geschlechtshormonen im Blut verbunden zu sein, und diese Hormone werden nur zur Brutzeit in entsprechender Menge gebildet. Manche Arten zeigen noch einmal im Herbst, unmittelbar nach Abschluß der Mauser, für kurze Zeit ein verstärktes territoriales Verhalten und intensivierten Gesang. Auch im Lauf des Tages verändert sich die Singbereitschaft der Vögel. Am frühen Morgen und bei schönem Wetter singen sie am häufigsten und schönsten; bei schlechtem Wetter schränken sie das Singen vielfach ein.

Vogellieder können außerordentlich kompliziert sein. Jede Art hat gewöhnlich ihr eigenes, charakteristisches Lied. Jede Strophe enthält eine Reihe von Tönen, die ein klar erkennbares Muster bilden. Manchmal ist auch die Länge des Liedes von Bedeutung, obwohl es ständig wiederholt werden kann.

Es gibt vermutlich drei Hauptfunktionen des Vogelliedes, doch die Wichtigkeit der einzelnen Funktion kann bei den verschiedenen Arten differieren: Mit ihrem

Der Gesang ist ein ideales Kommunikationsmittel zwischen Vögeln, besonders bei Bewohnern von Lebensräumen wie Wald, wo es sehr schwierig wäre, z. B. Sichtkontakt untereinander aufrechtzuerhalten. Der Dreilappen-Glockenvogel *Procnias tricarunculata* (1) lebt zwar in dichten Wäldern, aber sein Ruf ist noch auf beachtliche Entfernungen zu hören. Im allgemeinen haben die Singvögel die kompliziertesten Lieder, ein gutes Beispiel ist die Amsel *Turdus merula* (2). Trotzdem haben deswegen Vögel, wie z. B. der Gesprenkelte Buschkauz *Ninox punctulata* (3), die nur einfache Schreie von sich geben, nicht notwendigerweise einfacher gebaute Sprach- bzw. Singwerkzeuge. So gibt es auch viele Singvögel, wie z. B. die Dohle *Corvus monedula* (4), die nur relativ einfache Rufe aufweist. Die meisten Vögel singen mit weit geöffnetem Schnabel, aber die Tauben gurren tief in der Kehle, wobei der Schnabel normalerweise geschlossen bleibt, wie bei der Türkentaube *Streptopelia decaocto* (5). Die Papageien, wie z. B. *Eclectus roratus* (6), sind bekannt für ihre rauhen, heiseren Schreie; viele von ihnen sind aber gute Nachahmer, und man kann ihnen das Sprechen beibringen.

artspezifischen Liedtyp erkennen sich die Mitglieder einer Art und bewirken damit eine Absonderung von den anderen. Ein Vogelmännchen beansprucht mit Hilfe seines Liedes ein gewisses Revier und versucht gleichzeitig, damit eine Gefährtin anzulocken.

Das Lied ist artspezifisch, auch wenn manche Vogelmännchen ihre Lieder individuell variieren und sich so von ihren Reviernachbarn deutlich unterscheiden; das heißt, deutlich für die betreffende Vogelart, denn uns erscheinen die Lieder eher gleich. Nimmt man ein individuelles Vogellied auf und spielt es den Tieren wieder vor, so kann der Vogel genau unterscheiden zwischen einem Nachbarn und einem Revierfremden. Einem gut bekannten und wohl etablierten Nachbarn gegenüber entwickelt ein Revierbesitzer keine heftigen Reaktionen, doch er antwortet scharf auf das Lied eines Fremden: Mit dem Nachbarn hat er sich ja längst schon arrangiert, während der Fremde eine neue Bedrohung des Reviers darstellt. Er könnte ja die Absicht haben, es für sich zu erobern; daher die unterschiedliche Reaktion. Merkwürdigerweise scheint der Vogel seinen Gesang nicht zu erkennen, denn viele reagieren darauf wie auf das Lied eines Fremden.

1
2
3

4
5
6

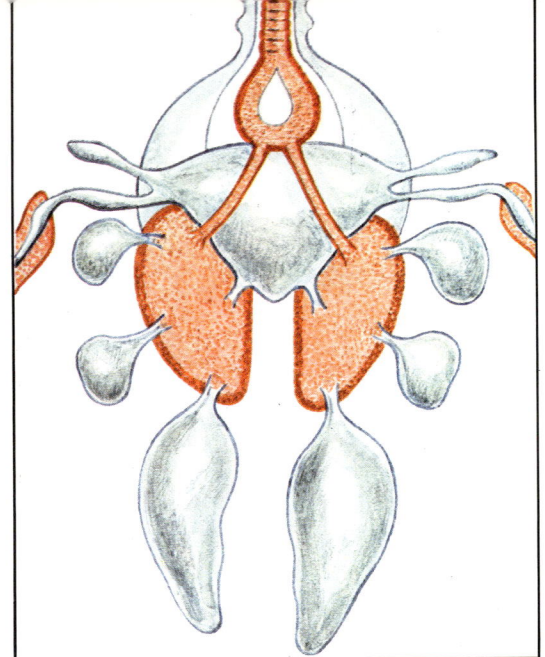

Vögel besitzen Luftsäcke, dünne, taschenförmige Gebilde, in die Luft gelangen kann, wenn sie die Lungen passiert hat. Man vermutet, daß sie die Atmung während des Fluges unterstützen. Die Luftsäcke enden in den hohlen Knochen.

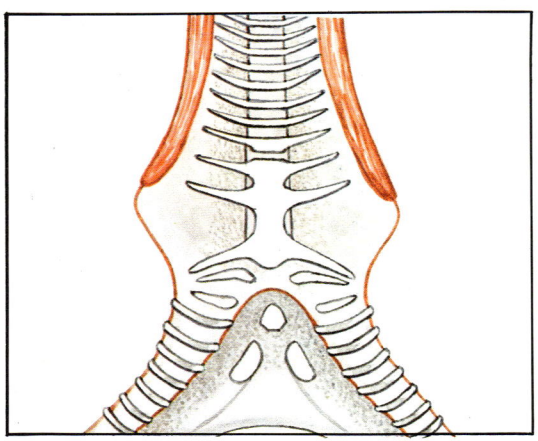

Die Syrinx ist das stimmproduzierende Organ der Vögel. Die Resonanzkammer oder *Typanum* befindet sich an der Gabelung der Luftröhre und enthält vibrierende Membranen, die vom Bindegewebe zwischen den Knorpeln gebildet werden. Spezielle Muskeln kontrollieren die Dehnungen und die Positionen der Membranen, wodurch unterschiedliche Töne ermöglicht werden.

Die Luftröhre, durch die die Luft von den Nasenlöchern zu den Lungen geführt wird, ist eine feste Röhre von Knorpelringen gestützt, die ein Zusammenfallen verhindern.

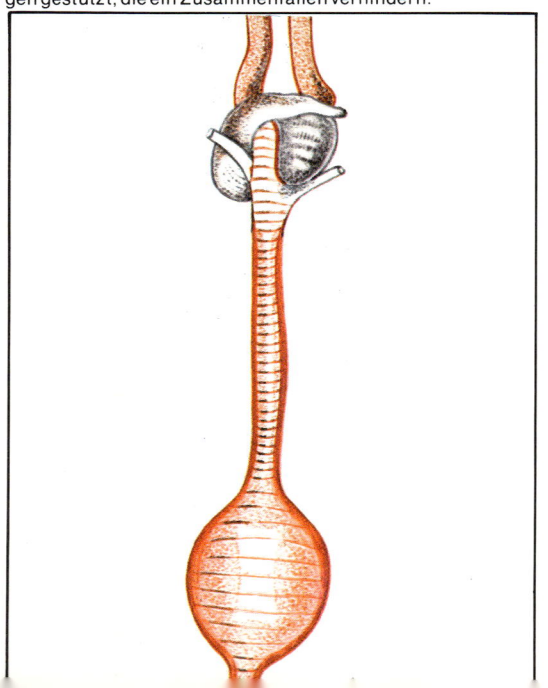

Verschiedene Vögel verfügen nicht über ihr artspezifisches Lied und die individuelle Ausprägung davon, sondern auch noch über mehrere individuell verschiedene Lieder. Man hat bei einem einzigen Vogel schon sechs bis acht verschiedene Lieder festgestellt. Doch weiß man noch nicht, ob jede Variante eine andere Botschaft für die Mitglieder der Art trägt. Die Wechselbeziehungen zwischen den einzelnen Liedern eines Repertoires sind noch nicht ermittelt. Mitunter singen Vögel zuerst eine bestimmte Melodie eine Zeitlang, und wenn sie diese oft genug wiederholt haben, gehen sie zu einer anderen über, als sei ihnen die erste langweilig geworden. Wenn sich aber zwei Vögel um die Reviergrenzen streiten, bedienen sie sich beide meistens der gleichen Variante. Wechselt dabei der eine Vogel auf einen anderen Melodietyp über, folgt ihm der andere häufig.

Es gibt bei verschiedenen Arten auch lokale Liedvarianten. Diese »Dialekte« können entweder eine weitere Verbreitung aufweisen oder nur von örtlich begrenzter Bedeutung sein. Wechselt man nur von einem Tal in ein anderes über, kann man feststellen, daß sich der Gesang einer bestimmten Art merklich verändert hat. Der europäische Buchfink ist eine solche Art mit vielen verschiedenen Lokaldialekten. Selbstverständlich sind Abweichungen in einem größeren geographischen Raum stärker als in einem örtlich begrenzten Gebiet.

In den letzten Jahren ist man durch Untersuchungen der Lösung einiger Fragen in diesem Zusammenhang nähergekommen. Vögel, die in Gefangenschaft und in geräuschfreien Käfigen aufwachsen, entwickeln einen zwar dürftigen und nicht besonders reinen Gesang, der aber immer noch als der ihrer eigenen Art zu erkennen ist. Mit der Zeit lernen sie ihr Lied besser, erreichen aber niemals einen besonders hohen Standard. Werden diese Vögel dann mit dem Gesang anderer Individuen ihrer Art konfrontiert, so nehmen sie sofort Einzelheiten aus deren Liedern in ihr Repertoire auf und verbessern damit ihren eigenen Gesang. Auf die Weise entsteht also ein Gesang, der ererbte und erlernte Bestandteile umfaßt. Werden einem in Gefangenschaft aufgewachsenen Vogel ähnliche Lieder einer anderen Art vorgespielt, so kopiert er diese nicht. Es gibt also eine ererbte Fähigkeit, die Artspezifität des Gesanges zu erkennen. Es gibt anscheinend eine Zeit, da der junge Vogel besonders empfänglich für den Gesang von Artgenossen ist und dazu neigt, die der anderen Individuen nachzuahmen. Diese Periode macht der Vogel meist kurz vor Vollendung seines ersten Lebensjahres durch, wenn er sich also seiner ersten Brutzeit nähert. Man hat aber auch Vögel beobachtet, die über diese Zeit hinausgingen und ihr Leben lang durch Nachahmung anderer Artgenossen ihren eigenen Gesang verbesserten und modifizierten.

In der Regel singt nur das Männchen und nicht das Weibchen. Es gibt jedoch Ausnahmen, aber wenn bei einigen Arten auch die Weibchen singen, so tun sie das nicht sehr häufig. Eine weibliche Kohlmeise konnte man hell und laut singend ihr Revier verteidigen hören, als ihr Männchen ein paar Tage lang krank war. Doch kaum hatte es sich erholt, da hörte sie wieder zu singen auf. Das Weibchen des europäischen Rotkehlchens singt regelmäßig im Herbst, wenn es sein eigenes Revier beansprucht. Bei den Wassertretern übernimmt das Weibchen die Hauptrolle bei der Balz und wirbt singend um das Männchen. Weibliche Kanarienvögel, denen man geringe Dosen männlicher Sexualhormone gibt, singen ebensogut wie die Männchen.

Es gibt verschiedene Arten, bei denen das Weibchen regelmäßig singt; bei einigen singen die Paare sogar Duette miteinander. Besonders bekannt für ihren komplizierten Wechselgesang sind die afrikanischen Würger der Gattung *Laniarius*. Ihr Duett nennt man antiphonales Singen; das heißt, der eine Vogel singt ein kurzes Melodiestück, der andere das nächste. Manchmal besteht das ganze Lied nur aus zwei Stücken, aber bei anderen Arten, etwa bei asiatischen Häherlingen, ist dieses Duett sehr abwechslungsreich, und die beiden Vögel wechseln sich häufig mit Melodiestücken ab. Ein menschlicher Beobachter kann nicht feststellen, welcher Teil des Liedes von welchem Vogel gesungen wird.

Höhlennistende Arten, wie z. B. die Kohlmeise *Parus major,* können sich durch ein lautes Zischen verteidigen, das sie ausstoßen, wenn ein Räuber — wie hier das Eichhörnchen — versucht, in die Höhle einzudringen. Man glaubt, daß dieser Laut das Zischen einer Schlange nachahme.

Verhaltensweisen des Flußregenpfeifers *Charadrius dubius.* Wenn der Flußregenpfeifer einem anderen Vogel seiner Art droht, zeigt er ihm seine schwarzen Gesichts- und Bruststreifen (1). Wenn der Elternvogel seine Jungen vor einer herannahenden Gefahr warnt, zerstreuen diese sich und pressen sich an den Boden, bis der Elternvogel ein »Alles klar«-Signal gibt (2). Ist ein Räuber bereits nahe am Nest oder an den Jungen, so versucht der Elternvogel, den Feind durch Vortäuschen eines gebrochenen Flügels auf sich zu lenken und ihn vom Nest wegzulocken. Sobald sich die Jungen in Sicherheit befinden oder der Räuber weit genug vom Nest entfernt ist, fliegt der Flußregenpfeifer auf (3).

Warnung und Angst

Ebenso wie bei der Beurteilung von Verhaltensweisen allgemein ist auch bei der Deutung des Verhaltens anderer Lebewesen durch Kriterien, wie Liebe, Haß und Angst, äußerste Vorsicht geboten. Man urteilt zu leicht anthropomorph-unkritisch, indem man in Tiere menschliche Reaktionen hineindenkt. Dabei unterscheidet sich das Verhalten der Tiere zum Teil deutlich von dem des Menschen.

Wir können beobachten, daß Vögel Warnrufe aussenden, die Artgenossen etwa auf ein nahendes Raubtier aufmerksam machen und sie zur Flucht veranlassen sollen. Ferner vermeiden Vögel eine Reihe von möglicherweise gefährlichen Objekten. Man kann dabei nicht nach menschlicher Manier von Angst sprechen, doch dient dieses Verhalten jedenfalls dazu, sich rasch genug in Sicherheit zu bringen.

Für die Mehrheit der Vögel gibt es eine Unzahl von Gefahren, die überall lauern; Vorsicht zahlt sich also aus, und Klugheit ist meist nützlicher als Tapferkeit. In der Praxis lernen Vögel frühzeitig, harmlose Dinge von Feinden und Gefahren zu unterscheiden. Zu diesem Zweck beobachten Jungvögel genau die Reaktionen ihrer Eltern. Später, wenn sie entsprechende Erfahrung gesammelt haben, reagieren die Vögel nur noch auf unbekannte oder seltsame Objekte, bis sie diese auf ihre mögliche Gefährlichkeit hin überprüfen konnten. Viele Vögel behalten gefährliche Objekte lange Zeit in Erinnerung.

Ist ein anderes Lebewesen einmal als gefährlich erkannt, handelt der Vogel sofort angemessen. Säugetieren entzieht er sich durch blitzschnellen Abflug, doch vor Greifvögeln versucht er sich in dichtem Gebüsch zu verstecken oder aufs Wasser hinaus auszuweichen und unterzutauchen. Die jeweilige Reaktion hängt von der Vogelart und ihrem entsprechenden Lebensraum ab. Bei der Flucht werden häufig besondere Alarmschreie ausgestoßen, die auch andere Vögel warnen,

da insbesondere bei Singvögeln die Warnrufe recht ähnlich sind. Natürlich lenkt der warnende Vogel oft mit seinem Schrei erst die Aufmerksamkeit des Feindes auf sich und bringt sich dadurch selbst in Gefahr. Brütende Vögel schützen aber durch Schreien ihr Gelege oder die Nestlinge. Oder die gewarnten Vögel suchen ihre individuelle Sicherheit in der Masse gleichartiger. Sie scharen sich zusammen und erschweren damit einem Greifvogel den Angriff auf ein bestimmtes Individuum. Wenn sich viele mögliche Beutestücke lebhaft bewegen, wird der Greifvogel verwirrt und kann kein Ziel fixieren. Europäische Bläßhühner veranstalten zum Beispiel im Wasser ein heftiges Gespritze, wenn sie von einem Seeadler angegriffen werden.

Die Alarmrufe selbst sind sehr charakteristisch: es sind dünne, hohe Töne, die sich nur sehr schwer lokalisieren lassen. Daher sind sie auch für den warnenden Vogel nicht allzu gefährlich. Die meisten Arten verfügen über eine ganze Skala von Warnrufen für verschiedene Gelegenheiten, so daß die anderen Vögel genau wissen, wovor der Rufer warnt und wie groß seine »Angst« ist. Manche Vögel verstehen auch die Warnrufe anderer Arten. Die Warnrufe von kleinen Sperlingsvögeln beispielsweise sind ebenso allgemein verständlich wie das lärmende Geschrei von Amseln, die einen Waldkauz entdeckt haben. Dieses Geschrei teilt den anderen Vögeln mit, wo die Gefahr liegt, und möglicherweise wird damit auch der Kauz vergrämt. Das laute Geschrei erbeuteter Vögel kann »Angst« signalisieren, aber es soll sicher auch die anderen Vögel herbeilocken, damit sie den Feind von seinem Opfer ablenken und diesem eventuell die Flucht ermöglichen.

Aus dem Verhalten ihrer Eltern lernen es Jungvögel ziemlich schnell, potentielle Feinde zu erkennen; sie lernen auch, die Alarmrufe zu unterscheiden und selbst auszustoßen. Kleine Vögel und Nestlinge ducken sich im Nest zusammen.

Spechte können einem Feind, wenn sie ihn gesehen oder aber einen Warnruf gehört haben, dadurch entgehen, daß sie sich verbergen. Auf dem Bild duckt sich gerade ein Buntspecht *Dendrocopus major* vor einem vorüberfliegenden Sperber *Accipiter nisus*.

Einige Konfliktsituationen, wenn ein Vogel z.B. unsicher ist, ob er einen anderen angreifen soll oder ob er flüchten soll, können sehr unterschiedliche Verhaltensweisen nach sich ziehen: Hier (1) versteckt ein Austernfischer seinen Schnabel im Gefieder in einer Art Schlafstellung. Bei anderen Gelegenheiten können sich die Vögel dann energisch auf einen Angreifer stürzen und haben oft Erfolg, bevor der Räuber das Nest oder die Jungen gefunden hat. Kiebitze *Vanellus vanellus* (2) vertreiben eine Rabenkrähe *Corvus corone*.

1

2

Virginische Baumwachtel *Colinus virginianus* in einer Kreisformation schlafend. Diese Vögel halten sich normalerweise
in weiten, offenen Gebieten auf. Durch diese Kreisformation
können sie jeden Feind, aus welcher Himmelsrichtung er
auch kommen mag, sofort ausmachen.

Masken-Schwalbenstare *Artamus personatus* drängen sich
zum Schlafen dicht zusammen. Dadurch, daß sie einen ge-
schützten Unterschlupf suchen und sich dicht zusammen-
drängen, setzen sie ihren Energiebedarf für die Nacht her-
unter.

Schornsteinsegler *Chaetura pelagica* beim Schlafen in einer
Gruppe. Zahlreiche andere Arten von Insektenfressern drängen sich bei schlechtem Wetter derart zusammen.

Schlaf

Vögel schlafen gerne zu den Zeiten, die sie nicht zur Futtersuche verwenden können. Tagaktive Arten schlafen nachts. Nachtvögel dagegen bei Tag. Aber Strand-
vögel und Enten schlafen auch, wenn Flut ist und sie nicht nach Futter suchen
können. Typisch für schlafende Vögel ist eine Stellung, in der sie den Schnabel
unter den Federn verstecken. Viele kleine Vögel sitzen auf ihren Füßchen und
bedecken diese mit ihren aufgeplusterten Federn. Auf diese Weise erhalten Vögel
die Wärme in den Extremitäten, wo sie am leichtesten verlorengeht, und sparen
damit Energie. Wenn die Vögel so sitzen und ihre Beinmuskeln entspannen,
schließen sich die Krallen automatisch durch Sehnenspannung sehr fest um den
Zweig, auf dem sie ruhen.

Vögel baumen allein oder auch in Scharen auf. Die afrikanischen Blutschnabelweber und Stare bevölkern ihre gewohnten Schlafplätze oft zu Millionen, und es
kommt vor, daß ihr Kot die Schlafbäume vernichtet. Manche kleineren Vögel
und auch einige Pinguine drängen sich nahe aneinander, um sich gegenseitig zu
wärmen. Schwanzmeisen und Buschmeisen schmiegen sich bei Kälte viel enger
aneinander als bei mildem Wetter. Schwalben, die auf dem Zug in kaltes Wetter
geraten, drängen sich aus dem gleichen Grund in großen Gruppen zusammen.
Auch kleine Vögel, die in Löchern oder in kuppelartigen Nestern schlafen, kuscheln sich zusammen. In Europa drängen sich manchmal Zaunkönige massenhaft in einer einzigen Höhle zusammen. Einige Sperlingsarten bauen sich Winter-
nester, in denen sie vor der Kälte geschützt sind.

Viele Vögel sparen Energie durch die Nachtstarre. Dabei wird die Körpertemperatur herabgesetzt, so daß der Unterschied zur Lufttemperatur nicht mehr so
groß ist und der Wärmeverlust in Grenzen gehalten wird. Dies ist besonders typisch für die Kolibris. Diese winzigen Vögelchen verlören eine relativ große Menge Energie, wenn sie nachts nicht in Schlafstarre verfallen könnten.

Schlafplätze werden in der Regel an solchen Orten gesucht und eingerichtet,
wo die Vögel vor Kälte, Wind und Regen geschützt sind. Einige arktische Arten,
wie der Birkenzeisig und einige Hühnervögel, schlafen in Schneehöhlen, in denen
sie vor den eisigen Winden einigermaßen geschützt sind. Natürlich gehen manche
Vögel dadurch ein, daß schwere Schneefälle sie am Morgen daran hindern, sich
ins Freie durchzugraben.

Wichtig ist nicht nur, daß Schlafplätze gefunden werden, die vor der Kälte der
Nacht schützen; sie müssen auch möglichst raubtiersicher sein. Deshalb wählen
viele Vögel Schlafplätze in dichtem Laub, wo sie von Eulen nicht erspäht werden
können. Einige Bodennister, wie etwa der Jagd-Fasan, schlafen in Bäumen, wo
sie vor Füchsen sicher sind. Andere wiederum schlafen mitten auf offenem
Grund, wo sie die Annäherung von Feinden rechtzeitig bemerken können. Bei
Wachteln hat man beobachtet, daß sie kleine Schlafkreise mit Blick nach außen
bilden, so daß sie jeden sich nähernden Feind sofort sehen können. Das Schlafen
in großen Scharen ist immer eine Vorsichtsmaßnahme; wenn ein Vogel ein
Raubtier sieht oder von ihm angegriffen wird, warnt sein Alarmgeschrei alle anderen Artgenossen.

Viele Wasservögel schlafen entweder auf Inseln, wo sie vor Raubtieren relativ
sicher sind, oder auch inmitten eines größeren Gewässers. Heutzutage ist es ein
alltägliches Bild, daß man in der Abenddämmerung Möwen zum Übernachten zu
Stauseen fliegen sieht. Natürlich schließen solche Umstände einen Tiefschlaf aus,
denn ab und zu müssen die Vögel schwimmen, um nicht ans Ufer getrieben zu
werden.

Einige Vögel haben äußerst merkwürdige Schlafgewohnheiten. Spechte schlafen senkrecht an Baumstämmen in fast der gleichen Haltung, in der man sie bei
Tag beobachten kann; europäische Baumläufer schlafen ebenfalls in dieser Stellung, aber in den weichen Rindenspalten des Stammes. Sie höhlen oft sogar die

47

Nuttalls Nachtschwalbe *Phalaenoptilus nuttallii*, ein Ziegenmelker, ist der einzige Vogel, der einen Winterschlaf hält. Ob
er den ganzen Winter in einem Starrezustand verbringt,
oder immer nur ein paar Tage auf einmal, ist nicht bekannt.
Zahlreiche andere Arten verfallen für kurze Zeiten in einen
solchen Starrezustand, oft nur über Nacht. Hierzu gehören
die Segler, Kolibris und Mausvögel, die alle verhältnismäßig
nah mit den Ziegenmelkern verwandt sind. Aus der Colorado-
Wüste in Kalifornien ist ein Ziegenmelker vier aufeinanderfol-
gende Winter in derselben Felsenspalte beobachtet worden.

Alpenstrandläufer *Calidris alpina*, schlafend auf einer Gezei-
ten-Sandbank. Viele Watvögel müssen bei Ebbe ihren Nahrungsbedarf decken und deshalb während der Flut schlafen, egal ob tags- oder nachtsüber. Da sie ihre Nahrung
nicht erspähen, sondern mehr ertasten, spielt bei der Futtersuche die Dunkelheit keine Rolle, vorausgesetzt, es ist so
heiß, daß die Vögel sehen können, wo sie sich befinden.

Rinde zu diesem Zweck etwas aus, und mehrere Vögel schlafen dann in nebenein-
anderliegenden Höhlen. Der Fledermauspapagei, *Luriculus*, hängt mit dem Kopf
nach unten an einem Ast des Schlafbaumes, daher auch der Name.

Eine der merkwürdigsten Schlafgewohnheiten hat der europäische Mauersegler. Viele Vögel dieser Art fliegen die ganze Nacht hindurch, weil ihnen die Landung und der Start vom Boden aus Schwierigkeiten bereiten. Natürlich haben die
brütenden Vögel ein Nest, aber nichtbrütende jüngere Vögel scheinen keines zu
besitzen, in dem sie die Nacht verbringen können. Man sieht sie am Abend über
Stauseen kreisen, und in der Dämmerung steigen sie dann weiter nach oben. Ra-
darbeobachtungen beweisen, daß sie die ganze Nacht in der Luft verbringen.
Manche dieser Vögel landen möglicherweise den ganzen Sommer über nicht einmal. Auch in ihren Winterquartieren wurden keine Schlafplätze registriert, und
so erscheint es denkbar, daß sie nur zum Brüten landen und die übrige Zeit in der
Luft verbringen. Man weiß bis heute nicht, wie sie dazu in der Lage sind und für
wie viele Seglerarten dies zutrifft. Vertreter anderer Arten schlafen in Mauer-
oder Felsritzen oder Höhlungen. Das Hochfliegen in der Dämmerung ist vielleicht darauf zurückzuführen, daß die Vögel damit vermeiden wollen, in der Dunkelheit gegen Hindernisse zu fliegen.

Viele Vögel haben einen sehr leichten Schlaf, weil sie ständig vor Raubtieren
Angst haben müssen und deshalb immer fluchtbereit sind. Andere Vögel, wie etwa die Kolibris, erstarren aber nachts, und da kann es dann sogar einige Minuten
dauern, bis sie aus ihrem Tiefschlaf richtig aufwachen; sie müssen erst ihren Körper aufheizen, bevor sie wieder aktiv werden können.

ERNÄHRUNG

Essen und Trinken

Da Vögel keine Zähne haben, unterscheidet sich ihre Ernährungsweise grundlegend von der der Säugetiere. Das Futter wird überhaupt nicht gekaut, sondern ganz in den Muskelmagen befördert, der es zermahlt. Selbst Eidechsen und Schlangen, große Insekten oder Fische, die im Verhältnis zur Größe des Vogels recht voluminös sind, werden verschluckt. Möwen und Greifvögel jedoch zerkleinern ihre Beute mit dem kräftigen Schnabel. Andere Vögel, wie Enten und Hühnervögel, fressen sogar Gras und Blätter, ja sogar Nadeln von Koniferen.

Im allgemeinen bereiten Vögel ihr Futter nicht auf, doch auch hier gibt es Ausnahmen. Viele Bienenfresser entfernen erst den Stachel, bevor sie die Beute verschlucken. Die Biene wird kräftig gegen einen Ast geschlagen, bis sich der Stachel löst. Vögel, die zum Beispiel große Raupen mit kräftigen Freßwerkzeugen verzehren, hacken ihrer Beute erst den Kopf ab, damit der Vogel von der verschluckten Raupe nicht gebissen werden kann.

Besonders die kleinen Vögel müssen einen beträchtlichen Teil des Tages für die Futtersuche verwenden. Zwei Perioden im Jahr sind besonders kritisch:

Um die Wintermitte brauchen Vögel viel Futter, um genügend Wärme erzeugen zu können.

Auch während der Brutzeit ist der Nahrungsbedarf beträchtlich erhöht.

Die Fütterung selbst ist recht riskant, weil sich der Vogel dabei auf die Nestlinge konzentrieren muß und daher die Annäherung eines Feindes vielleicht erst zu spät bemerkt. Manchmal ist es daher von großem Vorteil, wenn der Vogel in kurzer Zeit relativ große Nahrungsmengen aufnehmen kann, die er dann an einem sicheren Ort verdaut. Seevögeln droht Gefahr, wenn sie Fische fangen wollen, die von großen Artgenossen an die Wasseroberfläche getrieben werden; nur allzuleicht können die Vögel da selbst zur Beute werden.

Auch das Trinken ist oft genug mit Gefahren verbunden. Einige Vögel beziehen die nötige Flüssigkeitsmenge aus der Nahrung, besonders die Insektenfresser und die Greifvögel. Viele andere Arten sind jedoch gezwungen, Wasser aufzunehmen. Während sie damit beschäftigt sind, können sie leicht einem Feind zum Opfer fallen. Das trifft besonders für Trockengebiete zu, wo sich die Vögel massenhaft an sehr wenigen Wasserstellen versammeln müssen.

Viele kleine Vögel stillen ihren Durst am Tau oder an Regentropfen und auch an Säften, die aus Pflanzen austreten. Andere, wie Schwalben und Mauersegler, fliegen unmittelbar über der Oberfläche von Gewässern und tauchen mit dem Schnabel blitzschnell zum Wasser hinunter. Wieder andere Vögel machen es wie das Haushuhn; es taucht den Schnabel in das Wasser, füllt die Mundhöhle damit, legt dann den Kopf zurück und läßt das Wasser in den Hals rinnen. Nur Tauben, Flughühner und Laufhühnchen können richtig trinken und das Wasser aufsaugen.

Seevögel haben ein ganz spezielles Problem, denn Meerwasser hat bekanntlich einen hohen Salzgehalt. Wenn sie trinken, wird die Hauptmenge des aufgenommenen und überschüssigen Salzes mit Hilfe des Blutes zur Nase transportiert, wo es über die Nasendrüsen ausgeschieden wird. Die Nieren sind in dieser Beziehung nicht sehr leistungsfähig.

Viele Vögel sind gezwungen regelmäßig zu trinken. Die Mehrheit der Arten tut dies, indem der Schnabel ins Wasser getaucht, gefüllt und anschließend in die Höhe gehoben wird, wobei dann das Wasser die Kehle herunterrinnt, wie hier am Beispiel der Singdrossel *Turdus philomelos* gezeigt ist (1). Die Tauben machen eine Ausnahme, weil sie in der Lage sind, ohne Unterbrechung zu trinken, also das Wasser direkt »schlucken« können, wie in Abb. (2) bei der Turteltaube *Streptopelia turtur* zu sehen ist.

Trinkender Steinadler *Aquila chrysaetos*

Der Hakengimpel *Pinicola enucleator* lebt hauptsächlich von Samen der Nadelbäume. Das Männchen ist rot, das Weibchen grünbraun.

Die Schnäbel der Körnerfresser zeigen verschiedene Gestalt je nach der Größe und Härte der Samenschalen, mit denen sie fertig werden müssen.

Ein Distelfinkmännchen *Carduelis carduelis* sucht nach Distelsamen.

Samenfresser

Verglichen mit Säugetieren verdauen Vögel pflanzliches Material nur ungenügend, da sie nicht die Fähigkeit besitzen, Cellulose aufzubrechen und Blätter und Gras wie pflanzenfressende Säugetiere zu verdauen. Selbst Gänse, die doch beträchtliche Grasmengen fressen, beziehen nur relativ wenig Nährstoffe aus diesem Futter. Früchte und Samen dagegen sind die Pflanzenteile, die Vögel in großen Mengen und mit hohem Nutzwert verzehren können. Für sehr viele Vögel stellen sie daher auch die Hauptnahrung. Von den Nichtsingvögeln zählen die Strauße, Steißhühner, zahlreiche Enten und Hühnervögel, Flughühner, Tauben, Papageien und Spechte zu den samenfressenden Vögeln. Unter den Sperlingsvögeln ernähren sich einige Meisen, Kleiber und Krähen während der meisten Zeit des Jahres von Samen. Eigentliche Samenfresser sind jedoch die Finken, die Vertreter der Familien *Emberizidae* (Ammern), *Fringillidae* (Finken i.e.S.), *Estrildidae* (Prachtfinken) und *Ploceidae* (Webervögel). Insgesamt umfassen diese Gruppen etwa 600 Arten, und die große Mehrheit gehört für den Hauptteil des Jahres zu den Samenfressern. Es gibt davon nicht nur viele Arten, sondern manche dieser Arten treten auch in extrem großen Scharen auf. So kann zum Beispiel — zum Schrecken der afrikanischen Getreidebauern — der Blutschnabelweber in Schwärmen von vielen Millionen einfallen und die Ernte eines ganzen Gebietes völlig vernichten.

Samen sind ziemlich hart, schwer aufzubrechen und nicht leicht zu verzehren. Oft besitzen sie eine harte oder stachelige und meist ziemlich dicke Schale. Einige Arten wie der Emu und der afrikanische Strauß bringen es fertig, große Mengen harter und spitzer Samen zu verschlucken und sogar zu verdauen. Manche anderen Vögel wie Tauben und Enten suchen sich kleine Samenkörner ohne harte Schale aus, weil sie leichter zu bearbeiten sind. Aber niemand, der einem Papagei beim Nüsseknacken zugesehen hat, möchte seinen Finger in die Nähe des Schnabels bringen. Einige Finken zerquetschen die Samen sehr geschickt mit dem Schnabel, und sogar die kleine Blaumeise kann ganz ordentlich und schmerzhaft zubeißen.

Die großen Papageien und die Aras knacken auch große Samen mit Leichtigkeit. Der Schnabel des Palmenkakadus ist so stark, daß der Vogel damit sogar Kokosnüsse öffnen kann. Auch einige Finken entwickeln beachtliche Kräfte. Der Kernbeißer öffnet Kirsch- und Olivenkerne, um zu den Samen zu gelangen, und ein Kirschkern widersteht immerhin einem Druck von bis zu 36 kg. Trotzdem ist es dem vergleichsweise winzigen Vogel mit seinen 56 g möglich, Kirschkerne zu knacken und sogar Olivenkerne, die einen Druck von 72 kg aushalten. Kernbeißer besitzen überaus kräftige Schädel und Schnäbel mit extrem langen, kräftigen Muskeln. Die Unterkieferknochen sind mit ungewöhnlich starken, teilweise verknöcherten Bändern vor dem Ausrenken geschützt.

Normalerweise geht man davon aus, daß nahe verwandte Arten nebeneinander leben können, weil jede sich anders ernährt. Sie teilen die Futtervorräte ihres Lebensraumes untereinander auf. Bei den Finken wählt jede Art eine andere Samenart, und die größeren unter ihnen wählen auch die größeren Samenkörner. Der Finkenschnabel ist so konstruiert, daß er Samenkörner unterschiedlicher

Entsprechend der großen Verschiedenheit der Nahrung, die die einzelnen Vogelarten zu sich nehmen, sind ihre Schnäbel sehr unterschiedlich ausgestaltet. (1) Der Galapagos-Spechtfink *Camarhynchus pallidus* benutzt ein Zweigstückchen, um nach Insekten zu bohren, (2) der europäische Ziegenmelker *Caprimulgus europaeus* besitzt rund um sein Maul Borsten, die beim Insektenfang nützlich sind. (3) Der nordatlantische Baßtölpel *Sula bassana* hat einen kräftigen, spitzen und konischen Schnabel und taucht aus beachtlicher Höhe ins Wasser ein, (4) der Schlangenhalsvogel *Anhinga anhinga* spießt Fische mit seinem spitzen Schnabel auf, (5) der amerikanische Flamingo *Phoenicopterus ruber* hat einen Filterapparat im Schnabel, der es ihm erlaubt, Nahrungspartikel aus dem Wasser zu seihen, (6) der afrikanische Löffler *Platalea alba* ernährt sich watend, indem er den Kopf hin und her schwenkt und mit dem teilweise geöffneten Schnabel Nahrung seiht.

Der Schwarze oder Palmenkakadu *Probosciger aterrimus* benutzt seinen kräftigen Schnabel, um harte Palmnüsse aufzubrechen und dann das Innere mit dem spitzen Schnabelende herauszulösen.

Der Kernbeißer *Coccothraustes coccothraustes* (1) hat einen sehr kräftigen Schnabel, mit dem er Kirschkerne knacken kann, während der Birkenzeisig *Carduelis flammea* (2) mit seinem kleineren Schnabel kleinere Körner, wie z.B. die der Birke, bevorzugt, (3) der australische Binsenastrild *Bathilda ruficauda* und der Grünastrild *Estrilda melanotis* (4) sind beides Mitglieder der Prachtfinken, einer Familie kleiner Finken, die sich hauptsächlich von kleinen Grassamen ernähren.

Größe öffnen kann. Die scharfe Kante des Unterschnabels paßt genau in eine V-förmige Spalte des Oberschnabels. Mit der Zunge schiebt der Fink das Samenkorn in diese Spalte, so daß er es mit der scharfen Kante des Unterschnabels knacken kann. Danach wird der Samen herumgedreht und wieder geknackt, bis die Hülse entfernt ist. Die Rille, in der das Samenkorn festgehalten wird, ist vorne schmäler als hinten, so daß sie für Samen verschiedener Größen paßt. Natürlich gibt es für die von der jeweiligen Art bevorzugte Samengröße eine Obergrenze, denn wenn ein Samenkorn zu groß ist, schießt es aus der Rille heraus. Für große Finken wäre es unwirtschaftlich, sich mit kleinen Samen abzugeben, und sie ernähren sich in der Tat überwiegend von solchen Samen, die für ihre Schnäbel genau die richtige Größe aufweisen.

Samenfresser brauchen äußerst leistungsfähige Muskelmägen mit einer ordentlichen Menge an Mahlsteinen, mit denen die Samen zerrieben werden. Die meisten Samenfresser haben auch einen Kropf, ein sackähnliches Gebilde an der unteren Kehle, in dem Futter gelagert werden kann. Vögel dieser Art bringen ihren Nestlingen einen ganzen Kropf voll Futter mit. Eine Reihe von Vögeln, besonders kleine Finken, ziehen sich im tiefen Winter mit einem Kropf voll Vorrat auf ihre Schlafplätze zurück, so daß sie auch nachts einen kleinen Imbiß nehmen und die kalte, lange Nacht leichter überstehen können. Der Kropf ermöglicht es diesen Vögeln, an exponierten Stellen schnellmöglichst viel Futter aufzunehmen, das sie später in Sicherheit verdauen.

Relativ wenige Samenfresser ernähren sich das ganze Jahr über von Samen. Meisen halten sich im Sommer lieber an Insekten, und viele Finken füttern ihre Jungen sowohl mit Samen als auch mit Insekten. Vögel, die mehrfach im Jahr brüten, füttern die Nestlinge bei späten Bruten mit größeren Mengen Samen als die frühere Brut. Das mag zum Teil davon abhängen, daß es im Sommer einfach mehr Samen gibt, die Raupen aber um diese Zeit nicht mehr so zahlreich sind. Weshalb Samenfresser ihre Nestlinge mit Insekten füttern ist nicht ganz klar. Ein Grund mag sein, daß Insekten mehr Proteine enthalten als Samen dies tun, und Proteine sind für das Wachstum der Jungvögel von großer Bedeutung.

Vier verschiedene Körnerfresser: (1) Kardinal *Richmondena cardinalis* aus Nordamerika, (2) Abendkernbeißer *Hesperiphona vespertina*, ebenfalls in Nordamerika beheimatet. (3) Grünfink *Chloris chloris*, Europa, und (4) Schmetterlingsfink *Uraeginthus bengalus*, der südlich der Sahara vom Senegal bis zum Sudan vorkommt.

Außerdem sind Insekten wasserhaltiger als Samen, und für die Aufzucht ist auch Wasser sehr wichtig. Die Umstellung von Samenfutter auf Insektennahrung und umgekehrt ist für die Vögel schwierig, denn bei Samen muß der Verdauungstrakt viel kräftiger und muskulöser als bei Insektennahrung sein. Man weiß wenig über die Umstellungsperiode.

Einige Finken ernähren sich und ihre Jungen aber ausschließlich von Samen. Ihre Brutzeit fällt in die Jahreszeit, welche die beste Samenversorgung garantiert. In manchen Gegenden Englands ist der Fichten-Kreuzschnabel auf Fichtenzapfen spezialisiert, die er besonders reich im Frühjahr findet, wenn sich die Zapfen öffnen. Da im März und April diese Samen in Mengen zur Verfügung stehen, müssen die Eier im Februar oder Anfang März gelegt sein. Das heißt also, daß das Weibchen oft noch bei empfindlicher Kälte brüten muß. In weiten Gebieten von Kontinentaleuropa füttert der Fichten-Kreuzschnabel seine Jungen mit Kiefernsamen, und hier öffnen sich die Zapfen noch früher. Diese Kreuzschnabelart hat daher sehr unterschiedliche Brutzeiten. Andererseits fängt der Stieglitz oder Distelfink, der seine Jungen mit sehr kleinen Samen von Gräsern füttert, selten vor Mai zu brüten an; er hat seine Jungen erst ab Juni im Nest, also zu einer Zeit, in der kleine Samen in Hülle und Fülle vorhanden sind. Deshalb brütet der Distelfink auch oft noch sehr spät und ist damit einer der spätesten Brüter unter den europäischen Sperlingsvögeln.

Samen halten sich gut, und viele Samenfresser unter den Vögeln betreiben eine richtiggehende Vorratswirtschaft, damit sie im Winter mit Futter versorgt sind.

Zwei der nördlichsten Körnerfresser: die Schneeammer *Plectrophenax nivalis* und die Spornammer *Calcarius lapponicus*. Diese beiden Vögel brüten in der Arktis, während die Schneeammer auch weiter südlich in Gebirgen vorkommt. Beide ziehen im Winter nach Süden.

Der Tukan-Bartvogel *Semnornis rhamphastinus* lebt in den Bergen des nördlichen Südamerika. Wie die anderen Mitglieder seiner Familie verzehrt er große Mengen von Körnern und Früchten, obwohl er, wie viele Finken, seine Jungen mit Insekten aufzieht.

Kopf eines Tukan-Bartvogels *Semnornis rhamphastinus*. Der mächtige Schnabel hat sägezahnartige Ausbuchtungen an der Seite, die es ihm leichter machen, Früchte zu packen und zu teilen. Tukan-Bartvögel benutzen ihre Schnäbel auch zum Bau ihrer Nesthöhlen.

Die Bronze-Fruchttaube *Ducula aenea* Indiens und Süd-Ost-Asiens nimmt sehr große Früchte, die sie wegen ihres dehnbaren Schlundes schlucken kann. Solche Früchte haben oft große Kerne, die die Vögel unbeschädigt wieder ausscheiden.

Früchtefresser: Federhelm-Turako *Tauraco corythaix* aus Afrika (1), Halsband-Trogon *Trogon collaris* aus Süd- und Zentralamerika, viele Trogons nehmen auch Insekten zu sich, die sie im Fluge fangen; die Früchte nehmen sie auf, indem sie an den Zweigen entlangfliegen (2), Riesentukan *Rhamphastos toco* aus Südamerika (3), Gelbschnabel-Fruchttaube *Leucotreron cincta* aus Hinterindien (4), Doppelzahn-Bartvogel *Lybius bidentatus* aus Zentral- und Ostafrika (5), Blaustirn-Lori *Loriculus galgulus* aus Süd-Ost-Asien (6).

Fruchtfresser

Samenfressende Vögel berauben eine Pflanze praktisch ihrer Nachkömmlinge. Zum Schutz ihrer Sprößlinge haben viele Pflanzen deshalb harte Samenschalen entwickelt; oder die Samenperioden der Bäume sind so kurz, daß die Vögel eine Zeitlang zu viele Samen zur Verfügung haben und dann wieder sehr lange knapp leben müssen. Vom evolutionären Standpunkt aus gesehen verfolgt die Pflanze jedoch die Strategie, daß sie »wünscht«, der Vogel solle Früchte fressen, damit sie verbreitet werden. Früchte sind leicht verdaulich, die darin enthaltenen Samen aber widerstandsfähig gegen Verdauungssäfte, das heißt, sie werden sehr oft unverdaut wieder ausgeschieden.

Um den Vogel zur Verbreitung der Samen anzuregen, bietet ihm die Pflanze die Frucht als »Belohnung«. Früchtefresser haben eine meist ziemlich nährstoffarme Nahrung und müssen die meiste Zeit des Tages zum Früchtesammeln verwenden, um genug Futter zu bekommen. Oft halten fruchttragende Pflanzen ihre Früchte besonders lange, damit sie auch alle von den Vögeln gefressen und die Samen verbreitet werden. Viele Früchte sind grün, bitter und wenig wohlschmeckend, solange die Samen noch nicht reif sind; erst die Samenreife versüßt die Früchte und färbt sie, so daß die Vögel wissen, wann sie als Futter in Frage kommen.

Früchte sind sehr oft relativ groß; deshalb haben die Früchtefresser im allgemeinen breite, weit zu öffnende Schnäbel. Tukane haben einen breiten und sehr kräftigen, aber auch langen Schnabel, mit dem sie Früchte von einem starken Ast aus erreichen können. Eine weiche Frucht, die einmal verschlungen ist, wird auch schnell verdaut. Dabei durchlaufen kleine Samen meistens das Verdauungssystem, aber einige größere Samen tropischer Früchte werden ganz herausgezwängt.

In gemäßigten Zonen stehen Früchte nicht das ganze Jahr hindurch zur Verfügung, so daß manche Arten sich nur zu bestimmten Zeiten von Früchten ernähren, später aber auf anderes Futter ausweichen. Viele Insektenfresser ernähren sich im Spätsommer von Früchten und fressen sich — etwa an Heidel- oder Holunderbeeren — eine Fettschicht für den strapaziösen Herbstzug an.

In Europa reifen viele Früchte zu einer Zeit, da sich große Scharen von Zugvögeln in der Gegend aufhalten. So blühen in Europa fruchttragende Pflanzen erst in der Mittelmeergegend, und anschließend verschiebt sich die Blüte immer weiter nach Norden. Das gilt jedoch nicht für die Fruchtreife. Die Früchte reifen zum großen Teil erst im Norden, während die im Süden mehr Zeit für die Reife brauchen und erst zur Verfügung stehen, wenn die Zugvögel wieder durch das Gebiet kommen. Man darf daher annehmen, daß die Pflanzen ihre Fruchtreife nach der Anwesenheit der wichtigsten Fruchtfresser ausrichten.

In den Tropen stehen das ganze Jahr über reife Früchte zur Verfügung, und etliche Vogelgruppen machen auch ausgiebig Gebrauch davon. Die Pipras und Schmuckvögel in Südamerika und die Fruchttauben in Afrika und Südasien sind gute Beispiele dafür.

Eine Fruchtfresserart verdient besondere Erwähnung — der Guacharo oder Fettschwalm aus dem nördlichen Südamerika. Obwohl er wahrscheinlich mit dem Ziegenmelker verwandt ist, ernährt er sich vorwiegend von Früchten. Er ist wie seine Verwandten ein Nachtvogel, der den Tag in dunklen Höhlen verbringt, wo er sich mit Hilfe von Echopeilung orientiert. Nachts verläßt der Fettschwalm seine Höhle und geht auf Fruchtsuche, wobei er die äußerst aromatischen Früchte von Palmarten und Lorbeergewächsen bevorzugt. Fettschwalme sind mit sehr gut ausgebildeten Geruchslappen im Gehirn ausgestattet, so daß sich annehmen läßt, daß sie ihre Futterbäume mit Hilfe des Geruchssinns finden. Während des Tages ziehen sie sich mit riesigen Mengen solcher Früchte im Magen wieder in ihre Höhlen zurück.

Insekten-Fresser: (1) Scharlach-Mennigvogel *Pericrocotus flammeus*, Indien bis Süd-Ost-Asien, (2) Sommergoldhähnchen *Regulus ignicapillus*, Westeuropa, (3) Bartmeise *Panurus biarmicus*, Europa bis Zentralasien, (4) Schwarzschnäbliger Sensenschnabel *Camphyloramphus fulcularius*, Südamerika, (5) Paradies-Fliegenschnäpper *Tersiphone paradisi*, Indien bis Süd-Ost-Asien, (6) Flaggen-Drongo *Dicrurus paradiseus*, Indien, Malaysia.

(1) Ziegenmelker *(Caprimulgidae)*, (2) Schwalben *(Hirundinidae)* und (3) Segler *(Apodidae)* haben extrem weite Rachen die es ihnen ermöglichen, Insekten in der Luft zu fangen.

Insektenfresser

Es ist typisch, daß man eigentlich immer nur an Singvögel denkt, wenn von Insektenfressern die Rede ist. Die Grasmücken und Rohrsänger allerdings haben kleine Allzweckschnäbel, so daß sie sich der Jahreszeit entsprechend entweder der einen oder der anderen Futterquelle zuwenden können. Meisen und Grasmücken ernähren sich zeitweise fast ausschließlich von Früchten, besonders bevor sie sich auf die Reise ins Winterquartier machen. In gemäßigten Zonen ist es ja nicht möglich, daß sich Vögel das ganze Jahr über von Insekten ernähren.

Die ausschließlich auf Insektennahrung spezialisierten Arten lassen sich grob in zwei Vogeltypen einteilen: in jene mit kurzen, stumpfen Schnäbeln, die aber weit aufzureißen sind, und in die anderen mit sehr langen, spitzen Schnäbeln. Zu den letzteren gehören Vögel wie die Bienenfresser. Sie fangen große fliegende Insekten, kehren zu einem Sitzplatz zurück und bereiten sie zu, indem sie zum Beispiel den Bienenstachel herausschlagen. Bienenfresser leben vorwiegend in den wärmeren Gegenden Europas, und eine Art drängt sogar ziemlich weit in die gemäßigte Zone vor. In Süd- und Zentralamerika gibt es die Jakamare (Glanzvögel), die sich ganz ähnlich ernähren.

Die Vögel mit gedrungenen Schnäbeln und breiten Öffnungen schließen einige Arten mit ein, die große Insekten fressen, wie etwa Ziegenmelker und Faulvögel. Viele andere ernähren sich von kleineren Insektenarten, etwa die Schwalben und die Mauersegler. Diese nehmen auch sehr kleine Insekten, wie Blattläuse und junge Spinnen, an, die an ihren Spinnfäden durch die Luft getragen werden. Wenn die Mauersegler brüten und Junge aufziehen, fangen sie aber auch größere Insekten, weil es sehr mühsam ist, winzige Insekten in der erforderlichen Menge zu sammeln. Bei kaltem Wetter können die Nestlinge nur vier- oder fünfmal täglich gefüttert werden, weil es dann nicht genug Fluginsekten gibt. Alle Vögel, die sich

Vögel, die Insekten im Flug fangen: (1) Bienenfresser *Merops apiaster*, Südeuropa und westliches Asien, (2) Rotschwanz-Glanzvogel *Galbula ruficauda*, Zentral und Südamerika, (3) Rubintyrann *Pyrocephalus rubinus*, Zentral- und Südamerika, (4) Puerto-Rico-Todi *Todus mexicanus*.

Der Drosselrohrsänger *Acrocephalus arundinaceus* brütet in Europa und Süd-West-Asien. Wie fast alle anderen Insektenfresser zieht er nach der Brutzeit nach Süden und verbringt den Winter im tropischen Afrika. Hier schützt ein Elternvogel gerade seine Jungen vor der Sonne.

das ganze Jahr hindurch von Fluginsekten ernähren, können sich nicht auf anderes Futter umstellen. Die in gemäßigten Zonen heimischen Fluginsektenfresser ziehen im Herbst in der Regel in tropische Gegenden. Ein Ziegenmelker Nordamerikas, Nutall's Nachtschwalbe, hält einen Winterschlaf, um diesen Schwierigkeiten zu entgehen.

Eine große Zahl anderer Arten nimmt zwar Insekten an, aber nicht so ausschließlich wie Schwalben, Bienenfresser und Fliegenschnäpper; die Grasmücken sammeln Insekten von den Blättern ab, die Kleiber klettern auf Baumstämmen umher und suchen die Rindenritzen nach Insekten; das tun auch die Baumsteiger *(Dendrocolaptidae)* Südamerikas. Die Spechte sind hier überaus geschickt. Sie schlagen sogar Löcher in die Höhlen von Insektenlarven und holen sie mit ihrer langen Zunge heraus. Zu diesem Zweck ist die Zungenspitze mit kleinen Widerhaken versehen, oder sie ist klebrig. Auf den Galapagosinseln lebt der Spechtfink, der mit einem scharfen Dorn in Löchern nach Beute gräbt, sie aufspießt und sie herauszieht.

Auch größere Vögel ernähren sich von Insekten. Racken, Wiedehopfe und Nashornvögel fressen eine Menge großer Insekten, auch Störche und Reiher verschmähen zum Beispiel Heuschrecken ganz und gar nicht. Der Kuhreiher hat seinen Namen daher, daß er den Rindern folgt und die von ihnen aufgescheuchten Insekten fängt. Viele der in Sumpfgebieten wohnenden Seeschwalben ernähren sich von Insekten, und sogar kleine Falken haben sich darauf spezialisiert. Milane folgen gerne den Heuschreckenschwärmen, um reiche Beute zu machen. In Zeiten solchen Überflusses beteiligen sich auch Vögel, die sonst wenig Insekten erbeuten, an der Jagd, und man hat bei dieser Gelegenheit beispielsweise viele Arten beobachtet, die schwärmende Termiten fangen.

Der Sterntaucher *Gavia stellata* nistet auf Inselchen oder an Frischwasserseen, ernährt sich aber auf See. Man kann ihn oft sehen, wie er zwischen diesen beiden Orten pendelt, wenn er seine Jungen füttert.

Der Papageitaucher *Fratercula arctica* ist ein fischfressender Koloniebrüter. Er gräbt seine Höhlen in weichen Boden, wobei er oft bereits von Kaninchen oder anderen Vögeln angelegte Bauten annimmt. Die Elternvögel bringen bei einer einzigen Fütterung 20-30 kleine Fische zu ihren Jungen.

Die Eiderente *Somateria mollissima*, eine Meerente, ist in gemäßigten nordischen Zonen weitverbreitet. Sie ernährt sich im Flachwasser von Muscheln, Krebsen und Schalentieren.

Vögel, die sich von Fischen und marinen Wirbellosen ernähren: (1) Austernfischer *Haemotopus ostralegus*, lebt von Schalentieren, Krebsen und im Inland nimmt er auch Würmer und Insekten zu sich, (2) der Steinwälzer *Arenaria interpres* dreht kleine Steine und angeschwemmten Tang um und untersucht ihre Unterseiten auf kleine Insekten, (3) die Küstenseeschwalbe *Sterna paradisea* fängt kleine Fische, (4) der Prachttaucher *Gavia arctica* jagt größere Fische, und in der Brutzeit erbeutet er auch Süßwasserfische direkt am Nest. (5) der Tordalk *Alca torda* versorgt seine Brut hauptsächlich mit kleinen Sandaalen und der (6) Felsenpinguin *Endyptes crestatus* ist in der Antarktis sehr verbreitet.

Fischfresser

Pinguine, Taucher, Sturmvögel, Pelikane und Reiher ernähren sich vorwiegend von Fischen; dazu kommen noch etliche Enten, Möwen, Seeschwalben und Scherenschnäbler, Alken und Eisvögel, sogar einige Eulen. Die Wasseramsel frißt gelegentlich Fischeier, aber seltsamerweise ernährt sich kein Singvogel von Fischen.

Die Fangmethoden sind recht unterschiedlich. Einige Arten jagen ihre Beute durch kraftvolles Nachschwimmen. Hierzu gehören die Kormorane, Gänsesäger, Alken, Pinguine, Taucher, Sturmvögel. Dagegen fischen Pelikane, Tölpel, Seeschwalben und Eisvögel stoßtauchend. Nur manche Seeschwalben »sammeln« die Fische gleichsam von der Oberfläche ab. Fisch- und Seeadler sowie fischende Eulen stoßen nach ihrer Beute und fangen sie mit den Krallen. Reiher belauern sie am Ufer oder im Wasser und spießen sie mit dem spitzen Schnabel auf.

Fische sind sehr schlüpfrig und entwischen leicht. Sturmschwalben und Kormorane haben deshalb einen scharfen Haken am Ende des Oberschnabels, mit dem sie ihre Beute festhaken können. Andere, wie Reiher, Schlangenhalsvögel, Eisvögel und Pinguine, spießen die Beute mit dem offenen Schnabel auf, doch sehr oft schnappen sie auch ganz einfach danach. Der Schlangenhalsvogel hat Halswirbel, die es ihm ermöglichen, mit s-förmig gebogenem Hals die Beute anzuschwimmen. Aus dieser Haltung wird der Schnabel blitzschnell nach vorne geschleudert. Die langen Hälse der Reiher haben den Vorteil, daß der Vogel seine Beute auch auf relativ große Entfernung aufspießen kann.

Die Beute muß aber nicht nur gefangen, sondern auch festgehalten werden. Manche Reihervögel haben an den Schnabelrändern sägezahnartige Zacken; bei den Pinguinen sitzen sie auf der Zunge. Gänsesäger halten mit zahnartigen Schnabelrandauswüchsen die Beute fest, Alken und Kormorane beißen so fest zu, daß die Fische sich nicht mehr herauswinden können. Fischuhus, Fischadler und Seeadler besitzen besonders lange Krallen, mit denen sie »rundherum« zugreifen, und sehr rauhe Zehenballen, mit denen sie ihre schlüpfrige Beute festhalten können. Die meisten Fischfresser, auch die Eulen, haben sehr lange, federlose Beine. Auch dies ist eine für den Beutegang wichtige Anpassung, da eine Beinbefiederung hinderlich wäre und sich mit Wasser vollsaugen würde.

Seeschwalben schnappen ihre Beute von der Wasseroberfläche weg. Einige Seevögel sind gar nicht besonders »wasserdicht« und lassen sich deshalb normalerweise auch nicht auf dem Wasser nieder. Dazu gehören Seeschwalben, Fregattvögel und einige Sturmvögel. Ob und wie sie ausruhen, ist kaum bekannt. Man weiß nur, daß die Sturmvögel an Land brüten, aber sonst scheinen sie nicht auf festen Boden angewiesen zu sein.

Der Scherenschnabel hat eine besonders merkwürdige Art, seine Beute zu fangen. Sein Unterschnabel ist länger als der Oberschnabel. Der Vogel fliegt so knapp über der Wasseroberfläche, daß der Unterschnabel durch das Wasser furcht. Wenn er mit einem kleinen Fisch unter der Wasseroberfläche in Berührung kommt, schnappt er mit einer Reflexbewegung zu, und der Fisch ist gefangen. Scherenschnäbel können auch in Tümpeln und austrocknenden Teichen, die nicht einmal eine Handbreit tief sind, fischen. So präzise ist ihr Flug.

Für Greifvögel ist ein ausgezeichnetes Sehvermögen lebenswichtig, doch bei der Jagd auf Fische muß auch noch die Lichtbrechung durch das Wasser mit eingerechnet werden. Der Fisch befindet sich ja nicht genau dort, wo er zu sein scheint. Man weiß nicht, wie die Vögel die genaue Position der Beute »berechnen«. Tatsache ist aber, daß die Jungvögel dieser Arten viel lernen müssen, wenn sie mit ihren Eltern fischen. Bei manchen Arten sind sogar einjährige Vögel noch keine guten Fischer; der Lernprozeß kann also sehr lange dauern.

Vögel, die unter Wasser ihrer Beute nachschwimmen, haben ein anderes Problem. Die Optik im Wasser ist anders als in der Luft. Jeder weiß das, der einmal in

Der amerikanische Schlangenhalsvogel *Anhinga anhinga* fängt Fische mit geöffnetem Schnabel, womit er seine Chance, einen Fisch aufzuspießen, verdoppelt. Anschließend kehrt er an die Oberfläche zurück und dreht die Beute so, daß er sie mit dem Kopf voran schlucken kann.

Die Brandgans (Brandente) *Tadorna tadorna* durchsucht feinen Gezeitenschlick nach kleinen Schnecken. Dabei pendelt sie mit dem Kopf hin und her, wodurch charakteristische Abdrücke im Schlamm zurückbleiben.

Der Königspinguin *Aptenodytes patagonica* ist einer der größten lebenden Pinguine. Er ernährt sich sowohl von Krebsen und Tintenfischchen als auch von Fischen, wobei er oft in beträchtliche Tiefen taucht, wenn er einer Beute nachstellt.

einem Schwimmbecken getaucht ist und die Augen geöffnet hat. Säugetiere wie die Robben besitzen der Unterwasserjagd angepaßte Augen, doch auch sie haben einen blinden Fleck, wenn man sich ihnen nähert. Einigen Tauchvögeln ist da eine bessere Lösung gelungen. Vögel haben ein zweites, inneres Augenlid, die Nickhaut. Bei Tauchvögeln ist die Mitte dieser Membrane klar, aber verdickt; sie bleibt über dem Auge, solange der Vogel unter Wasser ist, und wirkt dabei wie eine zusätzliche Linse, so daß der Vogel sowohl unter Wasser als auch in der Luft gut sieht.

Fischfresser bedienen sich verschiedener Möglichkeiten, ihre Beute zu den Jungen zu bringen. Der Scherenschnabel nimmt immer nur ein Stück mit, und deshalb darf die Nistkolonie niemals weit von den Jagdgründen entfernt sein. Seeschwalben bringen häufig ein paar Beutestücke auf einmal im Schnabel mit, Alken meistens noch größere Mengen. Der Papageientaucher kann 30 oder mehr kleine Sandaale auf einmal mitnehmen; er fängt seine Beute unter Wasser, betäubt oder tötet sie mit den Schnabelrändern und hält sie dann zwischen Zunge und oberer Schnabelhälfte fest. So kann er weitere Beute fangen, bis der Schnabel voll ist. Die Tölpel transportieren das Futter im Kropf, die Pelikane in ihrem Halsbeutel. Diese Vögel jagen meist weit weg nach Beute und bringen deshalb zu einer Fütterung große Nahrungsmengen mit; sie würden zuviel Zeit verlieren, wenn sie jedes Beutestück einzeln anbringen wollten. Ein extremes Beispiel findet sich bei den Sturmtauchern, von denen manche Arten nur alle vier oder fünf Tage zum Nest zurückkehren. Um ein Maximum an Futter bieten zu können, verdauen sie den Fisch schon zum Teil. Dadurch verringert sich der hohe Wasseranteil im Fisch (70%), und die Beute wird sehr viel nahrhafter.

Man neigt zur Ansicht, alle Seevögel müßten Fischfresser sein, doch dem ist nicht so. Viele kleinere Sturmtaucher nähren sich von Krebschen und Plankton; einige große Sturmtaucher haben sich auf den Krill, eine winzige und sehr reichlich vorkommende Garnelenart antarktischer Gewässer, spezialisiert. Es gibt Albatrosse, die Quallen fressen, sogar giftige; sie müssen wohl gegen deren brennende Sekrete immun sein. Albatrosse, Pinguine sowie auch Seeschwalben und kleine Sturmtaucher jagen sogar nach Tintenfischen.

Die Konkurrenz zwischen den verschiedenen Arten um die gleichen Nahrungsquellen ist manchmal sehr groß. Man sieht dies daran, daß beispielsweise die Pinguinbestände in der Antarktis stark zunehmen konnten, also durch die weitgehende Vernichtung der Walbestände in den kalten Ozeanen der Südhemisphäre diese Nahrungskonkurrenz ausgeschaltet worden war.

Auch die Aufgliederung der Fische als Nahrungsquelle nach Größenklassen erfolgt in erstaunlich feiner Art und Weise. Alle Größen werden von bestimmten Anpassungstypen der Vögel genutzt, von der Fischbrut bis zu den Großfischen, denen Pelikane, Fisch- und Seeadler nachstellen.

60

Der Fuß eines Geiers (1) im Vergleich zu einem Adlerfuß (2). Der Geier kann sich auch auf dem Boden recht gut fortbewegen, hat aber nicht die mächtigen Krallen des Adlers. Dafür läuft dieser nur schlecht auf festem Boden.

Der Palmnußgeier *Gypohierax angolensis* ist ein ungewöhnlicher Greifvogel, der sich darauf spezialisiert hat, die fleischigen Früchte der Ölpalme zu fressen.

Der Schneckenmilan *Rostrhamus sociabilis* ernährt sich ausschließlich von großen, wasserlebenden Schnecken. Den Namen *sociabilis* erhielt er wegen seines Koloniebrutverhaltens.

Der Sekretär *Sagittarius serpentarius* ist ebenfalls ein spezialisierter Greifvogel, der sich größtenteils von Schlangen ernährt. Er tötet die Beute durch kräftige Fußtritte, wobei er die herabhängenden Flügel wie Schutzschilde vor seinen Körper hält, wahrscheinlich um zu vermeiden, daß der giftige Gegner an seinen Körper gelangen kann.

Greifvögel

Zwei Vogelordnungen, die Falken- und die Eulenvögel, werden als Tag- und Nachtgreifvögel bezeichnet. Einige Eulenarten sind aber auch tags aktiv. Die beiden Gruppen sind zwar nicht eng miteinander verwandt, aber sie haben erstaunliche Ähnlichkeiten entwickelt, die in Zusammenhang mit ihrer besonderen Art des Nahrungserwerbs stehen. Schnäbel und Krallen sind ähnlich gebaut und haben auch die gleichen Funktionen zu erfüllen — Greifen der Beute und deren Zerlegung. Die Augen sitzen bei beiden Gruppen so, daß sie ein stereoskopisches Sehen mit hoher Tiefenschärfe ermöglichen.

Die Größe der geschlagenen Beute und die Wildheit der größeren Greifvögel wurde immer außerordentlich übertrieben. Adler greifen wohl gelegentlich ein Schaf an, doch der Adler riskiert das nur, wenn das Schaf krank oder gar am Sterben ist. Lämmer oder kleine Kinder kann er nicht forttragen, weil sie zu schwer sind und er nicht mehr fliegen könnte. Weil diesen Vögeln das Schlimmste nachgesagt wird, hat man sie niemals in Ruhe gelassen und sie stellenweise ganz ausgerottet. Das tut man sogar heute noch, nicht nur in rückständigen Gegenden, sondern auch in Europa und Nordamerika.

Die größten Greifvögel sind die Adler, die Kondore und Geier. Adler bringen es auf eine Flügelspannweite von etwa 2,5 m; was darüber wesentlich hinausgeht, dürfte auf Übertreibungen beruhen.

Nicht alle Arten fangen lebende Beute, und kaum eine verschmäht Aas. Aas stellt auch die Hauptnahrung der afrikanischen Geier dar. Das Auftreten von Fallwild ist aber weder regelmäßig noch vorhersehbar; die auf frisches Aas spezialisierten Arten dürfen also die sich bietenden Gelegenheiten keinesfalls versäumen. Die Geier tragen keine Beute weg, sondern sie fressen an Ort und Stelle soviel, wie sie nur irgend schaffen. Manchmal bekommen sie dann Startschwierigkeiten und können kaum mehr fliegen. Die südamerikanischen Geier, nicht aber die europäischen, scheinen einen ausgeprägten Geruchssinn zu haben, der sie zum Aas führt. Da sie oft über dichten Wäldern jagen, hätten sie ohne diese Hilfe kaum eine Chance, rechtzeitig genügend Beute zu finden. Einer der größten Geier, der Lämmergeier, läßt Knochen aus größerer Höhe auf Steine fallen, damit sie aufbrechen und der Vogel an das Mark herankommt.

Die großen Adler nehmen vielerlei Beute an, doch die meisten Beutestücke sind kleiner, als man glaubt; die großen brauchen nur länger, bis sie verschlungen sind, auf diese Weise fallen sie mehr auf. Manche Spezies ernähren sich vorwiegend von Hasen und Kaninchen. Der australische Keilschwanzadler schlägt manchmal ein kleines Wallaby, doch heutzutage ernährt er sich hauptsächlich von den eingebürgerten europäischen Kaninchen. Der Steinadler fängt gerne Murmeltiere und Schneehühner, der Seeadler dagegen jagt Wasservögel, und einige tropische Adler haben sich auf Affen spezialisiert, die sie aus Baumwipfeln holen. Der langbeinige Sekretär ernährt sich vorwiegend von Schlangen; und diese stellen auch die Hauptbeute der Schlangenadler dar. Im allgemeinen sind die Beutetiere nicht sehr groß, doch gibt es von Art zu Art erhebliche Unterschiede.

Der Fischadler *Pandion haliaetus* ist ein Greifvogel mit langen, unbefiederten Beinen und rauhen Fußballen, die es ihm ermöglichen, seine schlüpfrige Beute — wie der Name schon sagt, Fische — zu packen.

Viele Greifvögel bewegen vor dem Angriff ihre Köpfe hin und her, wahrscheinlich, um aus verschiedenen Blickwinkeln die Entfernung bis zur Beute besser abschätzen zu können. Das Bild zeigt einen Schwarz-weiß-Haubenadler *Spizastur melanoleucos* aus Zentral- und Südamerika.

Der Wanderfalke *Falco peregrinus* schlägt eine Amerikanische Rohrdommel *Botaurus lentiginosus*. Manchmal schlägt der Wanderfalke derart große Beute, z.B. auch Gänse, was aber nicht die Regel ist.

Selbstverständlich schlagen die kleinen Adler kleinere Beute als die großen. Die Falken sind für ihren schnellen Flug bekannt. Ein Falke stößt auf seine Beute herab mit einer Geschwindigkeit, die er im Geradeausflug nicht erreichen würde. Die schnelleren Falken fressen gerne Vögel, aber die kleinen nehmen auch Insekten an. Der Habicht und Sperber sind Vogelfresser. Sie haben breite Schwingen und fliegen viel langsamer, aber äußerst kraftvoll und wendig. Kleine Vögel können sie auch im dichten Wald jagen, was ein Falke nie fertigbrächte. Die Turmfalken fliegen relativ langsam, können jedoch im leichten Wind über Wiesen rüttelnd in der Luft stehen. Aus beträchtlicher Höhe stoßen sie dann auf Mäuse, ihre wichtigste Beute, hinab.

Eine Anzahl von Greifvögeln zeigt ganz besondere Anpassungen. Der afrikanische Fledermausfalke jagt im Zwielicht Fledermäuse, und die Geierfalken der Gattung *Daptrius* sind Vegetarier geworden. Die räuberische Natur der Greifvögel und die Geschwindigkeit ihres Flugs haben den Menschen von jeher fasziniert. Viele Jahrhunderte lang wurden verschiedene Falkenarten gezähmt und zur Jagd abgerichtet. Lange Zeit war dies sogar ein königliches Vorrecht.

Die speziellen Jagdmethoden der Greifvögel erfordern äußerste Geschicklichkeit, und oft genug gehen die Vögel leer aus. Der Jagderfolg wirkt sich entscheidend auf die Aufzucht von Jungen aus. Gewöhnlich haben Greifvögel nur 2—3 Junge, nur einige kleinere Arten legen jedoch mehrere Eier. Die Jungen schlüpfen nacheinander, nicht gleichzeitig. Deshalb sind die Nestlinge einer Brut oft von sehr unterschiedlicher Größe. Gibt es wenig Futter, geht meistens der jüngste Nestling ein, so daß die älteren eher eine Überlebenschance haben. Haben die Jungvögel das Nest verlassen, so werden sie von ihren Eltern noch eine Weile betreut, bis sie selbst genug Geschick für die Jagd entwickeln konnten. Die größten Adler und die Kondore tun das länger als ein Jahr, so daß diese Vögel nur jedes zweite Jahr brüten. Die Jungvögel brüten oft jahrelang nicht; sie müssen warten, bis sie nicht nur sich selbst ausreichend mit Futter versorgen können, sondern auch ihre Brut.

Bei manchen Arten unterscheiden sich die beiden Geschlechter in der Größe sehr deutlich, und man nimmt an, daß sie sich so unterschiedlich entwickelt haben, weil sie dann gemeinsam ein größeres Beutespektrum haben und so ihre Futterbasis verbreitert wird.

EULEN

Die Eulen sind in mancher Beziehung den Taggreifvögeln sehr ähnlich, nur daß die meisten von ihnen bei Nacht jagen. Sie sehen bei Dunkelheit erstaunlich gut. Ihr Auge besitzt ausnehmend viele Stäbchen, also lichtempfindliche Zellen, und wenig Zäpfchen, die für das Farbsehen wichtig sind. Sie sehen also in der Dämmerung ausgezeichnet, wenn auch vielleicht nur schwarz-weiß. Die Ohren sitzen bei den Eulen asymmetrisch am Kopf; anscheinend hilft ihnen diese Stellung, ein Geräusch leicht und genau zu lokalisieren. Das Gehör ist also sozusagen stereophon, vor allem aber ungeheuer scharf und treffsicher. Man spricht sogar von einem »Hörbild«, das sie sich von ihrem Lebensraum machen können.

Viele Eulen haben sich auf kleine Säugetiere spezialisiert, andere dagegen auf Vögel. Der europäische Waldkauz frißt auch Regenwürmer, die in dunklen, feuchten Nächten aus dem Boden kommen und wie Mäuse im Laub rascheln. Da hält dann der Waldkauz reiche Ernte. Wie die Taggreifvögel haben auch die meisten Eulen nur kleine Gelege, die asynchron schlüpfen. Gibt es wenig Futter, ist das Gelege sehr klein, oder die Vögel brüten überhaupt nicht. In guten Jahren leisten sich die Sumpfohr- und die Schnee-Eule — sie ernähren sich vorwiegend von Wühlmäusen und Lemmingen — große Gelege, so daß sechs bis acht Junge großgezogen werden können. Sobald die Massenvermehrung der Lemminge oder Wühlmäuse aber zusammengebrochen ist, müssen diese Arten ihre Bruten ausfallen lassen und unter Umständen sogar in andere Gebiete abwandern.

Greifvögel: (1) Riesenseeadler *Haliaetus pelagicus,* ein Bewohner der Asiatischen Pazifikküsten, beim Verzehr einer Scheckente *Polysticta stelleri,* (2) die Schwalbenweihe *Elanoides forficatus* bewohnt die südlichen USA bis Südamerika, (3) der Gaukler *Teranthopius ecaudatus* aus Afrika frißt kleine Tiere und auch Aas, (4) die Zwergohreule *Otus scops* aus Europa und Asien und (5) der Zwergfalke *Microhierax caerulescens* (Indien und Süd-Ost-Asien) sind beide sehr kleine Greifvögel, die sich hauptsächlich von Insekten ernähren, auch wenn die Eule ab und zu kleine Säuger oder Reptilien erbeutet.

Der Kleiber *Sitta europaea* frißt im Sommer viele Arten von Insekten, den Winter über ernährt er sich jedoch fast nur von Körnern und Samen. Körner oder Nüßchen klemmt er in eine Spalte und hämmert sie dann mit seinem kräftigen Schnabel auf.

Viele Arten legen für den Winter Vorräte an. Gezeigt sind hier der (1) Eichelspecht *Melanerpes formicivorus* aus den USA und der (2) Kanadische Unglückshäher *Perisoreus canadensis* aus den kanadischen Wäldern. Der Specht klemmt Nüsse in Höhlen, die er in Eichenstämme gebohrt hat, während der Häher Insekten und Samenkörner in Risse und Spalten klebt, wobei ihm sein eigener Speichel als Kleber dient.

Die Sonnenrallen sind in drei tropischen Arten vertreten. Das Bild zeigt eine davon, *Heliopais personata* aus Asien. Diese Vögel fressen Mollusken und Krustentiere, und gelegentlich fangen sie auch fliegende Insekten.

Allesfresser

Aus den vorhergehenden Abschnitten wurde ersichtlich, daß viele Vögel nicht unbedingt immer bei einer Futterart bleiben. Die einen haben besondere jahreszeitliche Gewohnheiten, die anderen fressen sich an dem satt, was gerade im Überfluß vorhanden ist. Wieder andere sind das ganze Jahr hindurch Allesfresser. Der Star ist dafür ein ausgezeichnetes Beispiel. Er kann auf dem Land und in der Stadt leben, kleine Würmer und Drahtwürmer auf den Wiesen suchen oder aber die Futterhäuschen anderer Vögel plündern. In manchen Gebieten kehren die Stare nach der Brutzeit mit ihren Jungen in den Wald zurück, wo sie vorwiegend Raupen fressen; bald danach suchen sie wieder Gärten heim, in denen gerade saftige Früchte reifen, und gefährden da unter Umständen die kommende Ernte.

Die weite Verbreitung der Stare und ihre Unausrottbarkeit ist wohl in erster Linie auf die Anpassungsfähigkeit zurückzuführen, die ihnen ihr Allzweckschnabel verleiht. Der mittellange, gerade Schnabel kann den Boden aufhacken, Raupen von Blättern »pflücken« und Früchte herabziehen und abreißen. Die kräftigen Füße ermöglichen es dem Star, sich mühelos an den verschiedensten Stellen anzuklammern. Die Amsel ist darin fast so erfolgreich wie der Star und hat darüber hinaus auch einen ähnlich geformten Schnabel.

Auch einige Möwenarten verfügen über einen sehr abwechslungsreichen Speisezettel. Die Silbermöwe hat einen länglichen, an der Spitze etwas gebogenen Schnabel, mit dem sie gut Fische fangen kann. Vermutlich hat sie das auch immer getan, bevor der Mensch mit seiner Zivilisation in die Natur eingriff. Die jungen Möwen, die man an ihren braunen Federn erkennt, bleiben mehr an Land — vielleicht deshalb, weil sie sich mit den Vögeln beim Fischen noch nicht messen können und deshalb ihre Futterbasis mit allem möglichen »Strandgut« verbreitern müssen. Junge Möwen folgen auslaufenden Schiffen ein ganzes Stück, aber nur weiße Möwen begleiten sie auf der ganzen Reise.

Der Hakenschnabel hilft dem erwachsenen Möwenvogel beim Fischfang über dem Meer und dem jungen an Land beim Aufreißen toter Fische und tierischer Abfälle. Auch Silbermöwen nehmen gerne die vom Menschen gebotene Nahrung an, vor allem die Abfälle von Fischfabriken. Sie durchsuchen auch die Abfallhaufen der Städte nach Futter und folgen — wie die Lachmöwen im Binnenland — sogar dem Pflug, der riesige Mengen von Würmern freilegt. Neuerdings ziehen sie immer weiter ins Inland und bleiben auch länger dort. Ihre Zahl hat dank ihrer Anpassungsfähigkeit ungeheuer zugenommen, und der Mensch verschafft ihnen überall einen reich gedeckten Tisch.

Der Schwarzmilan ernährt sich vorwiegend von Aas und Fischen, doch auch er hat Abfallhaufen schätzen gelernt. Manchmal frißt er überhaupt alles, was erreichbar ist, und fällt in großer Zahl über Heuschreckenschwärme her. So wie Möwen und Stare können auch Schwarze Milane — wenn auch in geringerer Zahl — in den von Menschen dicht besiedelten Gegenden auftreten.

Alle diese Vögel könnte man Allesfresser nennen. Nur wenige Vögel sind aber richtige Allesfresser. Körnerfresser bleiben gewöhnlich Körnerfresser, nehmen zur Brutzeit aber auch Insekten an, und etliche andere Vögel fressen zusätzlich zu ihrer sonstigen Nahrung auch Samen; aber die Zahl solcher Vögel ist begrenzt, denn entweder sind ihre Schnäbel oder das Verdauungssystem und die Verdauungsenzyme nur für ein ganz bestimmtes Futter geeignet.

Doch auch hier sind manche Vogelarten wieder überraschend plastisch. So können sich Bartmeisen von der Insektennahrung auf Samen umstellen. Dabei verändert sich ihr Magen und sicher auch das Wirksystem der Verdauungsfermente. Die wenigen Arten, die dies geschafft haben, können sich ein Überwintern in den gemäßigten Breiten leisten. Die anderen Insektenfresser müssen dagegen die weite Reise ins Winterquartier machen.

Allesfresser: (1) Rabenkrähe *Corvus corone,* Eurasien;
(2) Elster *Pica pica,* kommt in vielen nördlich-gemäßigten Gegenden der Welt vor; (3) Haussperling *Passer domesticus;*
(4) Star, *Sturnus vulgaris;* (5) Gefleckter Laubenvogel *Chlamydera maculata* aus Australien; (6) Königs-Paradiesvögel *Cicinurus regius* aus Neuguinea. Die letzten beiden sind nah miteinander verwandt und verzehren Früchte und Insekten. Dank ihres weitgesteckten Speisezettels sind Haussperling und Star echte Kulturfolger geworden.

Der Hoatzin *Opisthocomus hoatzin* ist insofern ungewöhnlich, als er fast nur Blätter von ganz bestimmten Ufergewächsen frißt. Auf dem Bild sieht man ein Junges, das den Elternvogel gerade dazu bringt, Nahrung aus dem Kropf hochzuwürgen.

Spezialisten: (1) Kuhreiher *Bubulcus ibis* fängt große Insekten, die von Großwild aufgescheucht werden; er hat sich recht weit ausgebreitet, indem er den Haustieren des Menschen auf gleiche Weise folgt wie den freilebenden Wildtieren; (2) der Schneckenmilan *Rostrhamus sociabilis* und (3) die Riesenralle *Aramus guarauna* leben beide in amerikanischen Sumpfgebieten, wo sie sich von großen Schnecken ernähren.

Nahrungsspezialisten

Einzelne Arten zeigen Schnabelformen, die einer ganz bestimmten Nahrungsquelle besonders angepaßt sind. Anderes Futter kann gar nicht aufgenommen werden. Der Amerikanische Braunsichler, eine Ibis-Art, der aussieht wie eine Kreuzung zwischen Ralle und Reiher, ernährt sich praktisch nur von großen Sumpfschnecken; er bringt sie auch seinen Jungen, die sie im ganzen verschlucken und das Gehäuse später wieder auswürgen. Auch der Schneckenbussard, ein in den USA seltener, im tropischen Amerika häufiger Greifvogel, ernährt sich von diesen großen Schnecken. Wenn sie an die Oberfläche kommen, erfaßt er sie mit den Füßen und fliegt weg, um sie in Ruhe mit seinem besonders langen, gebogenen Oberschnabel aus dem Gehäuse herauszudrehen.

Die phantastische Konstruktion des Schnabels befähigt die Flamingos, winzige Krebstierchen und Algen aus dem Wasser zu filtern. Überall dort, wo es Massenentwicklungen dieser Nahrungsorganismen gibt, können die Flamingos ihrem hochspezialisierten Nahrungserwerb nachgehen. Doch diese Spezialisierung schränkt gleichzeitig ihre Verbreitung außerordentlich ein. Nur ganz wenige Gewässer produzieren entsprechende Mengen, und an diesen sammeln sich die Flamingos, wie z. B. am Nakuru-See in Ostafrika.

Der Afrikanische Madenhacker pickt Zecken und Milben aus der Haut der Großtiere und hat dieses Verhalten auch auf die vom Menschen eingeführten Rinderherden ausgedehnt. Ob sie uneingeschränkt nützlich sind, ist fraglich, da sie beim Picken auch Wunden verursachen und Fleisch und Fett um die Wunde herum wegpicken können. Madenhacker klettern an den Großtieren auf und ab, ungefähr so wie Spechte an einem Baumstamm. Die Füße sind so eingerichtet, daß

Die Kolibris der Neuen Welt und die Nektarvögel der Alten Welt sind hier durch (1) das Purpurkrönchen *Heliothrix barroti* und (2) Königs-Nektarvogel *Cinnyris regius* vertreten. Beide sind hochgradig spezialisiert und ernähren sich von Blütennektar. (3) Die Wasseramsel *Cinclus cinclus* lebt von Insekten, die sie aus schnell fließenden Gewässern »fischt«.

Die Wasseramsel *Cinclus cinclus* hat sich darauf spezialisiert Insekten vom Grund schnell fließender Gewässer aufzunehmen. Zu diesem Zweck läuft sie unter Wasser auf dem Boden entlang, wobei sie manchmal die Flügel benutzt, um schneller vorwärts zu kommen. Sie ist der einzige Singvogel den man als »Wasservogel« bezeichnen könnte.

sie sich gut an den Tierkörpern festhalten können. Ihre Warnrufe nützen der Herde.

Es ist nicht immer nur der Schnabel, der eine Spezialisierung auf ein bestimmtes Futter anzeigt. Afrikanische Honiganzeiger gehen eine enge Beziehung mit dem Honigdachs ein; sie locken das Tier zu einem von ihnen gefundenen Bienennest, und wenn der Dachs es geöffnet hat, beteiligen sie sich an der Mahlzeit. Ungewöhnlich ist, daß diese Vögel nicht nur die Insekten fressen, sondern auch das Bienenwachs. Normalerweise können es Vögel nicht verdauen, doch der Honiganzeiger muß wohl einen dafür eingerichteten Magen haben. Man hat sogar beobachtet, daß Altarkerzen in der Kirche von Vögeln verspeist werden.

In wärmeren Gegenden gibt es auch Gruppen, die sich von Nektar ernähren. Ihre erstaunlichsten Vertreter sind die Kolibris, von denen es mehr als 300 winzige, bunte Arten gibt. Kolibris können bekanntlich lange über Nektarblüten schwirren. Die kleineren Arten schlagen dabei etwa 80mal in der Sekunde mit den Flügeln. In Afrika und im Orient finden wir die Nektarvögel, die in über hundert Arten vorkommen. Diese farbenprächtigen Vögelchen müssen wie die Kolibris über Blüten schwirren, um an den Nektar zu gelangen, nur sind sie nicht ganz so geschickt wie diese. Im Fernen Osten, besonders in Neu-Guinea und Australien, gibt es etwa 170 Arten von Zuckervögeln, darunter sehr kleine, die aber nicht die prächtigen metallischen Farben der Kolibris aufweisen. Viele dieser Vögel besitzen, um den Nektar aus den Blüten holen zu können, haarähnlich ausgefranste Zungenspitzen. Die Nektarvögel können die Zunge zu einer Röhre formen, und mit ihr saugen sie den Nektar in die Mundhöhle. Bürstenzungenspitzen sind auch bei einigen Papageien, wie den Loris aus dem Fernen Osten, bekannt.

Spezialisierung heißt aber auch Gefahr. Wird das Futter, von dem eine Tierart abhängig ist, rar oder verschwindet ganz, so droht ihr das Aussterben. Die Spezialisten können nicht wie Allesfresser auf ein anderes Futter übergehen. In unserer sich ständig wandelnden Welt ist für die spezialisierten Vögel wahrscheinlich jede Veränderung von Nachteil. Allesfresser wie Star und Sperling dagegen profitieren von der Anwesenheit des Menschen.

67

LEBENSRÄUME

Der Adeliepinguin *Pygoscelis adeliae* baut ein Nest aus Kieselsteinen, wahrscheinlich, damit die zwei Eier etwas über dem Boden zu liegen kommen, so daß sie nicht vom Schmelzwasser erreicht werden können.

Der Scheidenschnabel *Chionis alba* ist ein Aasfresser, der sich in Pinguin-Kolonien aufhält, wo er unbewachte Eier und Junge erbeutet und manchmal auch etwas vom ausgewürgten Futter stiehlt.

Viele polare Arten besitzen ein weißes Gefieder, das sie vor Feinden in der schneeweißen Umgebung schützt: (1) Elfenbeinmöwe *Pagophila eburnea*, (2) Rosenmöwe *Rhodostethia rosea*, zwei arktische Möwen, (3) der antarktische Scheidenschnabel *Chionis alba*, (4) Mc Kay's Schneeammer *Plectrophenax hyperboreus* aus der Beringstraße, (5) Schnee-Sturmvogel *Pagodroma nivea*, Antarktis, (6) Schneegans *Chen hyperborea*, die im arktischen Teil Kanadas brütet und (7) ein erwachsener Kaiserpinguin *Aptenodytes forsteri* bewacht eine Gruppe von Jungen.

Polarregionen

In den Polarregionen steigt die Temperatur selbst in den wärmsten Monaten nicht über 10° C an. Schnee und Eis bedecken den Boden während des größten Teils des Jahres. Die Antarktis ist ein fast völlig unter ewiges Eis gebetteter, von Meer umgebener Kontinent, während die Arktis in einem vorwiegend von Treibeis bedeckten Meer liegt, das an verschiedenen Stellen von größeren Landmassen unterbrochen wird. Auf diesen Inseln und Halbinseln wachsen im kurzen arktischen Sommer bestimmte Pflanzen, wie sie in der Antarktis nicht annähernd in der gleichen Vielfalt gedeihen.

Pflanzen bilden die Grundlage aller Nahrungsketten. Sie brauchen Licht, Wärme und Nährstoffe zum Wachsen. In den Wintermonaten bekommen sie davon in den Polarregionen aber so gut wie gar nichts. Folglich ist ihre Wachstumsperiode sehr kurz, und Tiere, die sich von diesen Pflanzen ernähren, können dort nur in den kurzen Sommermonaten leben.

In solch unwirtlichen Gegenden finden die meisten Vögel nur im Sommer Futter. Im Winter gibt es entweder überhaupt nichts zu fressen, oder aber das spärliche Futter liegt völlig unerreichbar unter Schnee und Eis begraben. Ein zusätzliches Problem ergibt sich für die Vögel daraus, daß sie bei derart tiefen Temperaturen allein zur Erzeugung der nötigen Körperwärme große Futtermengen benötigen. Aus diesem Grund können auch sie sich — wie andere Tierarten — in den Polargebieten praktisch nur in den Sommermonaten aufhalten, und selbst das ist mit zahlreichen Schwierigkeiten verbunden.

Da weder das Tauwetter im Frühling noch der Herbstfrost feste Termine kennen, bedeutet das Brutgeschäft meist ein Wettrennen mit der Zeit. Viele Gänse kommen mit soviel Reserven in der Arktis an, daß sie unmittelbar nach der Ankunft ihre Eier legen und sie sogar noch bebrüten können, ehe ausreichend Futter zur Verfügung steht. Stelzvögel nehmen sich nach dem Brüten häufig nicht einmal Zeit zur Mauser und erledigen sie auf dem Weg nach Süden. In manchen Jahren taut es überhaupt nicht oder aber so spät, daß die Vögel gar nicht erst brüten.

Die Existenz ausgedehnter Landmassen am Südpol, nicht aber am Nordpol, erklärt vermutlich einige Unterschiede in der Vogelwelt der beiden Regionen. Die arktische Tundra besitzt offene Täler, Wasserläufe und Seen, die über ein reiches Pflanzenleben verfügen. Im Sommer sind sie von zahlreichen Vögeln bevölkert, die in der Antarktis niemals leben könnten. Im Norden dagegen gibt es viele Stelzvögel, Enten und einige Sperlingsarten, doch kaum eine dieser Spezies kommt je in die Antarktis.

Lebensräume mit reichen Futterquellen sind die Polarmeere mit ihren mikroskopisch kleinen Pflanzen, Schalentieren und kleinen Fischen, und aus diesem Grund finden sich dort solche Massen an Seevögeln wie kaum irgendwo. Die Antarktis zeigt einen besonderen Artenreichtum; an erster Stelle stehen hier die Sturmvögel und, nicht zu vergessen, die Scharen von Pinguinen und ihre ökologischen Vertreter an den Nordmeeren, die Alken.

Der Uhu *Bubo bubo* der Alten Welt hat einen weitgesteckten Speiseplan: hier verzehrt er gerade einen Igel, dessen Stacheln er später wieder ausspeien wird.

Tannenhäher kommen sowohl in den gemäßigten Zonen der Alten als auch der Neuen Welt vor: (2) der europäische Tannenhäher *Nucifraga caryocatactes* aus Europa und der (1) Kiefernhäher *Nucifraga columbiana* aus den westlichen USA legen beide Wintervorräte an.

Wälder gemäßigter Zonen

Die nördliche Hemisphäre war einst von riesigen Wäldern bedeckt, deren Boden ausgezeichnetes Ackerland abgab, so daß die Wälder nach und nach gerodet wurden. Ein Teil von ihnen besteht aus Nadelwald, ein anderer Teil aus Laub- oder Mischwald. In den kälteren Regionen des Nordens und in Gebirgen herrschen Nadelwälder vor, an die sich weiter südlich Laubwälder anschließen. Diese Laubwaldzone läßt sich in zwei Regionen unterteilen: In den nördlicheren Gegenden sind Eichen, Birken und Ahorn zu Hause, während im Mittelmeerraum und in den südlichen USA immergrüne Laubbäume das Waldbild bestimmen.

Obwohl die Wälder der nördlichen gemäßigten Regionen ausgedehnter sind, beherbergen die südlicher gelegenen mehr Arten von Tieren. »Mittelmeerwälder« gibt es auch an der Südspitze Afrikas. In Australien kommen zahlreiche Arten von Hartlaubbäumen vor, unter denen der Eukalyptus mit einer Höhe von maximal 90 m und zahlreichen Arten eine Sonderstellung einnimmt. Südamerika und Neuseeland sind für ihre *Nothofagus*-Wälder (Südbuchen) berühmt, die einer sonst unbekannten Vielfalt von Vögeln und anderen Tieren Lebensraum bieten. Die Eingriffe und einschneidenden Veränderungen, die sich diese Wälder gegenwärtig gefallen lassen müssen, bereiten den Naturschützern große Sorgen.

Waldbäume streben immer nach möglichst viel Licht, das sie für ihr Wachstum und die Fruchtbildung brauchen. Sie bilden meistens ein so geschlossenes Blätterdach, daß in einem richtigen Hochwald wenig Licht auf den Boden fällt und der Pflanzenwuchs dort entsprechend mager ausfällt. Folglich leben die meisten Vögel in den Bäumen und nicht auf dem Boden.

Selbst in immergrünen Laubwäldern ist die Nahrungsbasis jahreszeitlich recht unterschiedlich. Insektenlarven gedeihen am besten auf jungem Laub und erscheinen daher kurz nach dem Knospenaustrieb. In den europäischen Laubwäl-

Die gemäßigten Zonen der Alten und der Neuen Welt weisen viele ähnliche Arten auf: (1) Sperber *Accipiter nisus*, (2) Eckschwanzsperber *Accipiter striatus*, beide jagen kleinere Vögel in den Wäldern.

dern verschwinden die Raupen bald wieder, weil sie sich verpuppen — und zwar meist im Boden, damit sie für längere Zeit vor Vögeln geschützt sind. Im Sommer gibt es riesige Mengen Insekten, die aber mit den ersten Frösten wieder verschwinden. Da geraten dann die Insektenfresser unter den Vögeln richtig in die Klemme. Entweder sie stellen sich auf anderes Futter um, oder sie müssen nach dem Süden wandern. Finken und Meisen bleiben meistens und ernähren sich von Samen. Die Drosseln stellen sich von Würmern und Kleintieren auf Früchte um, sobald der Boden gefroren ist, und Weißdornbeeren bilden dann ihre Hauptnahrung.

In den nördlichen Wäldern, die für die Mehrzahl der Vögel zu kalt und schneereich sind, überwintern nur wenige Arten; die übrigen ziehen meistens nach Süden, wenn auch nicht so weit wie die insektenfressenden Zugvögel. In den gemäßigten Zonen erzeugen die Wälder in manchen Jahren Samen im Überfluß, in anderen aber nur sehr spärliche Mengen. Also sind die Vögel zum Zug nach Süden gezwungen. Auf Überflußjahre — sowohl in Nadel- wie auch Laubwäldern — folgen Zeiten der Nahrungsverknappung. In Notjahren sterben viele Tiere, Vögel ebenso wie Säugetiere, die sich von Samen ernähren; dafür können sie in Überflußjahren mit dem Vorrat kaum aufräumen, so daß die aus diesen Samen nachwachsenden Bäume die Waldlücken wieder füllen können. Das ist eine ausgezeichnete Strategie der Natur. In Notjahren ziehen also Seidenschwänze, Tannenhäher, Kreuzschnäbel, viele Arten von Finken, Kleiber und Meisen nach dem Süden.

Die jetzt ausgestorbene Wandertaube kam einst in riesigen Scharen in Nordamerika vor und ernährte sich von Buchensamen und Eicheln; oft bestand ein einziger Schwarm aus vielen Millionen Tauben; demnach muß die Futterbasis ungeheuer breit gewesen sein. Da sie in großen Kolonien nisteten, waren sie eine

Spechte sind Bewohner gemäßigter Waldgegenden. Das Bild zeigt ein Buntspechtpaar *Dendrocopus major* an seiner Nisthöhle, die es gebaut hat. Das Männchen trägt einen roten Nackenfleck.

(1) Kleinspecht *Dendrocopus minor*, (2) Rothopfspecht *Melanerpes erythrcephalus*, beides Bewohner von Laubwäldern; der letztere ist größer als der nur spatzengroße Kleinspecht.

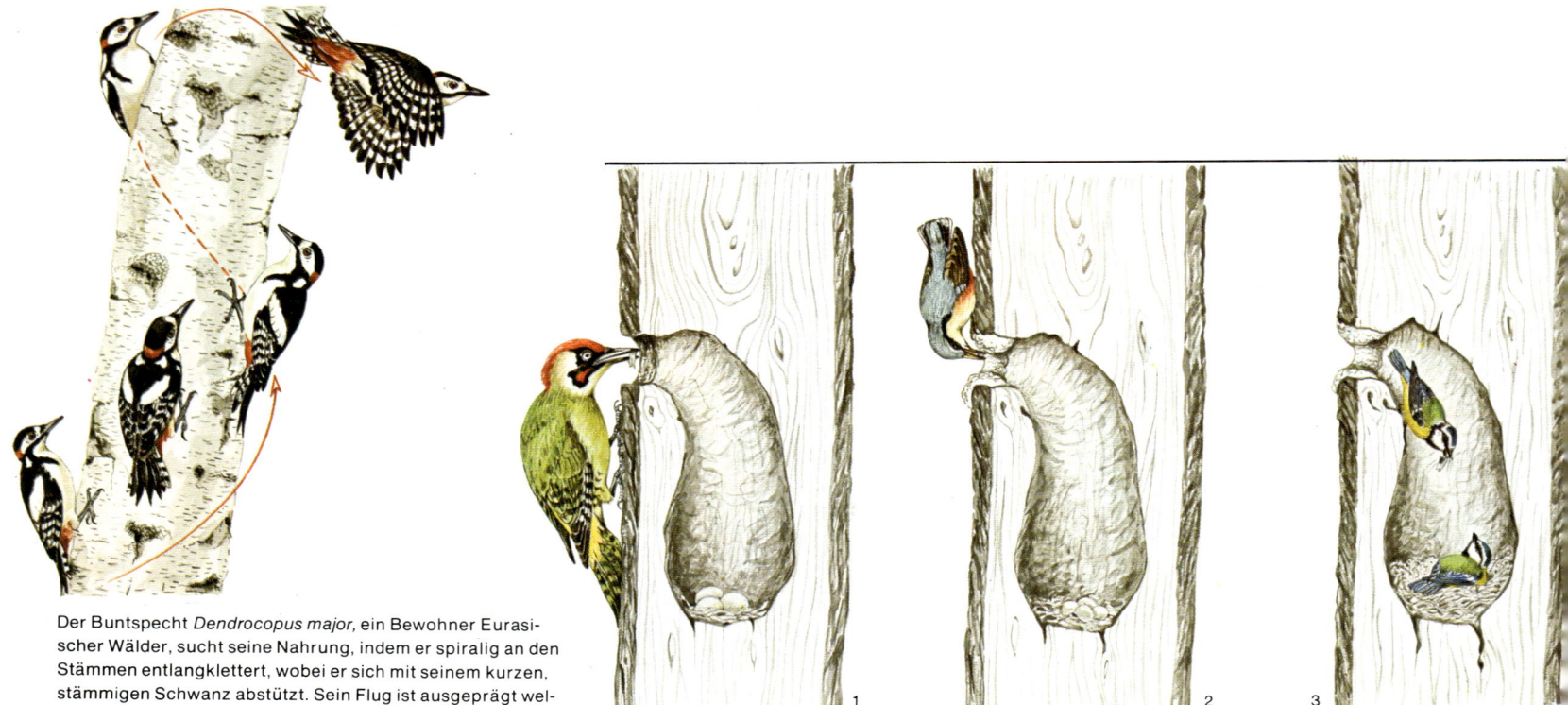

Der Buntspecht *Dendrocopus major*, ein Bewohner Eurasischer Wälder, sucht seine Nahrung, indem er spiralig an den Stämmen entlangklettert, wobei er sich mit seinem kurzen, stämmigen Schwanz abstützt. Sein Flug ist ausgeprägt wellenförmig.

Der Waldkauz *Strix aluco* verteidigt sich selbst und sein Nest, indem er das Gefieder aufplustert und dabei ein Zischen ausstößt, was einen Angreifer durchaus einschüchtern mag.

Der Wendehals *Jynx torquilla* gehört zu den Spechten und kommt in Europa und Asien in Laubwäldern vor. Die meisten der Vögel, die im Norden brüten, ziehen im Winter südwärts.

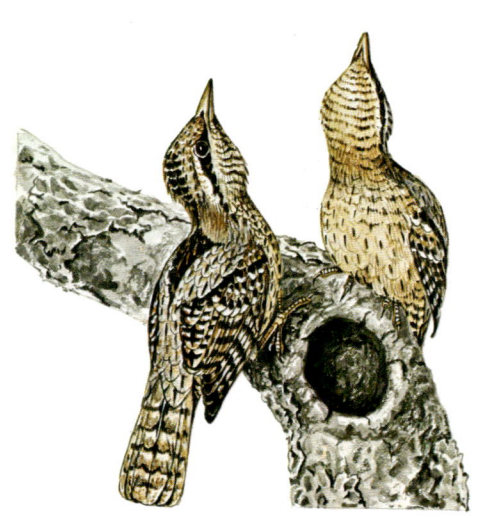

leichte Beute für die Jäger; doch bereits lange, bevor die Jagd auf sie einsetzte, ist ihre Zahl durch die Bodenkultivierung stark reduziert worden.

Sind Samen im Überfluß vorhanden, werden sie von vielen Vögeln als große Vorratsmengen gelagert, auf die sie in den kalten, kurzen Wintertagen zurückgreifen können. Meisen, Eichel- und Tannenhäher gehören zu diesen Samenhortern; der europäische Eichelhäher lagert vor allem Eckern im Boden, die er dann teilweise vergißt oder nicht mehr findet, so daß die Samen im Frühjahr keimen. Die skandinavischen Meisen horten Samen in Baumrinden und Astlöchern, da der Boden im Winter mit Schnee bedeckt ist. Die amerikanischen Eichenspechte leben in kleinen Gruppen in offenen Eichenwäldern. Sie schlagen Löcher in Baumstämme, die sie als Vorratslager benützen und eifersüchtig hüten. Das ist verständlich, denn wenn eine Gruppe ihre »Speisekammer« verliert, muß sie hungern. Speisekammern werden meist viele Jahre lang hintereinander benützt.

Spechte sind wichtige Vertreter der Vogelwelt in den Wäldern der gemäßigten Zonen. Sie schlagen Spalten in tote oder kranke Bäume und holen mit ihren langen, oft klebrigen Zungen Insektenlarven heraus. Viele ernähren sich auch von Eicheln, Eckern und Haselnüssen; im Sommer auch von kleinen Vögeln. Zum Beispiel werden Meisenjunge aus den Bruthöhlen geholt und an die Jungspechte verfüttert. Der amerikanische Saftleckerspecht bohrt Löcher in lebendes Holz und ernährt sich von dem abgesonderten Saft und von den Insekten, die sich an der Saftquelle sammeln. Der Saftleckerspecht nistet in Baumhöhlen, die er meistens aus gesundem Holz gezimmert hat.

Baumhöhlen werden von vielen Vögeln als Nistplätze bevorzugt, da sie dort vor den meisten Feinden sicher sind. Außer Spechten nisten Eulen, Meisen, Dohlen, Rotschwänzchen, Kleiber, Fliegenschnäpper, Tauben und Waldsänger (Dendroica-Arten Nordamerikas) in Baumhöhlen. Die erhöhte Sicherheit erlaubt auch häufig die Aufzucht von mehr Jungen im Vergleich zu Arten, die an exponierteren Stellen nisten. Die Jungvögel der Höhlennister bleiben länger im Nest als die in offenen Nestern ausgebrüteten. Eine überraschend große Anzahl von Vögeln baut Nester aber auch auf dem Boden, besonders dann, wenn reichlich Farn, Moos oder Brombeergestrüpp vorhanden ist.

Die Winter in den näher zu den europäischen Zonen hin gelegenen gemäßigten Waldregionen sind meist so mild, daß viele Vögel das ganze Jahr über dort leben können. Zahlreiche Honigfresser und Papageien Südaustraliens zum Beispiel bleiben das ganze Jahr hindurch in den dortigen Wäldern. Einige davon brüten

Viele Vögel brüten in Höhlen, und manchmal weisen diese viele verschiedenartige Besitzer von Jahr zu Jahr auf: Der Grünspecht *Picus viridis* zimmert sich jedes Jahr eine neue Höhle (1). Diese können dann von Kleibern *Sitta europea* genutzt werden, die den Eingang teilweise wieder zumauern, damit keine Feinde eindringen können (2). Meisen, wie z.B. die Blaumeise *Parus caeruleus*, nutzen diese Höhlen ebensogern (3). Wenn der Eingang mit der Zeit etwas größer geworden ist, kann der Gartenrotschwanz *Phoenicurus phoenicurus* einziehen (4). Wenn die Höhle dann langsam zerfällt und dadurch der Eingang noch größer wird, zieht vielleicht eine Hohltaube *Columba oenas* (5) oder gar ein Waldkauz *Strix aluco* ein.

Das Bild zeigt einen Eichelhäher *Garrulus glandarius,* der in Eurasien häufig vorkommt. Diese Vögel spielen auch bei der Samenverbreitung der Bäume des Waldes eine Rolle: Dadurch, daß sie Vorräte für den Winter anlegen, aber nicht alle Samen wieder finden, helfen sie bei der Verbreitung der Bäume.

Der Wespenbussard *Pernis apivorus* ist ein Bewohner eurasischer Waldgegenden. Ungewöhnlich ist, daß ein Vogel von dieser Größe sich von Insekten ernährt, unter anderem auch von den Larven von Wespen und Bienen.

sogar im Winter. Nicht alle diese Vögel sind auf Nektar spezialisiert; viele Papageien ernähren sich von Samen, Honigfresser von Insekten. Einige Blumen- und Insektenarten sind aber auch im Winter so reichlich vorhanden, daß die Vögel brüten können.

In den Wäldern des Mittelmeerraumes und in den südlichen USA verläuft der Winter meistens so mild, daß an Insekten kein Mangel herrscht. Europäische und amerikanische Grasmücken und Waldsänger verbringen den Winter in diesen immergrünen Wäldern, andere ziehen nach Afrika und Zentralamerika.

Das reiche Tierleben in den Wäldern der gemäßigten Zonen lockt natürlich viele Greifvögel an. Der Sperber *Accipiter nisus* ist ein Spezialist im Fangen kleiner Vögel, die er durch das Geäst jagt. Sperber sind zwar langsamer als Falken, dafür aber ungeheuer wendig. In den Wäldern leben auch eine Menge Eulen, die sowohl kleine Vögel als auch Kleinsäuger jagen; sie beschränken sich dabei auf relativ kleine Gebiete, die sie so gut kennen, daß sie selbst in völlig dunklen Nächten jagen und ihre Beute nach deren Geräuschen lokalisieren können.

Die Vogelwelt der Wälder gemäßigter Breiten wäre jedoch zum Teil gar nicht existenzfähig, wenn es keine Ausweichmöglichkeiten für den Winter gäbe. Die nahrungsknappe Zeit ermöglicht nur wenigen Arten ein Überbrücken der Winterperiode. Meisen und Kleiber stellen sich dabei auf Samennahrung um. Aber die meisten Insektenfresser haben diese Möglichkeit nicht; sie müssen in günstigere Zonen ausweichen. Die Hälfte des Jahres oder noch mehr verbringen sie dann im tropisch-subtropischen Afrika oder Südamerika, und nur zur Brutzeit kehren sie in die Wälder der gemäßigten Breiten ein, um dort ihren Nachwuchs großzuziehen. Die kurze Spanne überreichen Nahrungsangebotes nutzen sie. Das afrikanische Winterquartier mit seiner Fülle einheimischer Vogelarten würde es ihnen nicht erlauben, die große Menge zusätzlicher Nahrung aufzubringen, die notwendig ist, um in kurzer Zeit ein Nest voller Junge großzuziehen. Es ist daher notwendig, die Vogelwelt der gemäßigten Breiten stets auch im Zusammenhang mit den Verhältnissen im Winterquartier zu sehen.

Für Deutschland sind über 150 Zugvögelarten festgestellt worden. Die Übergänge vom Stand- zum Strichvogel und vom Strichvogel zum Teilzieher und Zugvogel müssen fließend mit allen Übergangsformen gesehen werden. Der Eisvogel wandert oft nur vom zugefrorenen Oberlauf eines Flusses zum noch eisfreien Unterlauf, bei den Teilziehern nehmen lediglich Gruppen einer Art die Reise in den Süden auf sich.

Tropenwälder

Die tropischen Wälder stellen äußerst artenreiche und ebenso interessante Lebensräume dar. Der Bestand an riesigen, hochaufragenden Bäumen und die Stille, die im Urwald herrscht, verleihen diesen Regionen unvergleichliche Qualitäten. Richtige Tropenwälder gibt es nur in Gebieten der Äquatorialzone mit hohen Regenmengen: in Zentralamerika, Malaysia und im Fernen Osten, auch in kleineren Gebieten Ostaustraliens, besonders aber im riesigen Amazonasbecken. Gemeinsam ist diesen Gebieten die gleichmäßig hohe Temperatur und die enorme Regenmenge, die sich über das ganze Jahr verteilt. Ausgesprochene Trockenzeiten gibt es nicht, denn sonst würden sich als Ergebnis die Wälder den Jahreszeiten entsprechend mehr voneinander unterscheiden. Die gleichbleibende Wärme stellt geringe Ansprüche an Warmblüter. Die hohe Luft- und Bodenfeuchtigkeit läßt kaum Waldbrände aufkommen. Tropenwälder verdanken gerade diesem Umstand ihre lange Unberührtheit, denn der Mensch hat sonst zum Roden von Wäldern in großem Umfang Feuer eingesetzt.

Die meisten Bäume der Tropenwälder sind immergrün, wenn auch manche Arten ihre Blätter abwerfen; das junge Laub wächst jedoch sehr schnell nach. Die Bäume bilden fast überall einen 30—36 m hohen Laubbaldachin, der von höheren Bäumen noch überragt wird. Da nur spärliches Licht auf den Boden fällt, gibt es wenig Unterholz und andere Pflanzen; im wesentlichen handelt es sich hierbei um Büsche und um Sämlinge der großen Bäume.

Die meisten Bäume sind hoch und gerade gewachsen. Sie haben bis etwa 18 oder 21 m Höhe nur wenig Seitentriebe, und viele der Baumriesen sind unten mit wahren Festungen von Luft- und Stelzwurzeln umgeben, die eine sichere Bodenverankerung garantieren.

Die ausgewachsenen Blätter sind dunkelgrün und haben meistens Tropfspit-

Tropenwaldvögel: Trogons findet man in den meisten tropischen Bereichen der Erde, (1) der Kupferschwanztrogon *Trogon elegans* kommt aus Zentralamerika. Es gibt ungefähr 320 verschiedene Kolibri-Arten, die alle ausschließlich in der Neuen Welt vorkommen. Die hier gezeigten Arten sind von links nach rechts: (2) Sappho-Komet *Sappho sparganura,* Schattenkolibri *Phaethornis eurynome* und der Topasrubinkolibri *Chrysolampis mosquitis.* Die meisten Paradiesvögel stammen aus Neuguinea; die beiden hier gezeigten sind der Prachtparadiesvogel *Lophorina superba* (3) und der Wimpelträger oder Albertparadiesvogel *Pteridophora alberti* (4), so genannt wegen seiner verlängerten Kopffedern.

Der Qetzal gehört zu den Trogons. Das Männchen dieser Art, die in Zentralamerika heimisch ist und dort in Baumhöhlen brütet, weist ungewöhnlich lange Schwanzfedern auf.

74

Tropenwaldvögel, Baumsteiger sind hauptsächlich in amerikanischen Tropenwäldern anzutreffen, sie klettern an den Bäumen herauf — nach Insekten suchend —, ähnlich wie die Baumläufer. Die hier gezeigte Art (1) Gestreifter Baumsteiger *Dendrocolaptes certhia* hat ungefähr Drosselgröße. Der Langschwanzhabicht (2) *Urotriorchis macrourus* kommt in den Wäldern Westafrikas vor. Die beiden Arten von Stelzenkrähen kommen ebenfalls in Westafrika vor, wo sie Lehmnester an Felswänden bauen. Es handelt sich um (3) Kamerun-Felshüpfer *Picathartes oreas* und Weißhals-Stelzenkrähe (4) *Picathartes gymnocephalus*. Pittas, wie der hier gezeigte Granat-Pitta (5) *Pitta granatina* aus Süd-Ost-Asien leben am Waldboden.

Viele Stärlinge bauen hängende Nester in die Nähe von Wespennestern (manche auch in gleicher Form), wodurch ein Schutz gegenüber Feinden, z.B. Affen, gewährleistet ist. Die Abbildung zeigt einen Erzflügelstirnvogel *Zarhynchus wagleri*, einen etwa rabengroßen Vogel aus Mittelamerika.

zen, an denen der Regen leicht abrinnt. Die jungen Blätter leuchten oft rosa oder rot und hängen senkrecht, so daß sie von der Sonne nicht ausgetrocknet werden können. Natürlich unterscheiden sich die Bäume in den einzelnen Regionen voneinander, doch der Gesamteindruck des Tropenwaldes ist durchwegs sehr gleichartig. Nur ein erfahrener Botaniker könnte aus dem jeweiligen Baumbestand schließen, in welcher Region er sich befindet.

Regenwälder verfügen über einen immensen Reichtum an Pflanzen- und Tierarten. So hat man beispielsweise bis zu 240 verschiedene Baumsorten pro Quadratkilometer gezählt. Die einzelnen Arten sind jedoch meistens nur in wenigen Exemplaren vertreten, so daß ein äußerst buntes Gesamtbild entsteht und sich — im Gegensatz zu dem halben Dutzend unterschiedlichen Baumarten in gemäßigten Wäldern — eine ungeheuere Vielfalt ergibt. Diese ist besonders für die Vögel wichtig, die dort leben.

Es gibt immer irgendeine Pflanzenart, die gerade blüht oder Früchte trägt. Nektarsauger können also gut existieren. Auf Nektar spezialisiert sind die Kolibris von Südamerika, die Sonnenvögel aus Afrika und Asien und die Honigfresser Australiens. Viele von ihnen nehmen zusätzlich zum Nektar auch Insekten an, aber sie brauchen eine zuverlässige Nektar-Futterbasis, die ihnen nur der Regenwald bietet. Das trifft auch auf die Fruchtfresser zu, wie die Fruchttauben und die Schmuckvögel, die ohne eine gleichmäßige Fruchtversorgung nicht überleben könnten.

In den Regenwäldern gibt es etwa ebenso viele Vogel- wie Pflanzenarten, und auch bei ihnen treten die einzelnen Spezies in relativ wenig Exemplaren auf. Auch die Brutzeiten der Vögel zeigen Ähnlichkeit mit der Blütezeit der Bäume; während manche Vögel nur zu ganz bestimmten Zeiten brüten, können andere dies praktisch in jedem beliebigen Monat. Die Brutzeiten mögen im Verhältnis zu der normalen Brutzeit der Vögel in gemäßigten Zonen ziemlich lang erscheinen.

Der Weißwangen-Ameisenvogel *Pithys albifrons* gehört zu der großen Gruppe der Ameisenvögel, die in Zentral- und Südamerika vertreten sind. Die meisten Vögel dieser Art leben dicht über dem oder sogar direkt am Boden.

Der Pracht-Paradiesvogel *Diphyllodes magnificus* ist ein weiterer Bewohner Neuguineas. Zur Balzzeit legt das Männchen eine richtige Lichtung von ca. 6 m Durchmesser an, wobei es sogar die darüber befindlichen Blätter entfernt, damit mehr Licht in das Areal fällt.

Wie viele andere Nashornvögel, mauert der Riesennashornvogel *Buceros bicornis* aus Indien und Süd-Ost-Asien sein Weibchen während der Brutzeit ein und füttert es in dieser Zeit durch den einzigen offen gelassenen Spalt.

Trompeter-Hornvögel *Bycanistes brevis* legen auf der Suche nach Nahrung oft weite Strecken zurück. Hier greift ein Paar eine Schlange an, ein Vorgang, der jedoch nicht sehr oft vorkommt.

Jede Art hat allerdings auch eine bestimmte Zeit, in der sie nicht brütet, sondern ihre abgetragenen Federn mausert und sich auf die neue Brutzeit vorbereitet. Irgendeine Art brütet aber immer.

Bei Besuchern von Tropenwäldern entsteht häufig der Eindruck, als gäbe es fast keine Vögel; dem ist jedoch nicht so, wenn sie vielleicht auch nicht so zahlreich sind wie manchmal in anderen Lebensräumen. Der größte Teil des Lebens spielt sich in tropischen Wäldern hoch oben ab, wo es Blätter, Blüten, Früchte und Insekten in Hülle und Fülle gibt. Der Fußgänger bekommt also nur ein paar Vögel zu sehen, die am Boden leben oder die Baumstämme nach Insekten absuchen. Im Wipfel eines blühenden oder fruchttragenden Baumes sieht es ganz anders aus. Manche kleinere Art tut sich zu Schwärmen von 20—30 Individuen zusammen, und diese wandern ständig durch den Wald. Plötzlich ist dann die ganze Luft mit Vögeln angefüllt, die aber ebenso schnell, wie sie gekommen sind, wieder verschwinden. Der Grund für eine solche Verhaltensweise ist nicht recht klar, aber man nimmt an, daß sie sich im Schwarm vor Räubern sicherer fühlen, denn viele Wächter sind besser als einer, und oft spürt ein Einzel-Vogel ein Massenvorkommen von Insekten auf, von denen dann der ganze Schwarm profitiert.

Die Vögel in Tropenwäldern sind also nicht so individuenreich wie anderswo. Vielleicht hängt das damit zusammen, daß andere, in gemäßigten Zonen relativ wenig vertretene Tiere, wie Frösche und Eidechsen, in tropischen Wäldern in großen Mengen vorkommen und ebenfalls in den Baumwipfeln leben, wo sich die Insekten aufhalten. Das ist eine Vermutung, die sich nicht beweisen läßt. Die Vielfalt an Vögeln ist jedenfalls sehr groß, aber die Individuendichte hält sich in Grenzen.

Die Vögel der Tropen legen im Durchschnitt weniger Eier als die der gemäßigten Zonen. Man sucht seit jeher nach Gründen für diese kleinen Gelege, hat aber noch keine überzeugende Begründung gefunden. In den Tropen ist der Tag kürzer als der Sommertag der gemäßigten Zone, also kann vielleicht für einen vielköpfigen Nachwuchs nicht genug Futter gesucht werden. Weiter herrscht in den gemäßigten Zonen zeitweise viel größerer Futterüberfluß, so daß die Nestlinge leichter satt zu bekommen sind. In den Tropen aber müssen die Vogeleltern oft viel mühsamer und länger nach Futter suchen.

Die tropischen Vögel haben sich auch anderer Feinde zu erwehren als in den gemäßigten Zonen. Weil Schlangen und Affen sich als Nesträuber betätigen, hängen kleinere Tropenvögel gerne ihre Nester an dünne Astspitzen oder Ranken, wo sie nur schwer zu erreichen sind. Andere bauen Nester mit Kuppeln, in die

Fischer-Tukane *Ramphastos sulfuratus* bedrängen einen
Schmuck-Haubenadler *Spizaetus ornatus*. Wie viele kleinere
Vögel der gemäßigten Breiten, rotten sich die Tukane zu-
sammen, um Feinde oder Räuber zu vertreiben.

Die Weißhals-Stelzenkrähe *Picithartes gymnocephalus* aus
Westafrika baut ihr Nest aus Lehm an einer Felswand;
manchmal nistet sie dort in Kolonien. Sie hüpft auf dem
Waldboden entlang, wo sie Insekten und anderes Kleingetier
fängt.

Der Gelbhaubenkakadu *Cacatua galerita* kommt in der östlichen Hälfte Australiens vor. Er bewohnt offenere Wälder von
tropischen bis zu gemäßigten Breiten und nistet in Baumhöhlen.

Der Leierschwanz *Menura superba* lebt in kühlen Hartholz-
beständen im Südosten Australiens. Die Männchen balzen
auf kleinen Laubhaufen, die sie zu diesem Zweck errichten.
Sie sind bemerkenswerte Imitatoren anderer Vögel. Das
Weibchen baut ein großes Nest aus Zweigen und legt ein
einzelnes Ei.

potentielle Nesträuber nicht hineinsehen können. Oder sie errichten ihre Nester
bewußt neben Wespennestern, so daß eventuelle Räuber von den aufgebrachten
Wespen verjagt werden. Die Vögel selbst arrangieren sich mit ihnen.

Manche Arten sind für das Leben im Tropenwald besonders ausgestattet. Die
amerikanische Familie der Baumsteiger *(Dendrocolaptidae)* hat viele den Baum-
läufern ähnliche Formen entwickelt, die ihre Nahrung an den Baumstämmen suchen. Ihre Größe reicht von der des Sperlings bis zu der einer Krähe; auch die
Formen der für das Rindenhacken besonders gut geeigneten Schnäbel sind sehr
unterschiedlich. Die Trogone sind in den amerikanischen Tropen weit verbreitet.
Am bekanntesten ist der prächtige Quetzal Zentralamerikas. Quetzale sitzen unter den Baumkronen und fangen in kurzen, schnellen Flügen die vorüberschwir-
renden Insekten. In manchen Teilen der Erde folgen Vögel den Zügen der Ameisen. Einige Ameisenvögel Südamerikas haben sich darauf spezialisiert; sie fressen aber häufig nicht die Ameisen, sondern fangen sich die anderen Insekten, die
vor den anrückenden Wanderameisen flüchten.

Es ist eine unverzeihliche Sünde, daß immer größere Teile der Tropenwälder
vom Menschen abgeholzt werden. Häufig ist der Boden für eine Kultivierung völlig ungeeignet, denn wenn die großen Bäume fehlen, wäscht der Regen die Nährstoffe aus, und innerhalb weniger Jahre wächst dort überhaupt nichts mehr. Dann
wird das nächste Stück gerodet, bis der Wald zerstört und unwiederbringlich verloren ist.

Dann ist aber auch das größte Potential von Lebensformen vernichtet, das es
auf der Erde gibt. Denn die Tropenwälder enthalten mehr Arten von Tieren und
Pflanzen als alle anderen Lebensräume der Welt. Rund 1500 Vogelarten, mehr
als dreimal soviel, wie es in Europa gibt, leben in Brasilien, und der größte Teil
von ihnen bewohnt die Regenwälder Amazoniens. Ähnlich artenreich ist der
Kongo-Urwald. Diese Regenwälder sind in den Trockenperioden während der
Eiszeit zwar stark zusammengeschrumpft, aber sie stellten die Rückzugsgebiete
für die Fauna, die sich in ihnen gleichsam konservieren konnte. Die Aufsplitte-
rung in inselartige Restbestände und das nachfolgende Ausbreiten hat dabei die
Artenvielfalt enorm gefördert. Die Bestände waldbewohnender Vogelarten wurden auf diese Weise immer wieder isoliert, so daß sich neue Arten bilden konnten.
Die Zerstörung des Regenwaldes geht daher an die »Schlagader des Lebens«.

Zwei nicht verwandte Vogelarten aus dem Grasland: Der östliche Lerchenstärling *Sturnella magna* (1) aus den USA und der Gelbbauch-Großspornpieper *Macronyx croceus* aus Afrika sehen sich sehr ähnlich, obwohl die erste Art viel größer ist.

Das Grasland stellt einen Lebensraum für viele große Vögel dar. So weist die Alte Welt z.B. 22 Arten von Trappen auf, einschließlich der (1) Riesentrappe *Ardeotis kori* aus dem südlichen und östlichen Afrika. Der Scharlachspint reitet oft auf Trappen und fängt die Insekten, die von den großen Schreitvögeln aufgescheucht werden. (2) Der Sekretär *Sagittarius serpentarius,* ebenfalls aus Afrika, läuft über die Ebenen und fängt Schlangen. (3) Die Seriema *Cariama cristata* lebt in der Pampa Südamerikas. Wie die Trappen ernährt auch sie sich omnivorisch, also von Pflanzen und Tieren.

Grasland

Grasland gibt es vorwiegend in regenarmen Gegenden. Graslandzonen liegen als Übergangsgebiete zwischen Wüstenstreifen und Waldregionen, meistens inmitten der großen Kontinente und weit weg von den regenbringenden Seewinden. Zu den Graslandregionen gehören die Prärien Nordamerikas, die Pampas von Südamerika und die Steppen Zentralasiens. Die Winter sind hier im allgemeinen kalt, weil der mildernde Einfluß warmer Meeresströme fehlt. Nur die riesigen Savannen Zentralafrikas und die Grasländer Australiens bilden eine Ausnahme; sie sind das ganze Jahr über warm. Die hohen Temperaturen in Afrika bewirken eine entsprechend hohe Wasserverdunstungsrate. In der Trockenzeit fängt das dürre Gras leicht Feuer, und Bäume gedeihen unter solchen Bedingungen nicht besonders. Die indischen Grasländer und Teile des australischen Eukalyptus-Waldgebiets sind möglicherweise Ergebnis von Bränden, die der Mensch zur Rodung gelegt hat.

In baumlosen Gegenden gibt es auch wenig Vögel. In der Nähe von Wasserstellen trifft man sie zahlreicher an, denn alle Grasland-Vögel scheinen zusätzlich zum Futter Wasser zu brauchen.

In den Savannen lebt der Strauß, der Emu und der Nandu (Pampasstrauß). Diese großen, flugunfähigen Vögel haben einiges gemeinsam, doch die Nähe der Verwandtschaft ist umstritten. Ihre Größe und die langen Beine und Hälse ermöglichen es ihnen, Feinde auch in lichten Wäldern schon von weitem zu sehen und vor ihnen zu fliehen. Sie erreichen dabei Höchstgeschwindigkeiten von etwa

Vögel des Graslands: (1) Uferschnepfe *Limosa limosa* nistet in feuchten Wiesen und verbringt den Winter an Flußmündungen, der Wiesenpieper *Anthus pratensis* (2) nistet in offenen Wiesengebieten und in Moorgegenden, (3) der Kiebitz *Vanellus vanellus* nistet auf trockeneren Wiesen; viele dieser Vögel ziehen von Zentraleuropa westwärts in feuchtere Gebiete, wenn der Sommer sehr heiß ist, ebenso ziehen sie mildere Gegenden vor, wenn im Winter die Wiesen starkem Frost ausgesetzt sind. Auch Turmfalken leben in Wiesengebieten, wo sie kleine Säuger jagen. Gezeigt sind hier der amerikanische Turmfalke (4) *Falco sparverius* und der europäische Turmfalke (5) *Falco tinunculus*.

Auch wenn der Biotop des Turmfalken die Wiesen sind, braucht er Bäume, um zu nisten. Wenn er eingekreist ist, vermag er sich auf den Rücken zu legen und sich mit seinen scharfen Krallen zu verteidigen.

64 km/h. Alle diese Arten ernähren sich vorwiegend pflanzlich. Andere ausgezeichnete Läufer des Graslandes, die aber auch fliegen können, sind die Trappen und die Perlhühner.

In Grasregionen gibt es natürlich auch kleinere Vögel, wie Rebhühner und Wachteln, Flughühner und Stelzvögel, darunter Triele, Regenpfeifer und Rennvögel; außerdem einige amerikanische Stärlinge, Pieper und Lerchen.

Besondere Aufmerksamkeit verdienen hier die besonders zahlreich vertretenen Finken. Sie leben hauptsächlich von Samen; manche fressen aber auch Insekten und füttern ihre Jungen damit. Wenn die Samen reifen, beginnen diese Vögel zu brüten, denn dann herrscht Überfluß an Nahrung. Hat es aber geregnet und die Samen gehen auf, ist wenig Futter vorhanden; da beginnt für Finken eine harte Zeit. Die einen ziehen in eine andere Gegend, andere stellen sich auf die Samen anderer Pflanzen um. In Zentralafrika folgen sie dem Regen nach Norden oder Süden, gerade wie die Grassamen reifen.

Dabei kommen einige Finken oder Webervogelarten auch dem Menschen ins Gehege, wenn sie Getreidefelder plündern. Getreidekörner sind ja ein hervorragendes Futter für Körnerfresser, über das sie dann mitunter auch zu Tausenden oder gar Millionen herfallen. In Afrika richten die Blutschnabelweber oft erheblichen Schaden an, besonders in den Hirsefeldern, weil die Hirse gerade dann reift, wenn wenig andere Grassamen zu finden sind. Kolonien von vielen Millionen Blutschnabelwebern können die gesamte Ernte eines umfangreichen Gebietes vernichten. Sind die Jungen flügge, so ziehen die Vögel weiter in ein anderes Gebiet, das sie ebenso verheeren.

Sie sind ein Beispiel dafür, wie der Mensch sich selbst größte Schwierigkeiten dadurch schafft, daß er seine Umwelt manipuliert. Denn weite Gebiete der Erde, die heute Grasland sind, waren ursprünglich bewaldet. Einige wenige Vogel-, insbesondere aber einige Insektenarten, konnten sich in diesem Neuland so sehr ausbreiten und vermehren, daß sie ein großes Problem geworden sind.

Wüsten

Die landläufige Meinung ist, daß es sich bei Wüsten um Gebiete mit extrem hohen Temperaturen handelt. Dies kann zwar der Fall sein, doch es schließt nicht aus, daß sie nachts und im Winter sogar sehr kalt sein können. Sie sind in der Regel weit vom Meer entfernt, von dem im Sommer kühle, im Winter warme Winde wehen. Regen fällt daher selten und wenn — nicht besonders reichlich; außerdem ist er nie vorherzusagen. Aber Tiere und Pflanzen müssen von einer Regenzeit zur anderen überleben. Pflanzen wachsen hier auf Grund des permanenten Wassermangels nur langsam, und wird ein Gebiet zu stark abgeweidet — wie die Sahara —, so erholt es sich lange Jahre nicht mehr. In der Sahara wurden und werden durch Überweiden die Pflanzen systematisch ausgerottet. Deshalb dringt die Wüste immer weiter vor.

Die Wasserversorgung ist in Wüstengebieten von größter Wichtigkeit, denn wo Wasser ist, können Pflanzen und Tiere leben. Viele Pflanzen, etwa die Kakteen, speichern Wasser. Andere Pflanzen treiben aus den Samen ungeheuer schnell empor, sobald ein paar Regentropfen fallen.

Die Tiere vermeiden es, sich tagsüber der Sonne auszusetzen, weil der Wasserverlust durch Verdunstung und Schwitzen zu hoch wäre. Sie liegen im Schatten von Büschen oder Felsen oder in Erdhöhlen. Unmittelbar an der Sandoberfläche ist die Hitze am größten. Eine Handbreite über dem Sand ist dagegen die Temperatur schon merklich niedriger. Vielleicht haben deshalb viele Wüstenvögel relativ lange Beine.

Die Wüstenvögel sind verglichen mit den Säugetieren ihrem Lebensraum nicht besonders gut angepaßt. Die meisten ruhen in der heißesten Zeit und sind am frühen Morgen oder am Abend aktiv. Manche Arten können lange ohne Wasser auskommen. Die kleinen Finken nehmen genügend Flüssigkeit mit ihrer pflanzlichen Nahrung auf. Bei der Verdauung entsteht als Stoffwechselprodukt auch Wasser, von dem manche Vögel leben können. Die meisten Wüstenvögel benötigen aber zusätzliches Wasser und müssen deshalb in der Nähe einer Wasserstelle leben. Zu den Wasserlöchern kommen sie nachts und morgens. Trocknen die Tränken aus, dann müssen die Vögel weiterziehen. Deshalb sind sehr viele Wüstenvögel Nomaden, die nach dem Regen brüten und so lange bleiben, wie sie Futter finden, aber weiterziehen, wenn das Land austrocknet.

Ein weiteres Problem der Wüstenvögel ist der passende Standort des Nestes. Gelege und Brut müssen ja vor der heißen Sonne geschützt werden. Einige kleinere Vögel, wie Steinschmätzer, legen ihre Nester in Erdhöhlen oder Felsspalten an. Einige Stelzvögel stehen während der größten Hitze über den Nestern, um den Eiern oder Jungen Schatten zu spenden. Da die jungen Vögel nicht zum Wasser fliegen können, müssen die Eltern ihnen Wasser bringen. Wenn das Flughuhn trinkt, läßt es Taschen im Brustgefieder sich voll Wasser saugen und bringt es den Jungen. Der Kittlitz-Regenpfeifer Südafrikas begräbt während der Tageshitze seine Eier im Sand, und der indische Lappenkibitz bringt in den Brustfedern Wasser zur Kühlung der Eier mit.

Wüstenvögel gibt es zwar in zahlreichen Arten und Lebensformen, aber insgesamt ist die Wüste doch sehr dünn besiedelt. Die Produktivität ist einfach zu gering, um ähnliche Mengen an Vögeln (oder andere Tiere) zu ernähren, wie sie in den Steppen oder gar in Wäldern leben können. Nahrungs- und Wasserknappheit schränken Vorkommen und Häufigkeit entscheidend ein. Wüstenvögel sind daher auch selten territorial. Nahrung gibt es manchmal kurzzeitig im Überfluß — wenn die Wüste nach einem Regenschauer blüht —, in der Regel aber ganz unregelmäßig verteilt. Die Vögel müssen danach suchen. Sie streifen in Gruppen und Flügen umher, stets bereit zum Abwandern in gerade günstige Zonen. Gutes Flugvermögen ist daher die wichtigste Anpassung für Wüstenvögel.

Watvögel, die in öden Gegenden leben: Der Rennvogel *Cursorius cursor* lebt in sehr trockenen Gebieten Afrikas und des westlichen Asiens (1). Die Brachschwalbe *Glariola pratincola* ist über die trockeneren Gebiete der Alten Welt verbreitet. Oft findet man sie in ausgetrockneten Gebieten in Wassernähe.

Die Wüstenläuferlerche *Alaemon alaudipes* lebt in trockenen Gebieten Afrikas und des Mittleren Ostens. Sie hat einen auffallenden Balzflug, bei dem das Männchen in Spiralen aufsteigt und sich dann wieder zum Boden herabgleiten läßt.

Wüstenvögel: (1) Das Steppenhuhn *Syrrhaptes paradoxus* brütet in Steppengebieten östlich des Kaspischen Meeres, besucht jedoch gelegentlich Europa in großen Scharen. (2) Der Zwerghöhenläufer *Thinocorus rumicivorus* ist eine der Höhenläuferarten, die zu den Watvögeln gehören. Sie leben in ausgedörrtem Grasland Südamerikas. (3) Die Sandlerche *Ammomanes cincturius* kommt in der Sahara und den Wüsten des Mittleren Ostens vor, (4) der Wegläufer *Geococcyx californians* ist ein bodenlebender Vogel Zentral- und Nordamerikas, der eigentlich zu den Kuckucken gehört. (5) Der Rabengeier *Coragyps atratus* kommt in den Wüstengebieten und anderen Biotopen in den südlichen USA, Zentral- und Südamerika vor.

Der Bartgeier *Gypaetus barbatus* lebt in gebirgigen Regionen als Aasfresser wie auch andere Geier. Er versteht es, aus großen Höhen Knochen fallen zu lassen, die dann aufbrechen, wodurch er an das Mark gelangt.

Der Mauerläufer *Tichodroma muraria* bewohnt hohe Berge in Europa, im Mittleren Osten und bis hin zum Himalaja, wo er auf der Suche nach seiner Insektennahrung die Felswände abläuft.

Alpenkrähen *Pyrrocorax pyrrocorax* leben in gebirgigen oder felsigen Regionen. Außerhalb der Brutzeit trifft man sie in Schwärmen an, die oft aus mehreren hundert Tieren bestehen.

Berge

In fast allen Erdteilen gibt es weitläufige Gebirgsketten oder hohe, einzelstehende Berge. Als Lebensraum stellen sie besondere Anforderungen an die Tiere, die dort leben wollen, weil mit zunehmender Höhe Sauerstoff und Wärme abnehmen. Über 4000 m Meereshöhe ist die Luft so sauerstoffarm, daß dort lebende Tiere zur nötigen Sauerstoffversorgung über eine stärkere Konzentration an roten Blutkörperchen verfügen müssen als Tiere, die in geringer Höhe leben. Die Temperatur sinkt um je 6° C pro 1000 m Höhe. Selbst der Mount Kenya in Äquatorialafrika hat das ganze Jahr über eine Schneekappe.

Die Temperatur bestimmt natürlich die Vegetation. Dem fruchtbaren Tiefland folgen bergaufwärts Nadelwälder, dann Krüppelbäume und magere Wiesen (»Matten«), die bis zur Schneegrenze reichen. Hier durchschreitet man innerhalb weniger Stunden gleichsam alle Klimazonen der Erde.

In gemäßigten Zonen erfahren Berge die gleichen jahreszeitlichen Veränderungen wie das umliegende Land. Bergtiere verbringen den Winter im allgemeinen in tieferen Regionen als den Sommer. Die Bergvögel haben auf Grund der kürzeren Sommerzeit auch eine verkürzte Brutzeit. Auf hohen Bergen in den Tropen sind die klimatischen Veränderungen nicht so kraß, doch kann es auch hier in größeren Höhen Nachtfrost mit untertags beträchtlich ansteigenden Temperaturen geben. Besonders kleine Vögel haben es dann sehr schwer. Sie suchen sich daher Schlafplätze in der dichten Vegetation oder in Erdhöhlen, wo es nicht ganz so kalt wird. Kolibris und Sonnenvögel halten allnächtlich einen »Winterschlaf«; sie erstarren während der kalten Nacht und gewinnen am Morgen ihre hohe Körpertemperatur zurück, die sie für ihr aktives Leben am Tage benötigen.

Viele Arten müssen sich in den Bergen auf ganz bestimmte Wohngebiete beschränken. Wo die Berge isoliert stehen, etwa in Afrika, wirken sie wie Inseln mitten im Flach- oder Tiefland, und so leben die Bergvögel auf kleinen Berggruppen oder sogar auf Einzelberge beschränkt. Wohl als Folge davon sind die betreffenden Arten zahlenmäßig nicht sehr stark und reagieren meist auf einen Wechsel ihrer Lebensbedingungen sehr empfindlich. Verwandte Arten können in benachbarten Höhenzonen nebeneinander existieren. Fehlt die eine Art, so nimmt die andere ihren Platz ein und erweitert ihr Territorium. Wie die Aufteilung oder Trennung der Wohngebiete funktioniert, ist kaum bekannt.

Berge sind für raschen Wetterwechsel verantwortlich. Die Windseite, an der der Regen abgeladen wird, ist meistens mit üppiger Vegetation bedeckt, während die regenarme Windschattenseite ein weitaus dürftigeres Pflanzenleben aufweist. Aus Gründen dieser Art ist die Existenz von Bergen sowohl für die Tieflandvögel als auch für die Bergvögel von großer Wichtigkeit. Berge können aber auch Flachlandtiere voneinander fernhalten, indem sie als Barriere zwischen Tiefländern wirken. Zwei an sich nahe verwandte Vogelarten entwickeln sich unter dem trennenden Einfluß einer Bergkette manchmal sehr unterschiedlich, wie sich vielfach im Himalaja und in den nördlichen Anden zeigt.

Die Berge wirken unter diesen Umständen im Prinzip wie Inseln, denn für viele der sie bewohnenden Arten ist das dazwischen liegende Tiefland unbewohnbar oder höchst gefährlich. Man kann daher die Vorgänge der Artbildung und die Wirkungen der Isolation bei Gebirgsvögeln mitunter ähnlich gut studieren wie auf Inseln.

Während Berge in den Tropen praktisch keinem Jahreszeitenwechsel unterworfen sind, unterliegen Gebirge der äquatorfernen Gebiete dem klimatischen Wechsel, der viele Bergvögel zu Vertikalwanderungen zwingt. Sie müssen mit dem Einbruch des Winters ihre Höhenzonen genauso verlassen wie ihre arktischen oder antarktischen Verwandten. Sie wandern in die Tallagen oder ins Tiefland hinaus und kommen im Frühjahr wieder zurück in die Hochlagen.

Vögel der Bergregionen: (1) Glanzhaubenadler *Oroaetus isidori*, Zentral- und Südamerika; (2) Steinadler *Aguila chrysaetos*, ein Bewohner der hochgelegenen gemäßigten Gebiete Eurasiens und Nordamerikas; (3) Schneefink *Montifringilla nivalis,* der europäische Gebirge bewohnt; (4) Malachit Nektarvogel *Nectarina famosa,* ein Bewohner hoher Berge in Afrika; (5) Alpenkrähe *Pyrrocorax pyrrocorax* und (6) Alpendohle *P. graculus.* Die beiden letztgenannten Vögel sind in erster Linie Bewohner eurasischer Berge, wobei man die Alpendohle im allgemeinen in größeren Höhen findet als ihre Verwandten. Während des Winters ziehen beide Arten in tiefer liegende Zonen.

Die Laube eines Gärtner-Laubenvogels *Amblyornis inornatus*, einer Art, die auf Neuguinea vorkommt. Der Vogel bringt fast täglich neue Früchte und Blumen in sein moosgepolstertes Quartier.

Zwei Arten von Laubenvögeln, die in den Hartholzwäldern des östlichen Australiens vorkommen: (1) der Regent-Laubenvogel *Sericulus chrysocephalus* und (2) der Satin-Laubenvogel *Ptilonorhynchus violaceus*. Beide Vögel bauen Lauben, durch die sie bei der Balz schreiten.

Inselvögel: (1) Die Langschnabel-Nektarpitta *Neodrepanis coruscans* ist ein Mitglied der *Philepittidae*-Familie, von der nur vier Arten bekannt sind, die alle auf Madagaskar leben. Die Honigfresser, Familie *Meliphagidae*, stellen einen beachtlichen Anteil der Avifauna Australiens und des Pazifiks; gezeigt ist hier der Cardinal-Honigfresser *Myzomela cardinalis* von den Hebriden (2) und der Hawaii-Krausschwanz *Moho nobilis*, eine schon fast ausgestorbene Art. (3). Die Laysan-Ente *Anas laysanensis* (4), wahrscheinlich eine Unterart der Stockente, zeigt als Charakteristikum vieler Inselarten ein mattes Gefieder. Die Weka-Ralle *Gallirallus australis* (5) ist eine große, flugunfähige Ralle Neuseelands.

Inseln

Inseln können mitten im Ozean oder in Küstennähe liegen; sie können groß oder klein, dürr oder fruchtbar sein. Auf jeden Fall üben ihre jeweiligen Charakteristika einen großen Einfluß auf das Leben der Vögel aus. Selbst große Landmassen wie die Kontinente können vom biologischen Standpunkt aus als Inseln betrachtet werden. Will ein Vogel von einer Insel zur anderen gelangen, muß er das Meer überqueren, ohne einen Rastplatz zu finden. Seine Erfolgschancen hängen also von der Länge der Wasserstrecke ab.

Die Entwicklung der Inseln und ihre Beziehung zu den Kontinenten prägt das Leben der Vögel. Küstennahe Inseln liegen meistens auf dem Schelf einer großen Landmasse und wurden oft erst zu Inseln, als die Erosion die Landverbindung zum Kontinent unterbrach. Sie tragen die Flora und Fauna des Festlandes, doch meist in verarmter Form.

Ozeanische Inseln besitzen keine Kontinentalverbindung und sind sehr oft durch Vulkanausbrüche entstanden. Zum Teil bleiben sie so erhalten, zum Teil sinken sie aber auch wieder ab und werden dann, von Korallenriffen eingefaßt, zum Atoll. Diese Inseln hatten anfangs kein Tier- oder Pflanzenleben; sie wurden von den nächsten Landmassen aus besiedelt, doch das ist ein Prozeß, der besonders bei weit vom Festland entfernten Inseln viel Zeit in Anspruch nimmt.

Die meisten Vögel brauchen, um sich in einem bestimmten Lebensraum niederlassen zu können, dort andere Lebewesen als Nahrungsbasis. Für Seevögel, die auf Inseln nisten, gilt dieser Grundsatz nicht, denn sie kommen nur zum Brüten an Land, beziehen ihr Futter aber aus dem Meer. Ob die Insel unfruchtbar ist, hat für sie wenig Bedeutung; Unfruchtbarkeit ist sogar ein Vorteil, weil dann Raubtiere in der Regel fehlen. Und wenn Seevögel erst in großer Zahl auf einer Insel nisten, wird der Pflanzenwuchs von ihrem Dung weitgehend vernichtet.

Sobald eine Insel aus dem Meer aufgestiegen ist und sich durch die Verwitterung irgendwo fruchtbare Erde angesammelt hat, können durch Wind oder Wasser herangetragene Samen keimen. Die Insel beginnt sich langsam mit einer Pflanzendecke zu überziehen, von der dann Insekten und schließlich auch andere Tiere leben können. Von den Seevögeln abgesehen, die die Inseln als reine Niststätten benutzen, brauchen Vögel im allgemeinen gut entwickelte Lebensgemeinschaften, in die sie sich einfügen können.

Bei einer eventuellen Besiedelung kommt es wesentlich auf die Lage der Insel an. Je weiter sie von anderen Landmassen entfernt ist, desto schwieriger ist die Kolonisation und desto länger dauert sie auch. Wenn die vorherrschenden Winde zur Insel hin wehen, ist das für eine Besiedelung viel günstiger als umgekehrt. Ist aber ein Vogelschwarm einmal vom Wind zu einer Insel hingetragen worden und findet dort Wasser und Nahrung, so kann ein neuer Bestand gegründet werden, wenn die zur Paarung nötigen Artgenossen vorhanden sind. Einzelvögel können nicht kolonisieren. In ozeanischen Zonen mit vielen Inselgruppen ist das kein unüberwindliches Problem, denn auf den meisten Inseln existieren bereits die einzelnen Anpassungstypen. Von den kleinen Vögeln sind wohl die Brillenvögel die erfolgreichsten Kolonisten; von den großen tun sich die Rallen besonders hervor, die sich aber vorwiegend auf küstennahen Inseln ansiedeln.

Von der Größe der Insel hängt es ab, wie vielen Arten sie Raum bieten kann. Man nimmt an, daß die Vielfalt der Vogelwelt in Relation zum Reichtum der Flora steht, da pflanzenreiche Inseln auch mehr Vogelarten beherbergen.

Ein regelmäßig zu beobachtender Prozeß ist das Aussterben einzelner Vogelarten auf den Inseln, besonders auf den kleinen, weil ja die Angehörigen der einzelnen Arten nur in geringen Beständen vorkommen können.

Das Aussterben allein ist keine ausreichende Erklärung für die geringe Gesamtzahl der Inselvögel. Es sind immer nur wenige Vertreter der verschiedenen Familien vorhanden. So gibt es auf den Karibischen Inseln, sogar auf den großen, je-

Die Hawaii-Gans oder Ne-ne *Branta sanvicensis* (1) war auf Hawaii schon fast ausgestorben, als es gelang, Junge in Gefangenschaft aufzuziehen. Sie lebt auf rauher Lava und hat die Schwimmhäute an den Füßen zurückgebildet, wie man hier im Vergleich mit der Weißwangengans *Branta leucopsis* sehen kann.

Der Kakapo *Strigops habroptilus* ist eine fast flugunfähige Papageienart aus Neuseeland. Er ernährt sich zu einem beachtlichen Teil von Grassamen, wobei er gut sichtbare Spuren hinterläßt. Die Art ist heute fast ausgestorben.

Der große Kaktusfink *Geospiza conirostris* ist einer der Darwin Finken der Galapagos-Inseln. Er ist beobachtet worden, wie er kleine Steine beiseite schaffte, um an darunter liegende Samenkörner zu gelangen. Dabei stützt er sich mit dem Kopf an einem größeren Stein ab und schleudert kleinere Steinchen mit den Füßen von sich.

Der Kagu *Rhynochetos jubatus* ist ein kaum flugfähiger Verwandter der Rallen. Die Art ist auf die Hochwälder Neukaledoniens beschränkt, wo seine Zukunft kaum gesichert ist. Da er teilweise nachts aktiv ist, weiß man über seine Lebensweise nur wenig.

weils nur eine Art der kleinen Kolibris, obwohl auf den großen Landmassen in der Umgebung der Karibik sehr viele verschiedene Kolibriarten leben. Man kommt also zwangsläufig zu dem Schluß, daß jede Insel nur wenige miteinander später verwandte Arten beherbergen kann und daß eine neue Art sich nur dann ansiedeln kann, wenn die alte ausgerottet worden ist und sozusagen eine freie Stelle im System hinterlassen hat.

Inselvögel weisen manche Besonderheiten auf. Manche von ihnen haben ihr Flugvermögen verloren, andere sind schlechte Flieger; wieder andere stammen zwar aus sehr farbenprächtigen Familien, haben aber ihre Buntheit weitgehend eingebüßt, so zum Beispiel die Erpel mancher Entenarten. Gefiederfärbung und Gesang dienen ja vorwiegend der Trennung der verschiedenen Arten. Auf den artenreichen Kontinenten ist eine sichere Isolation viel wichtiger als auf den artenarmen Inseln, auf denen sich die einzelnen Arten kaum verwechseln können.

Es kommt sehr oft vor, daß Inselkolonisten Nachschub aus der Heimat erhalten. Die Neuankömmlinge müssen sich der fremden Umgebung anpassen und entwickeln sich dann mitunter in eine andere Anpassungsrichtung. Das kann sogar schon bei eng zusammenhängenden Inselgruppen der Fall sein, sobald keine freie Vermischung der Vögel mehr stattfindet. Man hat entdeckt, daß manche Inselgruppen von zahlreichen Arten bewohnt sind, die eindeutig von den gleichen Vorfahren abstammen. Kleidervögel von Hawaii sind dafür ein gutes Beispiel. Es gab davon 22 Arten, von denen inzwischen jedoch einige ausgestorben sind; sie alle stammen vermutlich von einer Tangarenart ab, die vom Festland gekommen ist. Besonders interessant sind die Galapagosfinken. Auf den Galapagos-Inseln gibt es 14 Finkenarten (13 auf den eigentlichen Galapagos-Inseln, 1 auf Cocos). Charles Darwin hat seine Abstammungslehre wesentlich auf dem Studium dieser Galapagosfinken entwickelt. Wahrscheinlich hat sich im Lauf der Zeit eine ursprünglich eingewanderte Art über diese ganze Inselgruppe verteilt und dann den jeweiligen Umständen auf den einzelnen Inseln entsprechend unterschiedlich weiterentwickelt.

Eine solche Artenbildung ist nicht nur innerhalb von Inselgruppen, sondern auch auf größeren Inseln möglich. Als Voraussetzung muß aber eine Barriere gegeben sein, die zwei Wohngebiete der ursprünglich gleichen Art voneinander trennt, so daß sich unterschiedliche Eigenschaften entwickeln können, die

Der Gelbschwanz-Kakadu *Calyptor hynchus funereus* lebt in den Wäldern Südost-Australiens. Er reißt die Rinde von den Bäumen und schneidet sogar mit seinem kräftigen Schnabel in das Holz, um an seine Nahrung zu gelangen.

Der Palmenschwätzer *Dulus dominicus* wird normalerweise als eine eigene Familie aufgeführt; sein Vorkommen beschränkt sich auf die Insel Hispaniola. Die Vögel bauen große gemeinsame Nester, wobei sie oft größere Zweige verwenden. Bis zu vier Paare können einen solchen Bau beziehen, wobei jedoch jedes seinen eigenen Eingang hat.

schließlich jede Gruppe zur eigenen, nicht mehr vermischbaren Art machen. Das ist im reichen Maße auf Madagaskar und Neuguinea geschehen, und auch heute noch laufen die Prozesse der Neubildung von Arten ab.

Viele Arten von Inselvögeln existieren nur in kleinen Beständen und sind daher sehr gefährdet. Verglichen mit den Arten auf den Kontinenten, sind sie ziemlich kurzlebig und leiden schon unter den geringsten Veränderungen ihres Lebensraumes. Besonders bedroht sind sie heute durch den Menschen. Natürlich kann man nicht sagen, daß der Mensch sie immer absichtlich ausgerottet hat, obwohl größere Vögel, wie der Dodo von Mauritius und der Solitaire von Rodrigues, zweifellos gejagt wurden. Meistens sind es die vom Menschen verursachten Veränderungen in der Natur, die den Lebensraum der Vögel beeinträchtigen oder vernichten. So zerstören die auf vielen Inseln eingebürgerten Ziegen die Pflanzendecke, oder Ratten und Katzen jagten die kleinen Arten, die ursprünglich keine Feinde hatten, solange es außer Fledermäusen auf den Inseln keine Säugetiere gab. Inselvögel waren ja deshalb auch so zutraulich, weil sie keine Feinde zu fürchten hatten, und das war ihr Verhängnis, als der Mensch kam.

Andere eingewanderte Vögel, wie Stare und Mainas, also unempfindliche Arten, haben sich auf Inseln recht gut behauptet, da sie hier günstigere Lebensbedingungen als in ihren kontinentalen Heimatgebieten vorfanden. Eine weitere Gefahr für die Inselvögel bestand vielleicht darin, daß eingewanderte Arten Krankheiten mitbrachten, gegen die sie selbst zwar immun waren, die aber die ursprünglichen Arten dezimierten.

Die Kultivierung der Erde durch den Menschen hat viele ursprüngliche Lebensräume auf so winzige und isolierte Reste dezimiert, daß sie wie Inseln inmitten der Kulturlandschaften liegen. Damit stellt sich für sie die gleiche Problematik des Überlebens der Restbestände von Tierarten. Und sie wird in zunehmendem Maße kritischer, da die Lebensraumvernichtung rapide fortschreitet und die Naturschutzgebiete längst überlastet sind. Die hohen Aussterberaten von Arten auf den Inseln müßten eine wirkungsvolle Warnung sein, keine entsprechenden Verhältnisse für die kontinentalen Räume zu schaffen, weil dadurch ein wesentlicher Teil der Fauna und Flora betroffen wäre. Denn vor ihren Feinden wären die »Inselvögel« der Kulturlandschaft nicht geschützt.

Der ausgestorbene Dronte *Raphus cucullatus* lebte auf Mauritius. Vielleicht waren diese großen, flugunfähigen Vögel mit den Tauben verwandt. Sie überlebten die Konkurrenz mit dem Menschen und dessen Haustieren nicht und starben Ende des 17. Jahrhunderts aus.

Die meisten Eisvögel leben an See- oder Flußufern. Zwei australische Arten sind hier gezeigt; (1) der Azureisvogel *Alcyone azurea* und der (2) sehr kleine Zwergkönigsfischer *Alcyone pusilla*. Beide Arten fischen von überhängenden Zweigen aus in Bächen und Flüssen.

Vögel an Flüssen und Seen: Dies ist der Biotop der Störche und Reiher; (1) der Jaribu-Storch *Jabiru mycteria* aus Zentral- und Südamerika; (2) der Schuhschnabel *Balaeniceps rex* aus Zentralafrika mit seinem riesigen Schnabel, der nachts oder im Schlamm bevorzugt Lungenfische fängt, wie hier *Protopterus;* (3) die Zwergrohrdommel *Ixobrychus minutus*, eine kleine Art, die nur 0,3 m groß wird und über Europa, Asien und Afrika verbreitet ist. Viele Arten von Seeschwalben leben vorrangig am Süßwasser, wie hier die Trauerseeschwalbe (4) *Chlidonias niger,* eine Art, die in gemäßigten Breiten brütet und über den Winter in südlichere Regionen zieht. In den Marschen der meisten wärmeren Regionen der Erde findet man Stelzenläufer, diese Art (5) in der Neuen Welt, den Schwarzhals-Stelzenläufer *Himantopus mexicanus.*

Flüsse und Seen

Alles Leben kommt aus dem Wasser und ist von ihm abhängig. Von der Sonne erwärmt, verdunstet das Wasser. Es bilden sich Wolken, die dem Boden die Feuchtigkeit in Form von Regen oder Schnee zurückgeben. Der Niederschlag fließt entweder direkt ins Gewässer oder sickert ins Grundwasser; dieses wiederum speist Seen und Flüsse, die zahlreichen Vogelarten einen vielseitigen Lebensraum bieten.

Auch große Ströme beginnen als kleine Bäche, und wenn sie, oft nach Aufnahme zahlreicher Nebenflüsse, in das Meer münden, haben sie vielleicht mehrere tausend Kilometer zurückgelegt, wie etwa der Mississippi und der Amazonas. Aber nicht alle Ströme und Flüsse münden in das Meer, sondern auch in Binnenseen; manchmal versickern sie auch irgendwo in Steppen- und Wüstengebieten.

Flüsse stellen generell überaus wichtige Lebensräume für Vögel dar. Der Oberlauf eines Flusses zeigt meist ein starkes Gefälle. Der Strömung sind jedoch nur wenige Pflanzen gewachsen, und auch kleinere Tiere werden leicht weggetrieben. Daher leben dort nicht nur wenige Vogelarten, sondern auch nicht allzu viele Vögel. Einige Arten jedoch sind genau diesen Bedingungen an Flußoberläufen angepaßt, zum Beispiel die Sturzbachente Südamerikas und die Saumschnabelente in Neuseeland. Diese Enten sammeln die Algen, die an den felsigen Ufern der schnellfließenden Wasserläufe wachsen. Die Wasseramsel holt sich kleine Insekten aus dem Flußbett. Mit ihren kräftigen Zehen kann sie sogar unter Wasser gegen die Strömung laufen. Manchmal nimmt sie auch die Flügel zu Hilfe, um untergetaucht bleiben zu können.

Die Wasseramsel, auch Wasserstar genannt, kommt in mehreren Arten nicht nur in Eurasien, sondern auch in der Neuen Welt von Alaska im Norden bis nach Argentinien im Süden vor. Bei uns kann man sie noch häufig an Mittelgebirgs-

Dommeln sind Verwandte der Reiher. Gewöhnlich sind sie sehr gut getarnt und leben verborgen in Schilffeldern. Hier ist die europäische Große Rohrdommel *Botaurus stellaris* dargestellt. Das Bild zeigt sie beim Gefiederputzen nach dem Beutefang.

Rallen findet man gewöhnlich in Sumpfgebieten. (1) Das Purpurhuhn *Porphyrio porphyrio* ist eine verbreitete Art in vielen Gegenden der Alten Welt und Australiens. (2) Das Teichhuhn *Gallinula chloropus* ist in der Alten Welt noch weiter verbreitet als (1), wenn es auch nicht bis Australien gelangt ist, dafür jedoch in weite Teile der Neuen Welt. (3) Die Wasserralle *Rallus aquaticus* kommt in Europa und Asien vor.

und Alpenbächen beobachten. Da sie durch ihre Lebensweise auf klares, unverschmutztes Wasser angewiesen ist, wird sie in Mitteleuropa leider immer mehr eingeengt und damit seltener. Die Wasseramsel, etwa so groß wie ein Star, aber in ihrem Aussehen und ihren Bewegungen eher einem Zaunkönig vergleichbar, zeigt eine Anpassung an schnellfließende Gewässer, die in der Vogelwelt einmalig ist. In Tibet findet man sie noch in über 5000 m Höhe, also weit über der Baumgrenze. Mit ihren kurzen, kräftigen Flügeln taucht sie unter Wasser bis zu 20 m weit — dagegen bringt sie im Flug kaum einen Bogen zustande.

Weiter stromabwärts ist das Land ebener, und der Fluß fließt langsamer. Die Pflanzenwelt — und daher auch die Tierwelt — ist reicher, und die Vögel finden einen gut gedeckten Tisch vor. Auf fischfressende Vögel, wie Reiher, Eisvögel und Gänsesäger, trifft man nun bereits häufiger.

Der Mündung zu wird der Strom immer breiter. Er fließt langsam und verzweigt sich oft zu einem Delta. Bei Niedrigwasser kommen Schlammbänke zum Vorschein, und hier findet man Kormorane, Möwen und Seeschwalben und viele Enten. Ist ein Strom extrem bereit, so kann er als Barriere wirken, die die Vögel hüben und drüben voneinander trennt, denn besonders für kleine Arten ist das Überqueren ausgedehnter Wasserflächen äußerst gefährlich. Am Unterlauf des Amazonas zum Beispiel kann man häufig von einem Ufer aus nicht zum anderen hinübersehen, so breit ist der Strom, und dementsprechend unterscheidet sich auch die Vogelwelt auf der einen Seite von der am gegenüberliegenden Ufer.

Die Schneeschmelze läßt in den Bergregionen gemäßigter Zonen die Flüsse ansteigen, und auch lange Regenperioden können Überschwemmungen verursachen. In den Sümpfen schießt dann das Schilf hoch, und das Kulturland zu beiden Seiten des Stroms weist eine üppige Vegetation auf. Später, in den Trockenmonaten des Jahres, sinkt der Wasserspiegel wieder, und mancher vorher wasserreiche Fluß wird zum Rinnsal.

Der Glockenreiher *Melanophoyx ardesiaca* aus Afrika hebt beim Fischfang die Flügel über den Kopf. Anscheinend hilft ihm dies bei der Jagd, weil die Fische in den Schatten fliehen und der Vogel selber besser sehen kann, wenn ihn die sich im Wasser spiegelnde Sonne nicht blendet.

Der Rotreiher *Dichromanassa rufescens* aus Zentral- und Südamerika ist ein Reiher mittlerer Größe. Meist hält er sich in Brackwasserseen oder Salzsümpfen auf.

Wenn den Dommeln Gefahr droht, stellen sie sich senkrecht auf, wonach sie in dem sie umgebenden Schilf nur noch sehr schwer auszumachen sind. Wenn sie dennoch entdeckt werden, spreizen sie die Flügel ab, um auf einen Feind möglichst imposant zu wirken und ihn damit vielleicht zu verscheuchen. Das zeigt die Große Rohrdommel *Botaurus stellaris*.

Die Vögel richten sich nach diesen jahreszeitlich bedingten Veränderungen. Vögel, die ihr Futter im Überschwemmungsgelände suchen, brüten dann, wenn das Wasser hoch steht und die Pflanzen am üppigsten wachsen. Bei Vögeln, die sich aus dem Wasser ernähren, wie Eisvögel und Reiher, ist es umgekehrt. Sie müssen ihre Beute sehen können, und das ist bei stark bewegtem und getrübtem Schmelzwasser nicht möglich. Erst wenn sich die Fische wieder im langsamer fließenden, klaren Wasser aufhalten, gibt es für Eisvögel und Reiher reichlich Nahrung, und sie können brüten. Außerdem kann der Eisvogel seine Brutstätte in der Uferböschung erst bei Niedrigwasser beziehen. Nicht nur die Wassertrübung, sondern auch dicht wachsende Wasserpflanzen machen Fische unsichtbar. Deshalb findet man auch in gemäßigten Zonen sehr früh im Jahr brütende Reiher, ehe sich das Wasser aufwärmt und eine Vegetation entsteht, in der sich der Fisch verstecken kann.

Andere jahreszeitliche Veränderungen schaffen den Wasservögeln schwerwiegende Probleme. In gemäßigten Zonen trocknen zwar im allgemeinen die Flüsse im Sommer nicht aus, aber im Winter können sie zufrieren. Da Salzwasser bei niedrigeren Temperaturen gefriert als Süßwasser, kennen Seevögel diese Schwierigkeiten kaum oder gar nicht. Aus den Polargegenden jedoch, wo das Meer jeden Winter zufriert, müssen die Vögel in wärmere Meeresgebiete ziehen, wenn auch einzelne Arten recht nahe an den polaren Vereisungsgebieten zu bleiben versuchen. Der Erfolg der Süßwasservögel hängt im wesentlichen von der Strenge des Winters ab. In sehr kalten Wintern sind die offenen Wasserstellen meist stark übervölkert, und dann verhungern viele Wasservögel, wie Reiher, Bläßhühner und Eisvögel.

Eine Reihe von Flüssen mündet in Binnenseen. Der Reichtum der Fauna hängt wesentlich von der Tiefe der Seen ab (Baikalsee ca. 1600 m). Bergseen sind häufig so tief, daß kein Lichtstrahl den Boden erreicht; unter diesen Bedingungen können sich keine höheren Wasserpflanzen entwickeln. In Seen von etwa 6 m Tiefe sind die Wachstumsbedingungen für Pflanzen dagegen ideal, und als Folge davon kann sich auch reiches tierisches Leben entwickeln. Flache Gewässer neigen dazu, sich mit toter und absterbender Vegetation aufzufüllen und schließlich zu verlanden; der See geht dann in Sumpf über.

Eisvögel brüten gewöhnlich in trockenen Fluß-Sandbänken. Sie bevorzugen dafür den Sommer oder die Trockenzeit, wenn keine Überschwemmungen drohen. Bei Niedrigwasser lassen sich kleine Beutefische leichter ausmachen und fangen. Das Bild zeigt den in Eurasien und Afrika heimischen Eisvogel *Alcedo atthis* an seiner Bruthöhle.

Der Nachtreiher (1) *Nycticorax nycticorax* ist ein verborgen lebender, hauptsächlich nachts aktiver Vogel, der in wärmeren Regionen weit verbreitet ist. Der Kahnschnabel *Cochlearius cochlearius* (2) ist ein Bewohner von Mangroven und anderer dichter Vegetation in Zentral- und Südamerika.

Die meisten Rallen haben schlanke, schmale Körper, die es ihnen erlauben, schnell und geräuschlos zwischen Schilfstengeln oder in anderer Ufervegetation zu laufen. Gezeigt ist hier die Wasserralle *Rallus aquaticus*.

Solche Gegenden sind ein ideales Terrain für Kormorane, Enten, Taucher, Möwen, Seeschwalben, Eisvögel, Rallen und Stelzvögel; Enten und Rallen finden ihr Futter in der Vegetation; aber Taucher, Kormorane und etliche Enten tauchen nach Fischen und jagen sie unter Wasser: Eisvögel stoßen aus der Luft herab, Fischadler greifen sie mit den Krallen, Reiher holen sie vom Ufer aus dem Wasser. Der Schuhschnabel jagt im Sumpf nach Aalen und Lungenfischen und packt sie mit seinem mächtigen Schnabel.

Es gibt Seen, die aus Brack- oder salzigem Wasser bestehen; andere, zum Beispiel die Seen in Ostafrika, enthalten Soda. Das Kaspische und das Schwarze Meer sind die größten Salzseen der Welt. Nur an extrem salzhaltigen Seen gibt es weniger Vögel, aber Pelikane finden auch dort noch reichlich Fischnahrung und brüten sogar. Sie haben eine Art Gruppenjagd entwickelt; sie umkreisen Fischschwärme und nähern sich ihnen von allen Seiten, so daß die einen Pelikane die Fische fangen können, die vor dem anderen Teil der Gruppe flüchten.

An Salzseen sind auch Flamingos heimisch. Sie nisten auf kleinen Hügeln und gehen im Flachwasser auf Futtersuche. Sie leben in zahlenmäßig starken Kolonien und ernähren sich von kleinen Krebsen und Algen; zu dem Zweck füllen sie den Schnabel mit Wasser und lassen es abfließen, so daß das Futter an den feinen Lamellen im Schnabel hängen bleibt. Flamingos gibt es in den meisten warmen Gebieten.

Sogar in Europa brütet der Flamingo: in der unzugänglichen Rhônemündung, der Camargue, und in den Marismas, einem weitgestreckten Sumpfgebiet der Coto Doñana im Süden Spaniens. Hier wie in den wärmeren Erdteilen befindet sich der Flamingo auf dem Rückzug. Flamingos sind auf winzige Wasserpflanzen, Einzeller und kleinste Wassertiere angewiesen, die sie in ihrem Siebschnabel aus dem Wasser filtern. Sie können ihren Schnabel nur wenige Zentimeter weit öffnen. Ein Ausweichen auf größere Nahrungstiere ist damit unmöglich. Veränderten Umweltbedingungen, etwa durch Wasserverschmutzung, können sie sich nicht anpassen. Andererseits finden sie auch in stark salzhaltigem Wasser noch Salzfliegen und Salinenkrebse, in dem andere Wasservögel nicht mehr leben können.

Die meisten fischfressenden Vögel sind weiß, wenigstens an der Unterseite. So können sie von den Fischen nicht so leicht ausgemacht werden.

Die Silbermöwe *Larus argentatus* zeigt ein sehr ausgeprägtes Brutverhalten in der Kolonie. Große Muscheln läßt der Vogel auf harten Boden fallen, damit sie aufbrechen.

Der Austernfischer *Haematopus ostralegus* benutzt seinen kräftigen Schnabel, um Muscheln und Krebse aufzuhämmern und dann den Inhalt herauszuschälen.

Die Silbermöwe *Larus argentatus* taucht bisweilen nach Fischen — wie die meisten Möwen aber selten ganz unter den Wasserspiegel.

Küstenvögel. (1) Der Grünkopfliest *Halycon chloris* ist ein großer Eisvogel des Mangrovengürtels mit weiter Verbreitung in Süd-Ost-Asien und Australien, (2) der Sanderling *calidris alba* und (3) der Seeregenpfeifer *Charadrius alexandrinus* sind beide an Sandküsten verbreitet. Der erstere brütet in der Arktis, aber zieht im Winter nach Süden, der letztere ist über weite Teile der Welt verbreitet. (4) Die Mantelmöwe *Larus marinus*, eine große Möwenart des Nordatlantik, (5) der Reiherläufer *Dromas ardeola*, ein auffälliger Watvogel, lebt an den Ostküsten Afrikas und Südwest-Asiens. Er nistet in Bruthöhlen. (6) Schließlich die Gryllteiste *Cepphus grylle* der nördlichen Meere gemäßigter Breiten; sie brütet in lockeren Kolonien in kleinen Felshöhlen.

Küsten

An manchen Küsten sind durch Windeinwirkung hohe Dünen entstanden, die die Wasserläufe zwingen, parallel zur Küste zu fließen. Auf diese Art entstehen ausgedehnte Salzmarschen. Hier lagert der Fluß alles ab, was er aus dem Oberlauf mitbringt. Die oft sehr langen und tief ins Land reichenden Schlammbänke sind für viele Vogelarten beliebte Futterplätze, besonders für Watvögel. In warmen Regionen entstehen hier Mangrovewälder. Wo die Küste höher aufragt, frißt sich das Meer in den felsigen Boden, so daß kleine Buchten und Inseln entstehen: ideale Lebensräume für viele Vögel, die diesem Terrain besonders angepaßt sind.

Auf den ersten Blick scheinen Sandstrände und weitverzweigte Flußmündungen für Vögel unbewohnbar zu sein, aber bei näherem Hinsehen entdeckt man Löcher und Hügel kleinerer Tiere, die unter der Oberfläche leben. Sie werden lebendig, wenn die Flut über sie hinwäscht, und dann entdeckt man Myriaden winziger Muscheln, Schnecken und Würmer, die den Vögeln als Nahrung dienen.

Von den Watvögeln scheinen nur wenige den Sand gegenüber schlammigem Boden zu bevorzugen, aber sie halten sich nicht starr an eine bestimmte Nahrung, sondern passen sich den gegebenen Bedingungen an. Der Sanderling läuft mit Höchstgeschwindigkeit den Sandstrand direkt am Wasserrand entlang und pickt mit seinem kurzen Schnabel Futter heraus. Der Sandregenpfeifer besitzt einen kurzen Schnabel und holt sich damit Nahrung aus der obersten Sandschicht, während die Strandläufer mit ihren längeren Schnäbeln tiefer graben. Viele der größeren Watvögel haben lange, zum Bohren im Schlamm geeignete Schnäbel; die längsten findet man bei den Pfuhlschnepfen und Brachvögeln. Bei der Pfuhlschnepfe ist das Weibchen bedeutend größer und mit einem doppelt so langen Schnabel wie das Männchen ausgestattet; die Weibchen gehen zur Futtersuche deshalb auch tiefer ins Wasser. Der Austernfischer gräbt im Sand nach Herzmuscheln, schlägt sie mit dem Schnabel auf und schält die Muschel mit der Schnabelspitze heraus. Die Säbelschnäbler setzen ihren Schnabel wie eine Sense ein, »mähen« damit seitwärts durch den Schlamm und holen die kleinen Würmer heraus, die mit dem Schnabel in Berührung kommen.

Viele Watvögel gehen bei Ebbe auf Nahrungssuche, egal ob bei Tag oder Nacht. Die meisten arbeiten dabei mit dem Tastsinn, nicht so sehr nach Sicht. Bei Flut ruhen sich die Vögel auf Klippen, Feldern oder kleinen Inseln aus.

An Kiesstränden wird meist nur dann nach Futter gesucht, wenn das Meer reichlich Tang angeschwemmt hat. Der Steinwälzer sucht — seinem Namen entsprechend — unter Steinen nach kleinen Tieren, die sich dort verstecken. Der Sandpfeifer, der Austernfischer und einige Seeschwalben bauen im Kies ihre Nester. Ihre Eier sind hervorragend getarnt, doch die Gefahr für die Kiesbrüter nimmt von Jahr zu Jahr zu, weil im Sommer immer mehr Menschen an die Strände drängen und die Vögel keine Ruhe mehr zum Brüten finden.

Die Dünen selbst sind meistens nicht sehr vogelreich; der Sand ist ständig in Bewegung, die Vegetation daher dürftig, und so gibt es hier in der Hauptsache nur Lerchen. Stellenweise nisten in eng umgrenzten Gebieten aber auch Möwen und Seeschwalben. Sobald die Jungen fliegen können, sammeln sie sich in großen Scharen am Strand und warten auf die mit Futter zurückkehrenden Eltern.

Salzmarschen weisen eine viel reichere Vegetation als Dünen auf und beherbergen daher auch entsprechend mehr Vögel. Sie geben ausgezeichnete Brutstätten für Möwen, Seeschwalben und Watvögel ab, aber man findet hier auch Lerchen, Pieper und andere Singvögel.

Manche Austernfischer haben sich auf Napfschnecken als Nahrung spezialisiert. Der Austernfischer nähert sich seiner Beute leise, schiebt den Schnabel unter die Schnecke und löst sie so vom Stein. Das muß sehr schnell gehen, ehe die Schnecke sich festsaugen kann, sonst ist der Vogel unter Umständen verloren. Der Strandpieper lebt ausschließlich an Felsstränden von Strandschnecken.

Kormoran-Federn saugen sich leichter mit Wasser voll als die anderer Wasservögel. Wird die Luft aus den Federn gepreßt, ist der Auftrieb geringer und das Tauchen leichter zu bewerkstelligen. Die Kormorane haben aber dann größere Schwierigkeiten, die Flügel wieder zu trocknen, und so müssen sie eine Zeitlang mit abgespreizten Flügeln sitzen. Gezeigt ist hier der Kormoran *Phalacrocorax carbo*.

Der Scherenschnabel *Rynchops nigra* der Neuen Welt: Bei diesem Vogel ist die untere Schnabelhälfte weit länger als die obere. Er fliegt dicht über der Wasseroberfläche dahin, wobei er die untere Schnabelspitze ins Wasser eintaucht. Auf diese Weise fängt er Garnelen und kleine Fische. Er ist ein Verwandter der Seeschwalben und der Möwen.

Es gibt eine Reihe Vögel, die in den Klippen brüten, auch wenn sie nicht zu den Meeresvögeln zählen. Hierher gehören insbesondere der Wanderfalke, das Hausrotschwänzchen und der Zaunkönig. Andere Felsnister fühlen sich hier vor Raubtieren und vor dem Menschen sicherer als in den Dünen, zum Beispiel Tölpel, Eissturmvögel, Dreizehenmöwen und einige tropische Seeschwalben. Sie bilden oft riesige Kolonien in den Felsen über dem Strand. Am Nordatlantik und nördlichen Pazifik findet man in den Klippen viele tausend Nester der Alken. Mit ihren kurzen Stummelflügeln, die sie bei der Unterwasserjagd als Ruder benützen, müssen sie beim Start heftig schlagen, und meistens werfen sie sich, um Tempo zu gewinnen, von den Klippen aus in die Luft. Der Start gelingt so weit besser als vom ebenen Boden aus. Die Papageitaucher haben keine Startschwierigkeiten. Sie nisten am Klippenrand und laufen zum Start auf dem grasigen Boden hinunter. Dabei werden sie allerdings häufig von Möwen verfolgt, die ihnen den für die Jungen erbeuteten Fisch abjagen wollen. Wichtig ist deshalb, daß sie am Klippenrand nisten und nicht sehr weit landeinwärts, weil hier ein paar Meter über Leben und Tod entscheiden können. Die Zunahme der Möwen in Nordamerika wird als eine Ursache für die Abnahme der Papageitaucher angesehen.

Die Mangrovesümpfe der tropischen Küsten erstrecken sich oft viele Kilometer weit. Es gibt zahlreiche Arten, die dort leben und nisten, vor allem Teichrohrsänger, Grasmücken, Fliegenschnäpper, denn sie finden im Sumpfgelände riesige Schwärme von Insekten, hauptsächlich Moskitos. Von den größeren Vögeln leben hier Kuckucke, Würger, Rohrdommeln und kleine Reiher, dann und wann auch ein paar Eisvögel. Manche Arten sind dem Leben in Mangroven so angepaßt, daß sie sonst nirgends existieren können.

Eiderenten, Trauerenten und Brandgänse sowie eine Reihe weiterer Entenarten leben ebenfalls vorwiegend an Küsten. Viele Vögel, die den Sommer in der Nordpolarregion verbracht haben, ziehen im Herbst von der Arktis weg in milderes Klima, viele sogar bis an die Küsten der südlichen Hemisphäre. In Europa und Nordamerika gibt es im Winter stellenweise in den Küstengewässern eine Menge Vogelarten, oft mehr als im Sommer, besonders dort, wo das Seegras *Zostera* wächst. Enten und vor allem Brandgänse sammeln sich da in großer Zahl. Am zahlenstärksten sind aber die Watvögel, die ihre Brutstätten in der arktischen Tundra verlassen und den Winter an den Küsten verbringen; verschiedene Strandläufer und der Knutt sammeln sich hier zu Tausenden. Wenn sie mit unglaublicher Präzision in Formation fliegen, gibt das ein eindrucksvolles Bild.

Ein Nest der Trottellumme *Uria aalge* auf einem schmalen Vorsprung einer Klippe. Hier sind die Jungen relativ geschützt untergebracht. Trotzdem bringen es Räuber, wie hier die Silbermöwe *Larus argentatus,* fertig, ein Ei oder ein Junges aus dem Nest zu stehlen, wenn die Eltern nicht aufpassen.

Viele Seeschwalben nisten auf Sanddünen, wo sie nur kleine Vertiefungen als Nester anlegen. Dies machen die Vögel, indem sie sich mit der Brust abstützen und den Sand mit den Füßen herausscharren. Gezeigt ist hier die Flußseeschwalbe *Sterna hirundo.*

Dreizehenmöwen *Rissa tridactyla* nisten oft an sehr schmalen Vorsprüngen, so daß das Nest teilweise in der Luft hängt. Die Vögel haben vielfältige Verhaltensweisen und Rituale, wodurch ein Kampf auf diesem Raum vermieden wird.

Die Jungen der meisten Wasservögel können sehr bald nach dem Schlüpfen alleine schwimmen und auch schon größere Entfernungen zurücklegen, ausnahmsweise, wie hier beim Gänsesäger *Mergus merganser,* werden sie vom Weibchen getragen.

Es ist eine traurige Tatsache, daß heute die Luft- und Wasserverschmutzung, die Gewinnung von Neuland und der Bau von Staudämmen die Küsten, vor allem die Marschen und damit deren Vogelwelt, in der Hauptsache die Watvögel, immer stärker bedrohen.

Einer besonderen Bedrohung ist die Eiderente ausgesetzt. Badegäste der Nordseeinseln können die auffällig schwarz-weiß gezeichneten Erpel vom Küstenschiff aus auf hoher See beobachten. Man erkennt die bis zu 60 cm langen Tauchenten auch an dem keilförmigen Schnabel, der ohne Stirnwölbung in den Kopf übergeht. Die Weibchen tragen nicht nur ein unscheinbar braungemustertes Deckgefieder, sondern darunter an Brust und Bauch die begehrten Eiderdaunen. Seit Jahrhunderten werden sie wegen ihrer besonderen Wärmehaltigkeit von den Bewohnern der nördlichen Küsten »geerntet«. Dabei ergibt eine Nestlage weniger als 20 Gramm Daunen. Die Eiderente brütet in Erdhöhlen oft weit vom Wasser entfernt. Ihre Gelege sind deshalb auch vom Eisfuchs bedroht. Gegen ihn sucht die Eiderente ihre Eier dadurch zu schützen, daß sie vor dem Verlassen ihr Gelege mit Flaum und Dunen bedeckt und dann das Nest mit flüssigem Kot »vergällt«. Gegen menschliche Nesträuber hilft das nicht. Auch die Eiderenten selbst werden wegen ihres Fleisches und ihrer Daunenbälge gejagt: In Grönland waren es jährlich über 1 Million Tiere!

In Island fand man einen besseren Weg, die Eiderentenbestände zu nutzen. Die Bauern schützen die Brutkolonien in der Nähe ihrer Höfe vor Füchsen und sammeln nur die erste Dunenlage ab. Die Ente ersetzt sie und brütet. Erst wenn das Nest von der Brut verlassen wurde, holt man diese zweite Dunenlage. Trotzdem verkleinerten sich in den letzten Jahren auch die isländischen Brutkolonien der Eiderente besorgniserregend.

Enten sind Nestflüchter. Die frischgeschlüpften Eiderenten überleben nur, wenn sie schnell zum Wasser kommen. Die Entenmutter führt ihre Brut deshalb gleich nach dem Schlüpfen den oft gefährlichen Überlandweg zur Küste oder ans Süßwasser. Hier lernen sie schnell, sich selbst zu versorgen. Erwachsene Eiderenten tauchen bis zu 10 m tief nach ihrer überwiegend tierischen Nahrung. Man kann beobachten, daß sich mehrere Bruten zu einem »Kindergarten« zusammenschließen, die von wenigen Muttertieren betreut werden.

Die beiden Tauchenten und Schwimmenten lassen sich gut unterscheiden: Tauchenten liegen tiefer im Wasser und brauchen beim Flugstart einen Anlauf auf der Wasserfläche.

Seeschwalben, wie hier die Küstenseeschwalbe *Sterna paradisea,* bringen das Futter für ihre Jungen im Schnabel. Die Küken verbringen die meiste Zeit in Deckung, doch sie kommen sofort hervor und betteln, sobald einer der Altvögel aufgetaucht ist. Gelegentlich füttern die Alten dann sogar, solange sie sich noch im Flug befinden.

Dieser männliche Pracht-Fregattvogel *Fregata magnificens* hat einen roten Kehlsack, den er während seiner Balz aufbläst. Die Vögel brüten oft in Kolonien auf tropischen Inseln.

Der Baßtölpel *Sula bassana* brütet in riesigen Kolonien, wobei jedes Nest gerade aus der Schnabelreichweite des Nachbarn plaziert wird. Das einzige Ei wird sorgfältig zwischen den Schwimmhäuten der Zehen behütet.

Die Inka-Seeschwalbe *Larosterna inca* lebt an der Westküste Südamerikas. Sie ist die einzige Seeschwalbenart, die in Höhlen brütet, alle anderen brüten auf dem Boden.

Seevögel: Albatrosse leben vorwiegend in den windigen Gegenden der südlichen Meere. Diese Art (1), der Wanderalbatros *Diomedea exulans,* erreicht mit einer Flügelspannweite von fast 3,5 m mehr als jeder andere Vogel. Tropikvögel sind an die warmen Meere gebunden, der Rotschwanz-Tropikvogel *Phaethon rubricauda* (2) bewohnt den Indischen und Pazifischen Ozean, Sturmschwalben sind die kleinsten Seevögel, diese Art (3) heißt Wellenläufer *Oceanodroma lencorhoa*. Wassertreter sind kleine Watvögel, die kleine Tiere von der Wasseroberfläche absammeln, wie in diesem Beispiel (4) das Odinshühnchen (im Winterkleid). Fregattvögel leben davon, daß sie andere Seevögel dazu bringen, ihre letzte Mahlzeit wieder hochzuwürgen. Diese Art (5) ist der Adler-Fregattvogel *Fregata aquila*.

Ozeane

Über drei Fünftel der Erdoberfläche sind von Meeren bedeckt. Sie umgeben die Erde von den Eisfeldern der Arktis bis zum Packeis der Antarktis, und nur die riesige Landmasse des amerikanischen Doppelkontinents zerteilt das Weltmeer in zwei Hälften.

Das Tierleben des Meeres hängt, wie überall, weitgehend von der Flora ab, die wiederum Licht, Wärme und Nährstoffe zu ihrem Wachstum braucht. Im allgemeinen reicht das Licht im Meer nicht weiter als bis 60—90 m Tiefe, in manchen Meeren jedoch nicht annähernd so weit. Die Lichtdurchlässigkeit bestimmt die Grenze, bis zu der noch Fotosynthese, also pflanzliche Produktion, stattfinden kann. Pflanzenvorkommen von größerem Ausmaß finden sich also nicht weit unter der Wasseroberfläche. Mineralische Nährstoffe sinken rasch zu Boden, wenn sie nicht auf irgendeine Weise nach oben transportiert werden, wo die Pflanzen sie nutzen können. Die größten Pflanzen- und folglich auch Tierkolonien gibt es an den Stellen im Meer, wo ein starker Wasseraustausch erfolgt. Dies ist der Fall, wenn die landeinwärts gerichtete Meeresströmung auf ein Festlandsschelf trifft. So bringt der Humboldt-Strom beispielsweise vor Peru äußerst nährstoffreiches Wasser an die Oberfläche. Hier entwickeln sich massenhaft die sardinenähnlichen Anchovis, die den größten Seevogelkolonien der Welt Nahrung bieten. Auch der Bengalenstrom an der Südwestküste von Afrika verschafft den Vögeln auf ähnliche Weise reiche Nahrung.

Aufwärtsgerichtete Strömungen kommen dort vor, wo kaltes und warmes Wasser zusammentreffen. In der Antarktis fließt ein »warmer« Strom nach Süden unter der nach Norden führenden kalten Strömung hindurch. Das »warme« Wasser steigt nach oben und bringt reichlich Nährstoffe mit. Während des Südsommers gedeihen die mikroskopisch kleinen Algen sehr schnell und in riesigen Mengen. Sie bieten den Fischen reichlich Futter, und diese wiederum dienen den Vögeln als Nahrungsquelle. Infolgedessen sind die Polargewässer weitaus tierreicher als die tropischen Ozeane. Massen von Alken, Möwen, Pinguinen, Sturmtauchern und anderen Vögeln bleiben nur zum Brüten in den polaren Gewässern und ziehen nach dem kurzen Sommer wieder ab. Die arktischen Seeschwalben, zum Beispiel die Küstenseeschwalben, verbringen den Winter dann in den nahrungsreichen, sommerlich temperierten Gewässern der Antarktis.

Viele Vögel in tropischen Gegenden brüten in riesigen Kolonien. Meist finden sie sich an Stellen mit ausgeprägtem Wasseraustausch. Andere halten sich in Gebieten mit weniger reicher Nahrungsgrundlage auf und müssen daher zur Nahrungssuche weit auf den Ozean hinausfliegen. Wenn zum Beispiel Thunfische die Schwärme kleiner Fische angreifen, kommen diese beim Fluchtversuch nahe an die Oberfläche. Dann tauchen scheinbar aus dem Nichts Vogelscharen auf, die hier reiche Beute machen können. Sie müssen nur darauf achten, daß sie den großen Fischen nicht zu nahe kommen, damit aus den Mitjägern nicht plötzlich Gejagte werden. Nicht selten hat man in den Mägen großer Fische ganze Seevögel oder zumindest Beine oder Beinringe von Seevögeln gefunden.

Auch kleine Tintenfische werden in großen Mengen von Seevögeln gefangen. In den Netzen von Forschungsschiffen findet man diese Tintenfische selten und weiß deshalb nicht viel über sie. Für die Seevögel scheinen sie jedoch eine ziemlich leichte Beute zu sein. Die meisten Meeresvögel der tropischen Gewässer haben nur wenig Junge, häufig bloß ein einziges; und diese Vogeljungen werden nur in großen Zeitabständen gefüttert, weil die Vogeleltern gewöhnlich riesige Strecken bei der Futtersuche auf dem offenen Meer zurücklegen müssen. Entsprechend langsam verläuft auch der Wachstumsprozeß der Jungen. Das einzige Junge des Albatros etwa, des größten Seglers der Weltmeere, muß von den Eltern mehrere Monate gefüttert werden, bis es ausgewachsen ist. Deshalb brüten Albatrosse vielfach nur alle zwei Jahre.

1

2

3

4

5

ZUSAMMENLEBEN

Das Nest des Siedelwebers *Philetarius socius*. Diese Art gehört zu den wenigen Vögeln, die mit Artgenossen ein gemeinsames Nest anlegen. Eine große Kuppel aus Zweigen wird gebaut, unter der sich die einzelnen Nester befinden.

Koloniebrüter: (1) der antarktische Kaiserpinguin *Aptenodytes forsteri*, (2) Pracht-Fregattvogel *Fregata magnificens* von den warmen Meeren des Antlantiks und des Ost-Pazifiks, (3) Graureiher *Ardea cinerea*, (4) Textorweber *Ploceus cucullatus* aus Afrika, (5) Küstenseeschwalbe *Sterna paradisea* und der (6) Karminspint *Merops nubicoides* aus Südafrika.

Verhalten in Kolonien

Zahlreiche Vogelarten nisten in oft sehr umfangreichen Kolonien. Der Blutschnabelweber zum Beispiel bildet Kolonien von Millionen Vögeln und wird dann zur Landplage, weil er ganze Getreideernten vernichten kann. Seevögel, wie Pinguine, Sturmtaucher, Tölpel und Kormorane, legen ihre Kolonien mit Vorliebe auf kleinen Inseln vor der Küste an, wo sie reiche Fischgründe haben, denn eine große Vogelkolonie braucht täglich viele Tonnen Nahrung. Und vor allem sind sie dort sicher vor Menschen und räuberischen Säugetieren.

Auch die Reiher leben gerne in Kolonien; häufig sind es sogar mehrere Arten, etwa Silberreiher, Schlangenhalsvogel, Löffler und Kormorane, die sich zusammenschließen. Pelikane, Flamingos und einige Möwenarten nisten auch auf süßwasserhaltigen Binnenseen in größeren Kolonien.

Eine Salzwasserlagune, 4400 m über dem Meer in Bolivien gelegen, machte 1957 Schlagzeilen: Hier wurde eine Brutkolonie des Jamesflamingos entdeckt, den man seit 1924 ausgestorben glaubte. Das rote, stark salzhaltige Wasser gibt nur einige Schlamminseln frei, die den Jamesflamingos als Nistplätze dienen. Der Schlammgrund macht die 50 qkm große Lagune so unzugänglich, daß sie ein so-

Die ausgestorbene Wandertaube *Ectopistes migratorius* nistete in den größten Kolonien, von denen jemals berichtet worden ist: eine mittlere Kolonie bedeckte eine Fläche von 77 qkm.

Koloniebrüter: Der Papageitaucher *Fratercula arctica* (1) nistet in Erdhöhlen, gewöhnlich auf Inseln, wo es keine Ratten gibt. (2) Die Klippenschwalbe *Petrochelidon pyrrhonota* der Neuen Welt baut ihre flaschenförmigen Nester an Klippen oder an Gebäudewände. (3) Eleonorenfalken *Falco eleonorae* brüten im Mittelmeerraum und ziehen ihre Jungen im Herbst auf, wobei sie auf kurzen Flügen südwärts gefüttert und gleichzeitig in wärmere Gegenden ins Winterquartier gebracht werden. (4) Der argentinische Mönchssittich *Myopsitta monachus* baut große gemeinsame Nester in Bäume.

gar im 20. Jahrhundert von den Menschen übersehenes Flamingoparadies werden konnte. Brutkolonien bieten zwar guten Schutz vor den natürlichen Feinden der Vögel, nicht aber vor den Menschen. Auf den deutschen Nordseeinseln und Halligen mußte man deshalb dazu übergehen, die Brutkolonien der Seevögel zur Brutzeit vor Eiersammlern zu bewachen. Unter Eierräubern leiden auch die Bestände der Kiebitze. Diese hübschen Vögel mit dem torkelnden Flug und ihrer kennzeichnenden Federholle brüten in Bodenmulden auf meist deckungslosem Gelände.

Manche Samenfresser leben ebenfalls in Kolonien, meistens jedoch nur zeitweise, und dann ernähren sie sich vorwiegend von Insekten. Das gilt auch für einige Stärlinge, für den Gelbkopf- und den Dreifarbstärling. Gruppen, die häufiger in Kolonien nisten, ernähren sich von Fluginsekten; hierher gehören Schwalben, Mauersegler, Bienenfresser und kleine Falken. Fast alle Vögel jedoch, die Insekten und Raupen von Bäumen holen, nisten paarweise, wie Meisen und Grasmücken. Sie halten Territorien, wo ihre Nester geschützt sind und wo sie unbehelligt von Artgenossen Nahrung suchen können.

Viele Seevögel nisten wohl deshalb in Kolonien, weil geeignete Brutplätze äußerst knapp sind. In der Masse ist der einzelne außerdem vor Räubern sicherer. Die Blutschnabelweber fallen in riesigen Mengen ein, brüten äußerst schnell und haben ihre Jungen flügge, bevor eine gefährlich werdende Anzahl von Räubern über sie herfallen kann.

Wenn Gefahr droht, greifen die Kolonienbrüter mitunter auch in großer Zahl an und jagen Feinde und Eindringlinge in die Flucht. Die Rabenkrähe kommt zum Beispiel viel eher an die Nester von einzeln brütenden Lachmöwen heran als an Lachmöwen-Kolonien. Dringen nämlich Krähen in die Kolonie ein, fallen die Möwen geschlossen über sie her und vertreiben sie auch von den Nestern der verstreut nistenden Möwen. Einige andere Arten nisten gerne inmitten der Kolonien aggressiver Möwen und Seeschwalben, um ihre Jungen unter dem Schutz dieser wehrhaften Vögel großziehen zu können.

1

2

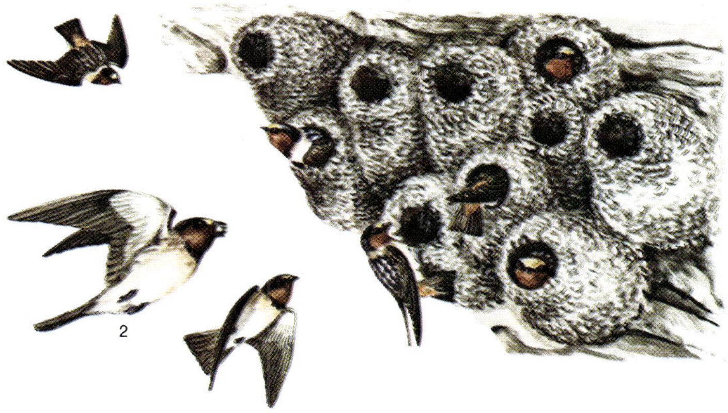

3

4

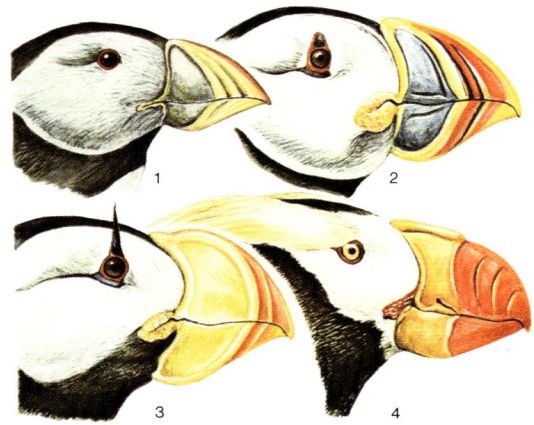

Viele Arten legen während der Balz und Brutzeit ein besonderes Gefieder an. Manchmal wachsen damit gleichzeitig neue Hornscheiden über den Schnabel. Hier sind drei Arten aus der Familie der Alken mit dem Winterschnabel des (1) Papageitauchers *Fratercula arctica* verglichen: (2) Atlantik-Papageitaucher *Fratercula atlantic,* (3) Hornlund Horned puffin *Fratercula corniculata,* (4) Schopflund *Lunda cirrhata.*

Kraniche sind bekannt für ihre wilden Balztänze, die oftmals mit lauten Schreien untermalt werden. Diese Art ist der Afrikanische Kronen-Kranich, *Balearica pavonina.*

Bei vielen Arten füttern sich die Partner während der Brutzeit oder bringen sich gegenseitig Geschenke, hier ein Kernbeißerpaar *Coccothraustes coccothraustes* beim Füttern.

Lebensgemeinschaften

Manche Arten, wie die Birkhühner oder die Paradiesvögel, sind für ihr »ausschweifendes« Paarungsverhalten bekannt. Die überwiegende Mehrheit der Vögel, weit über 90%, lebt aber monogam, also mit nur einem Partner.

Komplizierte Paarbildungsverhältnisse sind bei den vegetarisch lebenden Vögeln eher anzutreffen als bei solchen, die sich von Insekten, kleinen Säugetieren und Fischen ernähren. Die meisten Vögel, die ihre Jungen in Nestern aufziehen, leben ebenfalls in Einehe. Abweichende Verhältnisse kommen bei Nestflüchtern häufiger vor, doch eine allgemeingültige Regel läßt sich nicht aufstellen.

Es ist ein weitverbreitetes Ammenmärchen, daß Schwäne sich nur einmal paaren und allein leben, wenn sie den Partner verloren haben. So treu sind Vögel nicht! Manche Vögel wechseln den Partner von Jahr zu Jahr, oft auch vor und nach der Brutzeit. Andere Vögel, wie der Sturmtaucher, lassen eine Weile verstreichen, vielleicht sogar eine Brutzeit ausfallen, ehe sie sich wieder paaren. Langlebige Arten trennen sich vielleicht, wenn sie das Gelege oder die Jungen verlieren; gut zusammengewöhnte Paare brüten erfolgreicher und früher als solche, die zum erstenmal gemeinsam brüten.

Einige Arten sind polygam, wie die Weberfinken oder amerikanische Stärlinge. Manches Männchen umwirbt und paart sich mit einem Weibchen, aber wenn es brütet, dann wird es verlassen, und das Männchen wirbt um das nächste. Bei anderen Arten zeigt das Männchen überhaupt kein Interesse an der Brut. Die Geschlechter treffen sich nur zur gemeinsamen Balz, aber sobald das Weibchen sich gepaart hat, kümmert es sich alleine um ihr Nest und um die Jungen. Dieses Verhalten findet sich bei den Manakins, bei Paradiesvögeln, einigen Watvögeln und etlichen Kolibris. Die australischen Laubenvogelmännchen haben ein einzigartiges Lockverfahren: Sie bauen für ihre Gefährtinnen aus Stöckchen und dergleichen komplizierte Lauben, die sie noch dazu mit Muscheln und Beeren verzieren. Die den Paradiesvögeln verwandten Laubenvögel Neuguineas und Australiens scheinen die fehlende Pracht ihres Gefieders durch solche farbigen Balzgeschenke ausgleichen zu wollen. Dabei wurde beobachtet und auch experimentell nachgewiesen, daß z. B. der Seidenlaubenvogel Ostaustraliens seine Laube immer in Nord-Süd-Richtung erbaut, damit er und das Weibchen bei der Morgenbalz nicht von der Sonne geblendet werden. Künstliche Lageveränderungen wurden von dem Männchen sofort mit Umbau seiner Laube beantwortet!

Sehr genau nimmt es der Seidenlaubenvogel auch mit der Wahl seiner farbigen Sammelstücke. So schleppt er bunte Federn anderer Vögel herbei, Blüten, Papiere und farbige Früchte. Doch damit nicht genug, er bevorzugt blaue Gegenstände und verschmäht rote völlig, ja er streicht seine Laube sogar farbig an! Dazu benützt er blaues Fruchtfleisch oder Holzkohle und Speichel.

Bei den Wassertretern legt das Weibchen nur die Eier, aber das Männchen bebrütet sie und zieht die Jungen auf. Bei diesen Vögeln hat das Weibchen das buntere Gefieder; manchmal produziert es sogar zweimal nacheinander ein Gelege. Das kommt auch bei einigen Watvögeln und beim Rothuhn vor. Strauß und Emu paaren sich mit mehreren Weibchen, die alle ihr Ei in ein Nest legen; das Männchen brütet die Eier aus und versorgt die Jungen. Einige Steißhuhnweibchen legen ihre Eier in ein gemeinsames Nest, lassen das Gelege von einem Männchen ausbrüten und legen neu für ein anderes Männchen.

Unter den Sperlingsvögel finden sich besonders in warmen Gegenden sogenannte Gemeinschaftsbrüter, das heißt, zehn oder mehr Vögel kümmern sich gemeinsam um ein Nest. Warum sie solche Brutgewohnheiten entwickeln, ist unbekannt. Vielleicht sind die Vögel in diesem Gebiet aufgewachsen, zum Brüten aber noch zu jung. Wahrscheinlich ist bei diesen Gruppen ein älteres Paar, das Eier legt und im Grund monogam lebt, aber von vielen »Helfern« bei Aufzucht der Jungen unterstützt wird.

Balz und Brut: Der männliche Zaunkönig *Troglodytes troglodytes* (1) baut erst ein Nest und beginnt dann mit der Balz, um ein Weibchen anzulocken. Befindet sich dieses endlich im Nest, kann es sein, daß der Zaunkönig ein neues Nest zu bauen beginnt und vielleicht einen anderen Partner findet. (2) Ein Eisvogel-Männchen *Alcedo atthis* bietet einem Weibchen Futter an. Während der Zeit, in der das Weibchen Eier produziert, benötigt es natürlich mehr Futter als sonst; das Männchen hilft ihr auf diese Weise. (3) Balzflug des Kletterwaldsängers *Mniotilta varia*. Viele kleine Vögel, besonders die, die in Wiesen oder in strauchigen Gegenden nisten, kennzeichnen ihr Revier in auffallenden Flügen. (4) Der männliche Gartenrotschwanz *Phoenicurus phoenicurus* lockt sein Weibchen zu einer Nistgelegenheit, indem er seinen auffallend roten Schwanz zeigt, später wird er in die Höhle hineinschlüpfen und sie durch Vor- und Zurückziehen seiner weißen Stirn anbalzen. (5) Bei manchen Arten, wie z. B. hier beim Rosa Löffler *Ajaja ajaja,* wird während der Werbung Nestmaterial überreicht.

Ein Schwarzspechtpaar *Dryocopus martius*. Das Männchen auf der rechten Seite unterscheidet sich von dem Weibchen auf der linken Seite durch die größere rote Kappe. Durch Kopfdrehen geben sich die Vögel zu erkennen.

Territorialkonflikte gibt es fast bei allen Arten. Beim Baßtölpel *Sula bassana* begnügen sich die Vögel damit, Nachbarn aus der Schnabelreichweite herauszuhalten; dies ermöglicht eine so hohe Nestdichte (1). Beim Zaunkönig werden die Territorialkonflikte an den Grenzen zweier Reviere ausgetragen (2). Bei vielen Arten ist der direkte Kampf jedoch nicht üblich, und der Konflikt wird ausschließlich durch Drohgebärden entschieden. Beim Rotkehlchen *Erithacus rubecula* zeigt das Männchen von seiner roten Brust soviel wie möglich (3), und der Steinadler führt Scheinangriffe gegen seinen Gegner (4).

Revierverhalten

Revier nennt man das Territorium, das ein Vogel gegen andere Vögel — hauptsächlich Artgenossen — verteidigt. Es gibt so viele verschiedene Arten von Revieren, daß eine allgemeingültige Festlegung des Begriffs »Revier« nicht möglich ist. Entsprechend den unterschiedlichen Lebensweisen der Vögel können verschiedenartige Reviere auf dasselbe Gebiet entfallen. Die Greifvögel der Steppe etwa bestreichen viele Quadratkilometer ihres Lebensraumes ständig, während der Amsel ein einziger Garten mit seinen Rasenstücken genügt, dem Zaunkönig schon eine Buschgruppierung. Am einfachsten und sichersten könnte man das Revier mit »verteidigter Lebensraum« kennzeichnen. Dieser Begriff trifft auch für andere Tierklassen, zum Beispiel die Säugetiere, zu. Bei den in Kolonien brütenden Seevögeln kann das verteidigte Revier manchmal nur der Bruchteil eines Quadratkilometers sein. Während die Vögel hier erbitterte Grenzkämpfe führen, teilen sie sich die Fanggründe zur gemeinsamen Jagd.

Meistens verteidigt das Männchen die Umgebung des Nestes und baut gegen den Nachbarn sein Revier auf. Klippennister verteidigen ihr winziges Klippenstückchen, wo sich das Nest befindet und die Jungen aufwachsen, und das Amselmännchen hält den Garten, in dem es oft sein ganzes Leben verbringt, für ausschließlich »sein« Revier. Die Brandente verteidigt ein Nahrungsrevier in den Marschen und legt die Eier in einem unverteidigten Gebiet in den Dünen. Bei den amerikanischen Wanderdrosseln verteidigen beide Geschlechter ihre getrennten Reviere gegen alle Eindringlinge, und erst im Frühling tun sie sich zusammen und vereinigen sogar die benachbarten Reviere zu einem Gemeinschaftsterritorium.

Einige Arten des Rotkopfwürgers bilden selbst auf ihren Wanderungen Reviere. An jedem Ort, an dem sie einfallen und für einige Tage bleiben, verteidigen sie hartnäckig dieses kurzfristige Territorium. Andere Arten beanspruchen ein Revier nur in ihren Winterquartieren. Bei den europäischen Rotkehlchen verteidigen beide Geschlechter ähnlich den amerikanischen Wanderdrosseln getrennte Reviere. Zur Paarung verläßt das Weibchen sein Revier und begibt sich in das des Männchens. Liegen die Territorien nebeneinander, schließen sie beide Reviere zu einem großen zusammen.

Hat sich ein Vogel erst einmal in einem Revier niedergelassen — weil es vielleicht durch den Tod des vorigen Inhabers frei wurde —, so behält er es in der Regel sein Leben lang, auch wenn er Zugvogel ist. Er versucht, in sein Revier zum Brüten zurückzukehren und verteidigt es gegen Eindringlinge. Gelegentlich gibt es auch einen heftigen Streit um Grenzverletzungen, wobei an der Reviergrenze der Verfolger manchmal rasch zum Verfolgten werden kann. Meistens hat auch hier der Stärkere und Frechere recht! Im allgemeinen arrangieren sich aber benachbarte Revierbesitzer und leben friedlich nebeneinander.

Es ist aber bemerkenswert, daß »angestammte« Revierrechte einen Vogel bei der Verteidigung seines Territoriums erfolgreicher sein lassen als beim Angriff auf ein fremdes Territorium. Hier verleiht das »Im-Recht-Sein« offenbar Stärke. Diese Erscheinung kann man ja auch bei vielen anderen Lebewesen beobachten, wenn es für eine Mutter gilt, ihre Jungen zu verteidigen. Da können erheblich größere Tiere, die sonst als Freßfeinde gefürchtet sind, mutig und energisch in die Flucht geschlagen werden. Jahreszeit und Lebensrhythmus spielen für die Revierverteidigung eine wichtige Rolle. Im Winter kann sie ganz erliegen, weil dann alle Kräfte für Futtersuche und Überleben gebraucht werden.

Wenn ein Gebiet voll besetzt ist und für keine neue Familie mehr Platz bietet, gehen überzählige entweder zugrunde, oder sie werden ausgestoßen und müssen abwandern. Das ist Bevölkerungspolitik! Um die Reviergewohnheiten der Vögel genauer kennenzulernen, hat man die Revierbesitzer entfernt, um festzustellen, ob andere Vögel die Lücken ausfüllen. Die Ergebnisse ließen jedoch keine eindeutigen Schlüsse zu.

Werbungsgebärde des Magellanpinguins *Spheniscus magellanicus*. Bei der Werbung eines Weibchens zeigen viele Pinguine ihre volle Größe, spreizen ihre Stummelflügel und geben einen trompetenartigen Laut von sich.

Viele Greifvögel, wie hier der Habicht *Accipiter gentilis*, zeigen eine bemerkenswerte Luftbalz, bei der die Partner hoch in der Luft aufeinanderstürzen.

Balzverhalten von (1) Mäusebussard *Buteo buteo*, (2) Groß-trappe *Otis tarda*, (3) Graureiher *Ardea cinerea*, (4) Mittelsäger *Mergus serrator*, (5) Leierschwanz *Menura superba*, (6) Walla-ce-Paradiesvogel *Semioptera wallacii*, (7) Großes Präriehuhn *Tympanuchus cupido*, (8) Wanderalbatros *Diomedea exulans* und (9) Schafstelze *Motacilla flava*.

Werbung

Die Werbung dient dazu, einen passenden Partner anzulocken und zu gewinnen. Sie soll sicherstellen, daß jeder Vogel sich völlig korrekt mit einem Partner der gleichen Art paart. Dem Gesang kommt hierbei eine entscheidende Funktion zu. Gelegentlich irrt sich ein Vogel jedoch und wirbt um ein Weibchen einer anderen Art, aber der Fehler wird in der Regel rasch bemerkt. Solches Fehlverhalten ist eher möglich bei sehr nahe verwandten Arten oder dort, wo Männchen und Weibchen einen gemeinsamen »Brautschau«-Platz aufsuchen.

Irrtümer passieren leicht bei Enten. In der Regel sind die Erpel an ihrem charakteristischen Gefieder zu erkennen, doch auf isolierten ozeanischen Inseln, wo es nur eine oder wenige Arten gibt, haben auch die Erpel kein bunteres Gefieder als die Weibchen. Im allgemeinen wissen die Vögel jedoch recht gut, worauf es ankommt, und damit machen sie sicht- oder hörbar auch Reklame. Wenn man eng verwandte Vögel mit ähnlichem Gefieder findet, dann unterscheiden sie sich meistens sehr deutlich in ihrem Gesang. Der Fitislaubsänger, der Waldlaubsänger und der Zilpzalp unterscheiden sich zwar äußerlich kaum, doch ihr Gesang ist gänzlich verschieden.

Auch bei Vogelpartnern ist das gegenseitige Vertrauen und Verständnis wichtig für das Brutgeschäft. Bei manchen Arten unterstützt das Weibchen seinen Partner bei Revierstreitigkeiten. Schon die bloße Anwesenheit eines Männchens kann das Weibchen zum Nestbau anregen und brutbereit machen.

Die Werbung verläuft ähnlich wie beim Menschen — sie führt zu langsamer Annäherung eines Paars, das sich zusammentun will. Beim europäischen Rotkehlchen, das außerhalb der Brutzeit getrennte Reviere hat, wird das Weibchen vom Gesang des Männchens angezogen und nähert sich ihm. Automatisch greift das Männchen an, doch das Weibchen läßt sich nicht einschüchtern, sondern duckt sich in Demutsstellung. Daraufhin wird beim Männchen sofort eine Hemmung wirksam, so daß es nicht weiter angreift, sondern allmählich zur Werbung übergeht. Das kann Tage oder sogar Wochen dauern, doch schließlich zieht das Weibchen ins Revier des Männchens und die Paarbildung ist abgeschlossen.

Eine grundlegende Vorbedingung der Werbung besteht darin, daß der künftige Partner das Geschlecht des anderen erkennt. Das ist nicht immer leicht, wenn auch meistens das Männchen viel lebhafter gefärbt ist als das Weibchen. Bei manchen Arten sind bestimmte Verhaltensweisen zum Erkennen der Geschlechter nötig.

Meistens läuft die Werbung so ab: Das Männchen besetzt ein Revier und verkündet laut, daß es eine Gefährtin sucht, worauf ein Weibchen kommt und durch Demutsstellung die Aggression des Männchens abbaut, bis eine Koexistenz möglich ist. Dieses Verhalten ist für sehr viele Arten charakteristisch, egal wie groß das Revier ist und wie es beschaffen ist.

Manche Arten paaren sich schon in den Winterquartieren oder auf dem Zuge; in diesen Fällen muß das Männchen sein Weibchen unterwegs auch vor Rivalen beschützen.

Bei vielen Arten spielen sowohl Männchen als auch Weibchen eine fast gleichberechtigte Rolle bei der Werbung, etwa bei den Tölpeln, Schwänen und einigen Reihern, und die reizvollen Schnabelspiele mancher Albatrosse stellen beide Partner auf die gleiche Stufe. Geworben wird nicht nur mit dem Gesang. Manche Besonderheit, wie zum Beispiel »Pinguintänze« der Taucher, sind in das Verhaltensrepertoire der Balz eingebaut.

Wenn das Weibchen eine ziemlich passive Rolle spielt, ist das Männchen in der Regel sehr lebhaft gefärbt. Bei den Wassertretern dagegen ist das Weibchen aggressiv, verteidigt sein Revier gegen andere Weibchen, ist größer und viel bunter als das Männchen und überläßt es diesem, das Gelege auszubrüten und die Jungen zu versorgen.

Die Skua *Stercorarius skua* ist eine Verwandte der Möwen. Beide Partner nehmen aktiv an der Balz teil. Hier sind sie bei gegenseitigen Verneigungen zu sehen.

Hochzeitsrituale der Taucher weisen unter anderem auch einen »Tanz« auf, bei dem sich beide Partner im Wasser ein Stück aufrichten und schnell ein Stück Seite an Seite schwimmen. Abgebildet sind hier Rothalstaucher *Podiceps griseigena*.

Die Flußseeschwalbe *Sterna hirundo* bei einer ihrer Balzpositionen. Man beachte den gehobenen Kopf, die Stellung der Flügel und den aufgestellten Schwanz.

Die Balz der Paradiesvögel ist schon seit langem als die wohl dramatischste Form der Werbung bekannt. Die Balz schließt eine bizarre Gefiederstellung ein und wird von lauten Rufen begleitet. Regelmäßig hängen die Vögel dabei mit den Köpfen nach unten an einem Ast. Die folgenden Arten sind hier gezeigt: (1) Prachtreifelvogel *Craspedophora magnifica*, (2) Pracht-Paradiesvogel *Diphyllodes magnificus*, (3) Kaiser-Wilhelm-Paradiesvogel *Paradisea guilielmi*, (4) Prinz-Rudolph-Paradiesvogel *Paradisea rudolphi*, (5) Rotfieder-Paradiesvogel *Paradisea raggiana* und (6) Sechsfedriger Paradiesvogel *Seleucides ignotus*.

Aus dieser nicht zur Regel gehörenden Rollenverteilung, bei dem auch die auffällige Färbung vom Männchen auf das Weibchen überging, läßt sich ablesen, daß die Natur dasjenige Individuum besser schützt, das für die Arterhaltung wenigstens zeitweise wichtiger ist. Auffällig gezeichnete Vogelmännchen brüten nicht. Sie leben mit ihrer bunten Tracht zu gefährlich und würden so die Aufzucht in Frage stellen.

Bei vielen Arten besorgt das Weibchen nach dem Eierlegen auch das Brüten. Das ist sehr anstrengend und gibt dem Weibchen wenig Zeit, für sich selbst Futter zu suchen, da die Eier warmgehalten werden müssen. Die Weibchen betteln dann wie Junge mit zitternden Flügeln und aufgerissenem Schnabel um Futter, wodurch beim Männchen der Fütterungstrieb angeregt wird. Manchmal lösen die Partner einander beim Brüten auch ab, oder sie gehen kurz gemeinsam auf Nahrungssuche.

Der australische Emu zeigt ein besonderes Brutverhalten: Nachdem das Weibchen bis zu 20 Eier gelegt hat, übernimmt das Brutgeschäft allein der Hahn. Da er während dieser rund acht Wochen kaum frißt und trinkt, verliert er mehrere Kilogramm seines Körpergewichts. Das Aussehen der Emus bestätigt die oben genannte Regel: Die Männchen sind von den Weibchen äußerlich nicht zu unterscheiden.

Manchmal bringt das Männchen dem Weibchen vor der Paarung ein Brautgeschenk in Form eines besonderen Leckerbissens. Die Übergabe erfolgt nach einem bestimmten Ritual, und dazu schmettert das Männchen vielleicht noch ein Lied. Andere Arten bringen dabei Material zum Nestbau mit.

Die Brautgeschenke sollen vielleicht das Weibchen auch davon überzeugen, was für ein guter Familienvater der Partner sein wird, wenn erst die Eier im Nest liegen. In den USA hat man beobachtet, daß die Flußseeschwalbe mehr Eier legt, wenn das Männchen während der Legezeit reichlich Futter bringt. Ist er knauserig, hält sie nach einem besseren Partner Ausschau. Man nimmt an, daß es sich hier um eine Art von Familienplanung handelt, daß also das Gelege kleingehalten wird, wenn das Männchen sich als Versorger nicht bewährt.

Die schon erwähnten Balzgeschenke der Laubenvögel haben dagegen mit der Brutpflege nichts zu tun. Gleich nach der Begattung hat das Weibchen nichts Eiligeres zu tun, als den Balzzirkus und das kunstvolle, aber für ein Gelege ungeeignete Balznest des Männchens zu verlassen. Es baut sein eigenes Brutnest, vom vorher so eifrigen Männchen wird es dabei nicht unterstützt. Auch beim Brüten und bei der Aufzucht der Jungen erfährt es keine Hilfe durch das Männchen. Es scheint, daß der Galan bei dem langwierigen Balzzeremoniell seine Kraft erschöpft hat.

Bei den Arten, die fest verpaart leben, bleibt das Paar auch das ganze Jahr hindurch zusammen und balzt im Frühjahr aufs neue. Gänse- und Schwanenpaare ziehen zusammen in den Süden und kommen gemeinsam wieder. Meisen und kleine tropische Vögel, die in ihren Revieren bleiben, wechseln die Partner wenig. Zugvögel müssen, um den Partner wiederzufinden, in das alte Revier zurückkehren. Die Werbung ist bei Vögeln, die schon einmal gepaart waren, meistens etwas kürzer. Bei den Dreizehenmöwen brüten die schon einmal gepaarten Vögel früher als andere und haben auch größere Gelege.

Um Irrtümer zwischen nahe verwandten Arten zu vermeiden, müssen sich die Methoden der Balz deutlich voneinander unterscheiden. Wenn das Gefieder der einzelnen Art nur wenig von dem der Verwandten abweicht, dann tut dies in dem Fall jedoch der Gesang, so daß das Weibchen sofort weiß, ob das Männchen seiner eigenen Art angehört oder nicht. Sobald es auf Sichtweite an das Weibchen herangekommen ist, betätigt sich das Männchen als Luftakrobat oder führt der Auserwählten seine allerschönsten Federn vor. Der Pfau ist dafür wohl das beste und bekannteste Beispiel, aber auch die Paradiesvögel verstehen es, auf dem gemeinsamen Balzplatz ihr überaus farbenprächtiges Gefieder voll zur Geltung zu

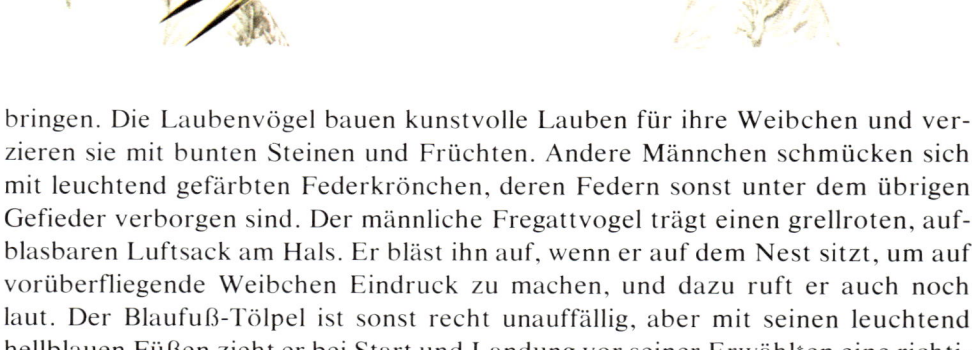

Der Blaufuß-Tölpel *Sula nebouxi* ist ein Verwandter der Baßtölpel. Obwohl die Vögel ein unscheinbares Gefieder besitzen, haben sie leuchtend blaue Füße, die sie bei der Balz voll
zur Geltung bringen, indem sie sie beim Gehen sehr hoch
ziehen, um die Aufmerksamkeit auf sie zu lenken.

Sarus-Kraniche *Grus antigone* bei der Balz. Der Vogel steht
aufrecht mit hochgestellten Flügeln und gibt einen lauten
Ruf von sich. Auf dem Höhepunkt der Balz erfolgt — wie bei
vielen anderen Kranichen — der wilde Tanz.

bringen. Die Laubenvögel bauen kunstvolle Lauben für ihre Weibchen und verzieren sie mit bunten Steinen und Früchten. Andere Männchen schmücken sich
mit leuchtend gefärbten Federkrönchen, deren Federn sonst unter dem übrigen
Gefieder verborgen sind. Der männliche Fregattvogel trägt einen grellroten, auf-
blasbaren Luftsack am Hals. Er bläst ihn auf, wenn er auf dem Nest sitzt, um auf
vorüberfliegende Weibchen Eindruck zu machen, und dazu ruft er auch noch
laut. Der Blaufuß-Tölpel ist sonst recht unauffällig, aber mit seinen leuchtend
hellblauen Füßen zieht er bei Start und Landung vor seiner Erwählten eine richtige Schau ab.

Ein besonderes Erlebnis bedeutet es, die Balz unserer heimischen Rauhfuß-
hühner Auerhahn und Birkhahn zu beobachten. Der Lebensraum dieser scheuen
Wald- und Moorvögel wurde in Mitteleuropa so drastisch eingeengt, daß die ver-
bliebenen Bestände heute strengstens geschützt werden müssen. Besonders der
fast 1 m große Auerhahn ist sehr störungs- und lärmempfindlich und zieht sich
überall da zurück, wo die Menschen in seine abgelegenen Bergwaldreviere vordringen. Man muß sich also schon von einem kundigen Jäger führen lassen, wenn
man dem Balzschauspiel beiwohnen will.

Schon am Vorabend fällt der Auerhahn auf seinen Balzbaum ein. In der Morgendämmerung versammeln sich mehrere Männchen auf einem Balzplatz. Die
eigentliche Balz beginnt mit einem rhythmischen Knappen, das sich so lange steigert, bis es in einem einzigen lauten »Plopp« sein Ende findet. Während das Knappen hölzern klingt, gleicht der Schlußlaut dem herausspringenden Korken aus einer Flasche. Der Hahn nimmt dabei die typische Balzstellung ein, die den
prächtigen Vogel in seiner ganzen Schönheit zeigt: Der Hals streckt sich steil
nach oben, der nur den Männchen eigene Kinnbart ist gesträubt, die ausgespreiz-
ten Schwingen schleifen auf dem Boden, der Schwanz ragt wie ein breiter Fächer
vom Körper ab. Die »Rose«, ein roter Hautlappen über den Augen, leuchtet im
Kontrast zu der blaugrün schimmernden Brust und zum Weiß der Schwanzdeck-
federn, des Bauches und des Flügelschildes.

So bildet der Auerhahn das Urbild eines balzenden Vogels. Dem Hauptschlag
des Balzliedes folgt ein schleifendes Wetzen. Dies ist der Augenblick des Jägers.
Denn während dieses nur sekundenlangen Wetzens ist der Hahn, der sich das

108

Amerikanischer Silberreiher *Casmerodius albus* in verschiedenen Stellungen, die er während der Balz einnimmt. Bei einigen Reiherarten kann sich die Schnabelspitze auf dem Höhepunkt der Erregung verfärben, vermutlich infolge eines plötzlichen Blutstoßes. Man beachte auch die aufgestellten Rückenfedern. Diese Federn waren es, die viele Sammler dazu verleiteten, die Tiere umzubringen und die Federn zu verkaufen. Der Seidenreiher *Egretta garzetta* der Alten Welt wurde wegen seiner Federn gebietsweise an den Rand der Ausrottung gebracht, zum Beispiel im Donaudelta.

Trappen balzen am Boden. Sie blähen ihre Hälse auf und drehen regelmäßig ihren Schwanz, wobei die Schwanzfedern nach vorne wippen. Die hier gezeigte Art ist die Riesentrappe *Choriotis kori*.

Viele Reiher haben besondere Federn, mit denen sie balzen. Während der Werbung vergrößern auch sie ihre Hälse, indem sie das Gefieder am Hals aufrichten.

ganze Jahr über als so überaus wachsam erweist, völlig taub. Verläuft die Balz ungestört, schwirrt der Hahn mit den Flügeln und führt hohe Luftsprünge aus, wie um seine Gegner einzuschüchtern.

Denn jetzt stürzt er sich in schnellem Lauf auf den Rivalen. Dieser Kampf scheint mehr vom Schau- und Imponiergehabe bestimmt, als daß er dem Gegner durch Verletzungen schaden würde. Aber auch das wurde schon beobachtet. In seiner buchstäblich blinden Wut greift der Auerhahn auch andere bewegliche Gegenstände an, die sich ihm in den Weg stellen. Das kann sogar ein Mensch sein, der in diesem Augenblick auftaucht!

Wenn der Hahn die in ihrem Federkleid unscheinbare Henne getreten hat, ist die Balz erfüllt. Eine Bindung zwischen den Paaren kommt nicht zustande. Der schon an anderer Stelle gegebene Hinweis, daß prächtig und auffällig gestaltete Männchen sich selten an der Aufzucht der Jungen beteiligen, was ja eine Paarbildung und Paarbindung voraussetzt, trifft auch hier zu. Auch bei der Birkhahnbalz treffen mehrere Hähne im Morgengrauen eines Frühlingstages auf dem Balzplatz zusammen. Das viel kleinere Birkwild bevorzugt Moore, Heideland und Birkensümpfe — auch der Ebene. Der Kampf gegen die letzten Moore, der in Deutschland unsinnigerweise bis auf den heutigen Tag geführt wird, war auch ein Vernichtungskampf gegen unser Birkwild.

Bei der Balz zeigt der Hahn besonders schön die nach außen gekrümmten Schwanzfedern, die manchen Jägerhut schmücken und damit manchem Hahn das Leben gekostet haben.

Die Birkhähne laufen bei der Balz mit schnellen Schritten über die Heide. Ihr Kollern und Schleifen lockt die Hennen herbei, es geschieht bei geschlossenem Schnabel. Die stärksten Hähne halten sich in der Mitte des Platzes auf. Sie werden auch zuerst von den Hennen zur Paarung erwählt. Die schwächeren Hähne kommen oft nicht zur Fortpflanzung. Damit ist durch die Balzzeremonie eine Zuchtauslese gewährleistet, welche die männlichen Merkmale der Hähne bevorzugt und vererbt.

Der Birkhahn, auch Spielhahn genannt, verstärkt seine kullernden Balztöne durch Luftsäcke. Wenn er sie aufbläst, dehnen sie seinen Hals um das Mehrfache aus.

109

Bei der Kopulation schließt das Weibchen normalerweise den Schwanz und stellt ihn auf eine Seite, wodurch sie es ihrem Partner ermöglicht, auf sie zu steigen und die beiden Kloaken aneinanderzubringen. Das Bild zeigt Flußseeschwalben *Sterna hirundo*.

Vielleicht überrascht es, daß die meisten Wasservögel auf dem Land kopulieren, die Enten jedoch machen eine Ausnahme. Das Männchen besteigt das Weibchen im Wasser, wobei es dieses fast untertaucht. Enten haben eine penisartige Vorrichtung, um den Spermafluß zu unterstützen, wenn die Kopulation unter Wasser stattfindet. Das Bild zeigt Löffelenten *Anas clypeata*.

Hausrotschwänze *Phoenicurus ochruros* bei der Kopulation. Das Männchen bringt sich zwar selbst in die richtige Position, ist aber dabei auf Stillhalten des Weibchens angewiesen, wenn die Begattung erfolgreich sein soll.

Kopulation: (1) Mauersegler *Apus apus* kopulieren manchmal in der Luft, (2) Eisvogel *Alcedo atthis*, (3) Stelzenläufer *Himantopus himantopus*, (4) Flußregenpfeifer *Charadrius dubius*, (5) Zwergschwan *Cygnus bewickii*.

Paarung

Normalerweise halten auch Vögel ohne strenges Revierverhalten stets eine gewisse Distanz ein. Selbst in Schwärmen ist das üblich. Die Werbung soll diese Distanzbarriere durchbrechen und die Paarung ermöglichen. Zu diesem Zweck muß das Verhalten genau synchronisiert werden, damit sich beide Partner in der richtigen Stimmung befinden.

Im Gegensatz zu den Säugetieren besitzen die meisten Vögel keinen Penis. Sperma muß also durch den direkten Kontakt der Kloaken von Männchen und Weibchen übertragen werden. Dazu muß das Männchen das Weibchen besteigen und dessen Schwanz seitlich wegschieben, damit die beiden Kloaken genau zusammentreffen können.

Dazu ist die volle Bereitschaft des Weibchens notwendig, weil das Männchen sonst das Gleichgewicht verlieren würde. Das Weibchen muß daher genau auf die Paarung eingestimmt sein. Wenn die beiden Vögel ihre Kloaken in engen Kontakt gebracht haben, ist gewöhnlich die des Weibchens etwas aufgestülpt; zieht es diese in die Normalstellung zurück, so saugt sie auch das Sperma mit hinein, so daß es den Weg zu dem unbefruchteten Ei antreten kann.

Manchmal scheint die Zeugung nicht zu gelingen, und da sich die Geschlechtsorgane äußerlich nicht unterscheiden, wechseln die beiden dann die Stellung. Das ist besonders häufig bei den Arten zu bemerken, die im männlichen und weiblichen Gefieder wenig Unterschied zeigen. »Homosexuelle« Paarungen sind auch ziemlich häufig.

Um die Kopulation vorzubereiten, stellt sich das Männchen vor dem Weibchen zur Schau und singt; bei manchen Arten bringt das Männchen seiner Partnerin auch Futtergeschenke, und diese sind nicht nur als Ausdruck der Werbung wichtig, sondern versorgen das Weibchen auch mit ausreichender Nahrung während der Eibildung.

Zu den Ritualen, mit denen das Männchen um das Weibchen wirbt, kommt bei vielen Arten noch der Gesang. Eine ganz bestimmte Strophe gilt als geeignetes Vorspiel für die Paarung. Sehr oft finden auch vor der eigentlichen Paarung »Sexjagden« statt.

Die Paarung erfolgt dann, wenn das Weibchen unbefruchtete Eier in sich trägt; es handelt sich hier meistens um eine Zeitspanne von zwei Tagen vor dem Eierlegen, aber das hängt natürlich von der Zahl der Eier ab. Für 10 Meiseneier genügt eine einzige Befruchtung meist nicht, und das Meisenmännchen braucht mehr Zeit dazu als das Männchen einer Art, die nur ein Ei legt. Die Weibchen der meisten Arten speichern kein Sperma, und so muß der Zeugungsvorgang wiederholt werden, wenn große Gelege üblich sind. Bei Enten genügt wahrscheinlich auch für ein großes Gelege eine einzige erfolgreiche Kopulation. Der Nashornvogel scheint Sperma zu speichern, denn die Weibchen werden in der Nestkammer eingemauert, ehe sie das erste Ei legen. Das Weibchen legt fünf oder noch mehr Eier, aber eine Kopulation ist da nicht mehr möglich, und so muß wohl eine Spermaspeicherung bis zu drei Wochen vorliegen.

Die Kopulation findet meistens statt, wenn die Vögel auf einem Zweig oder auf dem Boden sitzen, bei den Enten aber in der Regel im Wasser. Bei dieser Gruppe besitzen die Männchen einen Penis, denn unter Wasser wäre eine Befruchtung nicht möglich, weil das Sperma nicht tiefer in den Leib des Weibchens eindringen könnte. Viele andere Wasservögel verlegen den Zeugungsvorgang an Land, oft ins Nest oder, wie die Taucher, auf schwimmende Tanginseln, die sie zu Nestern umbauen. Sehr schnelle Vögel, wie die Mauersegler, die sich viel in der Luft aufhalten, kopulieren auch im Flug; nach einem kurzen Vorspiel folgt das Männchen dem vorausfliegenden Weibchen, steigt hoch und läßt sich mit vibrierenden Flügelschlägen auf seine Partnerin hinab, und so gleiten sie langsam tiefer. Wieder andere Arten kopulieren in einer Nistkammer.

Nest einer Noddi-Seeschwalbe *Anous tenuirostris*, einer Seeschwalbe des Indischen Ozeans. Das Nest besteht aus See-
tang und ist mit den Exkrementen des Vogels zusammen an
den Ast geheftet. Das Gelege besteht nur aus einem einzigen Ei.
Ei.

Baumsegler *Hemiprocne comata* an ihrem Nest. Diese Art
baut nur ein sehr kleines Nest, bei der an beide Seiten eines
Astes etwas Material gekittet wird. Da das Nest kaum das
einzige Ei trägt, muß sich der brütende Vogel und auch später das heranwachsende Junge am Ast festhalten.

Verschiedene Nestarten. (1) Schwanzmeise *Aegithalos cauda-
tus*, (2) Wintergoldhähnchen *Regulus regulus*, (3) Rubinkehlkolibri *Archilochus colubris*, (4) Rauchschwalbe *Hirundo rustica*, (5) Erzflügelstirnvogel *Zarhynchus wagleri*, (6) Fischadler
Pandion haliaetus, (7) Bajaweber, *Ploceus philippinus*, (8) Alt-
weltpalmsegler *Cypsiurus parvus*, (9) Seeregenpfeifer *Charadrius alexandrinus* und (10) Feenseeschwalbe *Gygis alba*.

DAS BRÜTEN

Nester und Nestbau

Die wichtigste Voraussetzung für das Brutgeschäft ist, das Nest vor Störungen aller Art zu sichern. Eier und junge Vögel stellen jedoch für viele Räuber Lek-kerbissen dar, und auch die Nesträuber brauchen um diese Zeit mehr und kräfti-geres Futter als sonst. Wiesel, alle Katzenarten, Affen, Schweine, Füchse und viele andere Tiere räumen jedes Nest aus, das sie finden. Auch Möwen, Greifvö-gel und fast alle Krähenvögel, aber auch Reiher, Tukane, Spechte und andere wissen Eier und Jungvögel zu schätzen. Schlangen können die Vogeleier ganz verschlingen und tun es, wenn sie Gelegenheit dazu haben. Man hat auch schon Ameisen beobachtet, die Nester überfallen und ausräumen. Man wundert sich manchmal, wie es den Vögeln trotz all dieser Feinde gelingt, überhaupt noch Jun-ge aufzuziehen.

Besonders die kleinen Vögel verstecken ihre Nester, tarnen sie und sind unge-heuer vorsichtig beim Anflug. Oder sie bauen ihre Nester an unzugänglichen Stellen. Saatkrähen und Reiher nisten in hohen Bäumen, Schwalben in Klippen oder in Lehmnestern an Hauswänden und Seevögel auf Inseln. Da sichere Plätze nicht so leicht zu finden sind, nisten die verschiedensten Vogelarten — manchmal gruppenweise — auf Inseln; dies tun auch größere Vögel, die sich dort selbst ver-teidigen können, wie einige Adler und die Schwäne. Ihre Nester sind vor Säuge-tieren ziemlich sicher, und gegen Vögel anderer Arten werden sie von den Besit-zern verteidigt. Es gibt aber auch kleine Greifvögel, die in unbewachten Momen-ten die Nester der größeren Kollegen ausplündern.

Kleine Vögel, sind sie erst einmal entdeckt worden, haben kaum eine Möglich-keit, sich zu verteidigen. In den Tropen hängen solche Arten ihre Nester an Lianen und dünnen Ästen auf und bauen auch noch ein Dach darüber, damit die Nester nicht einzusehen sind. Auch wenn die Jungen geschlüpft sind, lauern viele Gefahren auf sie, und noch die bereits flügge gewordenen Jungvögel sind sehr ge-fährdet. In England haben nur 14 % der bebrüteten Amselnester Junge erbracht. Aber unverdrossen machen sich die Vögel erneut an die Arbeit, wenn sie ihr Nest verloren haben, und manchmal produziert das Weibchen bis zu fünf Gelege. Die kleinen Vögel haben eine Chance von etwa 50 %, ihre Jungen aufziehen zu können; bei größeren ist das Verhältnis etwas günstiger. Auch Höhlenbrüter ver-lieren weniger Gelege. Sicher nisten nur deshalb nicht mehr Vögel in Höhlen, weil das Angebot an derart sicheren Brutplätzen viel zu gering ist.

Die Spechte bauen sich ihre eigenen Baumlöcher; damit sind sie wochenlang beschäftigt, und es besteht dauernd die Gefahr, daß ein anderer Vogel sich in das fertige Nest setzt und den ursprünglichen Besitzer verjagt.

Natürlich kommt es vor, daß das brütende Weibchen eines Höhlenbrüters von einem Greifvogel angegriffen wird und nicht fliehen kann. Auch Höhlen haben als Nistplätze so ihre Vor- und Nachteile.

Der Kleiber verkleinert den Nesteingang derart, daß nur er selbst mit Mühe hineinkommt, und das Weibchen des Nashornvogels wird fast vollständig einge-mauert. Das Männchen füttert das Weibchen und die jungen Nestlinge durch das

Der Töpfervogel *Furnarius rufus* aus Südamerika baut ein sehr solides Lehmnest mit zwei Kammern. Oft werden die Nester auf Zaunpfählen oder in direkter menschlicher Nachbarschaft angelegt.

Eulen benutzen viele verschiedene Arten von Nistplätzen, nicht selten übernehmen sie auch aufgegebene Nester anderer Vögel. (1) Die Elfeneule *Micrathene whitneyi* der Neuen Welt nistet oft in verlassenen Spechthöhlen im Saguaro-Kaktus, (2) die Kanincheneule *Speotyto cunicularia*, ebenso ein Neuweltbewohner, benutzt alte Präriehundebauten für die Aufzucht ihrer Jungen, (3) die Sumpfohreule *Asio flammeus* nistet auf dem Boden, oft unter einem Busch, (4) der Bartkauz *Strix nebulosa* der nördlichen Wälder benutzt alte Greifvogelhorste, (5) die Schnee-Eule *Nyctea scandiaca* nistet auf Eishügeln in der Arktis, und der Uhu (6) *Bubo bubo* horstet Spalten und kleinen Höhlen, in hohlen Bäumen und in aufgegebenen Horsten anderer Vögel.

kleine verbliebene Loch. Später bricht das Weibchen aus. Bis die Jungen flügge sind, werden sie wieder eingemauert, wobei sie selbst mithelfen.

Die Nester von Seevögeln befinden sich nicht nur auf Inseln, sondern auch in hohen, unzugänglichen Klippen, wo sie vor räuberischen Säugetieren sicher sind. Taucher errichten ihre Nester auf kleinen Inseln in Süßwasserseen, und die Prachteiderente sowie verschiedene Arten von Möwen und Seeschwalben nisten ebenfalls unmittelbar nach dem Abtauen des Eises auf kleinen Inseln vor der Küste, die der Eisfuchs nicht erreichen kann.

Allerdings bieten auch Inseln der Brut keinen vollkommenen Schutz. Große Möwen versuchen die Nester der Alken und die Gelege von Sturmtauchern und Sturmschwalben zu plündern. Letztere legen ihre Nester oft auch in Erdhöhlen oder unter Felsen an, aber häufig genug werden die Eltern von Raubmöwen angegriffen, die an das Gelege herankommen wollen. Deshalb baut der Papageitaucher sein Nest knapp am Klippenrand, damit er leicht abfliegen und wieder landen kann. Manche Sturmtaucher fliegen erst nachts ihre Nester an, wenn die Möwen schlafen.

Manche Sumpfseeschwalben bauen ihre Nester auf schwimmenden Inseln oder an Schilfstengeln, die aus dem Wasser ragen. Ein Bläßhuhn Südamerikas wirft Steine in seichtes Wasser, bis eine Insel entsteht, auf deren Gipfel nun ein vor kleinen Säugetieren sicheres Nest errichtet werden kann.

Watvögel oder Küstenvögel verwenden oft wenig Mühe auf den Nestbau. Sie legen ihre Eier in Schwemmgut oder zwischen Steine. Der Adeliepinguin legt seine Eier auf ein Häufchen zusammengetragener Steine, um sie vor schmelzendem Eis zu schützen. Der Kaiserpinguin baut gar kein Nest, sondern legt sich sein einziges Ei auf die Füße, wo es mit einem überhängenden Hautlappen gewärmt

Die Beutelmeise *Remiz pendulinus* baut ein fein verwobenes Nest aus einem filzartigen Material. Das Nest hängt normalerweise von einem dünnen Zweig herab, oftmals auch über einer Wasserfläche.

Ungewöhnliche Nester: Die Sonnenralle *Eurypyga helias* baut ein seltsames Nest aus Pflanzenteilen und Lehm auf einen dünnen, horizontalen Ast (1), die Brandgans oder Brandente *Tadorna tadorna* nistet — ungewöhnlich für eine Ente — in Höhlen, die sie in Sanddünen gräbt (2). Der Schneidervogel *Orthotomus sutorius* näht ein Blatt als einen Nestersatz zusammen, das er dann auspolstert. Die Blätter werden durch Fasern zusammengehalten, die der Vogel durch vorher gebohrte Löcher in die Blattränder zieht (3). Das Kammbläßhuhn *Fulica cornuta* baut ein Fundament für sein Nest, indem es Steine ins Flachwasser fallen läßt. Nach mehreren Jahren haben sich ganz beachtliche Plattformen im Wasser gebildet.

wird. Der brütende Vogel kann herumwatscheln und sich bei Schneestürmen an andere Vögel schmiegen.

Auch Alken bauen keine Nester. Sturmtaucher graben sich eine Erdhöhle, und von den Möwen und Seeschwalben gibt es einige Arten, die kunstvolle schwimmende Nester konstruieren. Manche Arten stehlen Nester, die andere Vögel gebaut haben; Eulen bedienen sich gerne verlassener Krähennester, und einige nordamerikanische Stärlinge nisten grundsätzlich nur in alten Nestern anderer Arten.

Tauben, verschiedene Greifvögel, Reiher und Kormorane bauen in Bäumen recht kunstlose Nester aus Ästchen mit einem oft erstaunlich dünnen Boden. Die Krähen geben sich etwas mehr Mühe und flechten Wurzeln in die Nestwände. Die geschicktesten Nestbauer sind unter den Sperlingsvögeln zu finden. Nur wenige Nichtsperlinge geben sich wirklich Mühe mit dem Nestbau. Adlernester sind zum Beispiel ziemlich groß, doch von äußerst einfacher Struktur. Der Schattenvogel oder Hammerkopf bildet eine Ausnahme. Er baut ein Kuppelnest aus Stöckchen mit manchmal zwei Eingängen zur Nestkammer. Die Kolibris, die ebenfalls nicht zu den Sperlingsvögeln zählen, weben sehr hübsche von Spinnweben zusammengehaltene Nester, und die Salanganen kleben ihre von Gourmets geschätzten Nester an Felswände.

In der Grundanlage wird auch das Nest der Sperlingsvögel aus Zweigstückchen und dergleichen gebaut und in eine Astgabel oder auch ins Unterholz eingefügt. Die meisten dieser Nester sind mit Gras oder feinen Wurzeln ausgepolstert; die Singdrossel glättet die Innenseite zusätzlich mit Schlamm. Viele Nester haben Kuppeldächer, so die der Zaunkönige, der Schwanzmeisen, Wasseramseln und etlicher Tropenvögel.

1

2

3

4

Weber aus der Familie der *Ploceidae* bauen höchst fein ge-
wobene Nester, von denen manche einen langen, tunnelarti-
gen Eingang aufweisen. Als Material dienen Grashalme oder
Streifen von Palmblättern. Normalerweise baut das Männchen das Nest allein; da es polygam ist, kann es auch eine
ganze Reihe von Nestern für mehrere Weibchen bauen.

Der männliche Wallnister (Thermometerhuhn) *Leipoa ocellata*
schichtet einen großen Haufen auf, in den das Weibchen die
Eier legt. Täglich prüft der Vogel dann die Temperatur im
Nest. Anfangs wird die Bruttemperatur durch sich zersetzen-
de Vegetation, die der Vogel in die Nestgrube gebracht hat,
aufrechterhalten, später verteilt der Vogel den Sand, der das
Nest bedeckt, läßt diesen von der Sonne aufheizen und bedeckt das Nest dann wieder mit nun wärmendem Sand.

Viele kleine Vögel benützen Flechten und Moose, die sie mit Spinnweben zusammenhalten. Diese Nester sind besonders warm, so daß der brütende Vogel
sich richtig hineinkuscheln kann und kaum Wärme verliert. Die Beutelmeise baut
Hängenester, die aus feinen Fasern und Pflanzenwolle bestehen und reichlich ge-
polstert sind. Manche dieser Nester sind sogar elastisch, um auch der wachsenden Brut noch Platz zu bieten. Die Nester der afrikanischen Beutelmeise werden
in Afrika als Geldbeutel benützt. Die europäische Schwanzmeise bewohnt ihr
wetterfestes, wasserdichtes und mit Federn ausgepolstertes Kugelnest schon
Wochen vor dem Eierlegen.

Auch Honigsauger bauen oft sehr komplizierte Kuppelnester, die aber etwas
schlampig wirken. Sie hängen an einer Zweigspitze und sind schlecht zu erreichen. Die Schneidervögel aus Ostasien bauen ihre Nester in ein großes Blatt, das
sie regelrecht zusammennähen: Sie bohren zu dem Zweck in die Blattränder kleine Löcher, und als Nähmaterial nehmen sie Pflanzenfasern oder Spinnweben. Die
Fäden werden richtig verknotet, und das Nest ist kaum zu sehen.

Die Webervögel der Alten Welt und die Stärlinge Amerikas bauen wundervolle
Nester aus Gräsern, kleinen Zweigen und dergleichen. Sie hängen von Ästen herab, sehr oft in Kolonien. Manche Nester sind wie Pendel aufgehängt und bis zu
180 cm lang; Eingang und Nistkammer sind hier voneinander getrennt. Die Webervögel schlüpfen von unten in das Nest und klettern durch eine lange Röhre in
die Nistkammer; die Stärlinge machen es gerade umgekehrt. Ein Webervogel aus
Südwestafrika, der Siedelweber, baut an sich ein einfacheres Nest, doch es hängt
mit den Nestern der Nachbarvögel zusammen. Das ist einer der wenigen wirklichen Gemeinschaftsbauten, die von Vögeln errichtet werden.

Einige australische Arten bauen Schlammnester; dies tun auch die Schwalben, die ihre Nester an Felsen oder Hausmauern kleben. Der als Baumaterial ver-
wendete Schlamm wird mit Speichel haltbar gemacht. Die schnellen Segler (Salanganen) der Gattung *Collocallia* produzieren die eßbaren Schwalbennester. Eine Seglerart mit harten, spitzen Schwanzfedern baut sehr solide Nester, die viel
zu groß erscheinen für diese Vögelchen; man sagt, sie seien so stabil, daß sogar
ein Mann, ohne einzubrechen, auf der Nestkuppel stehen könnte.

Den größten Aufwand für das Unterbringen und Ausbrüten seiner Eier be-
treibt das australische Thermometerhuhn. Besser gesagt der Hahn, denn er ist
nicht weniger als elf Monate im Jahr mit dem Brutgeschäft und den damit verbun-
denen Arbeiten beschäftigt. Ein Unsinn der Natur?

Die Großfußhühner Australiens und Polynesiens brüten ihre Eier nicht, wie bei
den Vögeln üblich, mit der eigenen Körperwärme aus, sondern mit fremden
Energiequellen. Bei einigen Arten hat sich diese »Erfindung« wirklich als sehr ar-
beitssparend erwiesen. So legen die Hammerhühner und einige andere Arten aus
der Familie der Großfußhühner ihre Eier einfach in den sonnendurchwärmten
Sand, decken sie zu und suchen diesen Platz nie mehr auf. Die Sonnenwärme brütet die Eier aus, die Jungen sind Nestflüchter, die sofort ein selbständiges Leben
beginnen. Die ganze Sorgfalt der Brutpflege liegt also in der richtigen Auswahl
des Platzes, er allein entscheidet über das Gelingen der Brut.

Andere Arten auf vulkanischen Inseln benutzen die Nähe heißer Quellen zum
Ausbrüten ihrer Gelege. Hier stehen also Verhalten und natürliche Umwelt in ei-

Der Scherenschwanz-Segler *Panyrila sancti-hieronymi* baut ein langes, röhrenförmiges Nest, wobei sein Speichel dazu dient, die Konstruktion zusammenzuhalten. Die Nestkammer befindet sich an der Spitze der Röhre. Normalerweise wird das Nest an Felsen gehängt, manchmal jedoch auch an Gebäude.

Der Pirol *Oriolus oriolus* baut ein schwaches Nest in der Gabel eines Zweiges. Normalerweise besteht das Nest aus Grashalmen oder Rindenstückchen.

Stadien des Nestbaus bei Salanganen *Collocalia fuciphaga*. Das Nest, das ganz aus dem Speichel des Vogels besteht, ist eßbar und wird an eine felsige Oberfläche zementiert, meistens in eine Vertiefung hinein.

nem sinnvollen Zusammenhang. Beim Wallnister oder Thermometerhuhn trifft das nicht mehr zu. Diese Art benutzt faulende und gärende Pflanzenteile zum Erzeugen der nötigen Brutwärme.

Die Aufgabe besteht darin, die um bis zu 40 Grad schwankenden Außentemperaturen eines Tages so mit der Gärungswärme in Einklang zu bringen, daß in der Brutkammer eine ziemlich gleichmäßige Temperatur von 33 bis 36 Grad herrscht. Natürlich schwanken die Außentemperaturen auch im Ablauf der Jahreszeiten; denn der Wallnister lebt im inneraustralischen Busch. Hier sind die jahreszeitlichen Gegensätze viel ausgeprägter als an der Küste. Schon im Winter, vier Monate bevor das Weibchen die ersten von über 30 Eiern legen wird, beginnt der Hahn mit den »Erdarbeiten« für die umfangreiche Brutstätte mit »Kompostheizung«.

Die übergroßen Füße, die der Familie ihren Namen gaben, befähigen den Hahn, eine Grube aus dem Erdreich zu scharren, die über einen Meter tief werden kann. Die Vertiefung wird mit Eukalyptusblättern und anderen Pflanzenteilen ausgelegt. Wichtig ist, daß diese Pflanzenfüllung gut durchfeuchtet ist — eine Voraussetzung für die Gärung im Sommer, wenn draußen Trockenheit herrscht. So wurde beobachtet, daß der Hahn bei trockener Witterung gemächlich arbeitet, während er bei Regenfällen, die hier im Winter auftreten, seine Tätigkeit steigert. Bis zum beginnenden Frühjahr — das ist in der südlichen Hemisphäre der August — sind die Pflanzen eingebracht, der aufgefüllte Krater muß jetzt von einer Sandschicht bedeckt werden, um den Gärprozeß vor zu starker Sonneneinstrahlung zu schützen. Die bis zu 5 m große Brutanlage erhält bis zum Dezember eine Sandkuppe von manchmal 1 m Höhe.

Die eigentliche Brutkammer liegt über der Pflanzenfüllung, aber unter dem Sand. Der Hahn ist jetzt von morgens bis abends damit beschäftigt, für die Brutkammer eine Temperatur von 35 Grad aufrechtzuerhalten. Je nach Außenwärme und Sonnenstand erreicht er dies durch Abtragen oder Vergrößern der Sandschicht. Dabei benützt er seine Zunge als offenbar sehr genau messendes Thermometer. Diese Fähigkeit ist nur beim Hahn ausgebildet. Er bestimmt deshalb auch den genauen Zeitpunkt der ersten Eiablage durch die Henne im September. Befriedigt ihn seine Schnabelmessung der Brutkammer nicht, vertreibt er das Weibchen so lange von der Brutanlage, bis die richtige Temperatur erreicht ist. Auch die Henne beteiligt sich an den jetzt nicht mehr abreißenden Arbeiten der Temperaturregelung — aber nur nach dem Beispiel des Hahnes.

Die Eiablage kann sich bis in den Januar hinziehen. Die Henne vermag nur alle 5 bis 10 Tage ein 200 g schweres Ei zu legen. Bis zu 13 Wochen muß das Ei nun behütet werden, so daß der eigentliche Brutvorgang die Altvögel 7 Monate lang in Atem hält. Die nach und nach schlüpfenden Jungen müssen sich aus eigener Kraft durch den Sand nach oben arbeiten. Meist sehen sie ihre Eltern gar nicht oder fliehen sogar vor ihnen. Das in früheren Zeiten gleichmäßige tropische Klima Inneraustraliens erklärt, daß dieses Brutverhalten des Wallnisters einmal sinnvoll war, durch die eingetretene Klimaverschiebung aber in ein Mißverhältnis von Aufwand und Ergebnis geraten ist. Der größte Teil der Gelege wird zudem von Menschen und Tieren geplündert. Eine andere Art, der Talegallahahn, scharrt einen 2 m hohen Laubhaufen zusammen, in den mehrere Hennen bis zu 50 Eier legen.

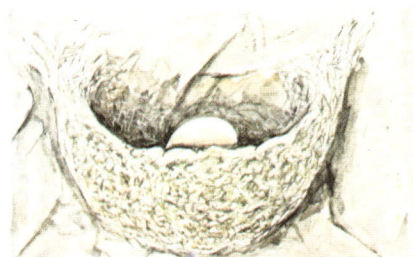

Eier

Vogeleier bestehen aus drei Hauptbestandteilen: Schale, Eiweiß und Dotter. Der Dotter ist relativ reich an Fetten und Proteinen und trägt an der Oberfläche den Keimfleck, auch Keimscheibe genannt, der das winzige unbefruchtete Ei enthält. Nach der Befruchtung entwickelt es sich zum Embryo und dieser zum jungen Vogel. Der junge Embryo »schwimmt« während seiner ganzen Entwicklung an der Dotteroberfläche. Das Eiweiß ist längst nicht so nahrhaft wie der Dotter, enthält aber das für das heranwachsende Küken lebenswichtige Wasser. Zwei Stränge, die *Chalazae*, halten den Embryo stets an der Dotteroberfläche und in der Eiweißmitte. Das Eiweiß wird innerhalb der Schale von zwei Membranen umgeben. Die Eierschale ist porös und besteht vorwiegend aus Kalziumkarbonat (Kalk). Ein durchschnittliches Hühnerei wiegt 60 g; davon treffen 6 g auf die Schale, die etwa 2,25 g Kalzium enthält.

Das sich entwickelnde Küken muß seinen gesamten Nahrungsbedarf aus dem Ei selbst decken. Das Kalzium für die Knochen entzieht es der Schale, und der Dotter wird von den kleinen Vögeln fast restlos aufgebraucht. Den Dottersackrest saugt das Küken vor dem Schlüpfen ein, und davon kann es, falls es nachts schlüpft, die folgenden Stunden überleben, bis es von den Eltern gefüttert wird. Junge Schwäne haben nach dem Schlüpfen noch etwa ein Viertel des Dotters als Vorrat und können davon ungefähr eine Woche lang leben. Bei den Pinguinen bleibt fast die Hälfte des Dotters übrig.

Um seinen Stoffwechsel in Gang zu halten, braucht ein Küken im Ei Sauerstoff und muß Kohlendioxyd abgeben. Diese Atmung erfolgt im Ei durch eine Reihe von Blutgefäßen außerhalb des Embryos. Die Eischale ist erstaunlich porös und ermöglicht den Austausch von Sauerstoff und Kohlendioxyd. Ein Gefahrenpunkt ist der Wasserverlust durch die Eischale während des Brütens. (Ein frisches Ei geht im Wasser unter, ein bebrütetes schwimmt!) Geht zuviel Wasser verloren, vertrocknet der Embryo. Bei manchen Arten entwickelt sich infolge des

Vogeleier von (1) Kiwi *Apteryx australis*, (2) Kamm-Steißhuhn *Eudromia elegans*, (3) Brachvogel *Numenius arquata*, (4) Silbermöwe *Larus argentatus*, (5) Prachttaucher *Gavia arctica*, (6) Weißer Pelikan *Pelecanus erythrorhynchos*, (7) Schwarzer Scherenschnabel *Rynchops nigra*, (8) Flußseeschwalbe *Sterna hirundo*, (9) Guira-Kuckuck *Guira guira*, (10) amerikan. Seidenreiher *Egretta thula*, (11) Kernbeißer *Coccothraustes coccothraustes*, (12) Wintergoldhähnchen *Regulus regulus*, (13) Breitschnabel-Kolibri *Cynanthus latirostris*, (14) Gabeltyrann *Muscivora forficata*, (15) Singdrossel *Turdus philomelos*, (16) amerikan. Aaskrähe *Corvus brachyrhynchos*, (17) Blatthühnchen *Jacana spinosa*, (18) Großfußhuhn *Megapodius freycinet*, (19) Troddellumme *Uria aalge*, (20) Kormoran *Phalacrocorax carbo*, (21) Haubentaucher *Podiceps cristatus*, (22) Uhu *bubo bubo* und (23) Emu *Dromiceius novaehollandiae*.

Das Ei der Troddellumme *Uria aalge* ist sehr stark zugespitzt. Wenn man es anstößt, rollt es nur einen kleinen Kreis weit. Man nimmt an, daß aufgrund dieser besonderen Form das Ei nicht so schnell von dem schmalen Felsenvorsprung, auf dem es liegt, herunterrollen kann.

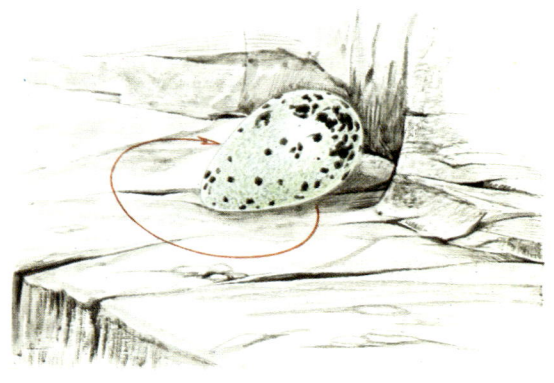

Vogeleier: (1) ausgestorbener Elefantenvogel *Aepyornis maximus*, (2) Brauner Sichler *Plegadis falcinellus*, (3) Rohrdommel *Botaurus stellaris*, (4) Löffler *Platalea leucorodia*, (5) Fischadler *Pandion haliaetus*, (6) Scheckente *Polysticta stelleri*, (7) Falkenraubmöwe *Stercorarius longicaudus*, (8) Gerfalke *falco rusticolus*, (9) Baltimore-Trupial *Icterus galbula*, (10) Strauß *Struthio camelus*, das größte Ei, das von einem derzeit lebenden Vogel gelegt wird, (11) Wanderdrossel *Turdus migratorius*, (12) Rotdrossel *Turdus iliacus*, (13) Rosenseeschwalbe *Sterna dougallii*, (14) Steinadler *Aquila chrysaetos*, (15) Bartgeier *Gypaetus barbatus* und (16) Mönchsgeier *Aegypius monachus*.

Manche Vögel haben nur eine große Bruttasche für die Eier, andere, wie z. B. die Lachmöwe *Larus ridibundus*, haben versteckte Taschen für jedes einzelne Ei, drei bei dieser Art. Der Kaiserpinguin *Aptenodytes forsteri* bewahrt sein einziges Ei auf den Füßen auf und bebrütet es durch eine herabhängende Hautfalte, die das Ei bedeckt.

Wasserverlustes zwischen den beiden Schalenmembranen ein sogenannter Luftsack, durch den das Küken vor dem Schlüpfen atmet. Das erleichtert den Übergang des Kükens vom Ei in das Leben draußen. Die Abfallstoffe des Embryos werden getrennt in einer Eitasche aufbewahrt, in der Allantois, die beim Schlüpfen des Kükens im Ei bleibt.

Das legende Weibchen braucht zusätzliche Nahrung, um Eier bilden zu können. Man rechnet mit einem Mehrverbrauch von 40% während der Legezeit. Außerdem ist auch eine anders zusammengesetzte Nahrung nötig. Der Blutschnabelweber fängt zum Beispiel viel mehr Insekten als sonst, um den Proteinbedarf zu decken. Andere Vögel fressen kalkhaltigen Sand, Schneckenhäuser, Eierschalen oder ähnliches Material. Legende Strandläufer der Arktis nehmen aus den Knochen toter Lemminge Kalzium auf. Fischfresser decken ihren Kalziumbedarf wohl aus den Gräten ihrer Beute, und eine insektenfressende Trauerseeschwalbe geht während der Legezeit auf Fische als Futter über.

Die Größe der Eier ist recht unterschiedlich. Die kleinsten Eier legt natürlich der kleinste Vogel, der Kolibri. Sein Ei wiegt etwa ein halbes Gramm, während das Straußenei, als größtes, 1,5 kg wiegt. Die Eier des ausgestorbenen Elefantenvogels waren noch viel schwerer; man schätzt, daß sie etwa 9 kg wogen. Die Eigröße hängt nicht genau von der Vogelgröße ab; ist aber ein Gelege groß, so sind die Eier entsprechend kleiner. Bei Vögeln, deren Jungen sehr bald flügge werden, sind die Eier fast immer größer als bei Vögeln, deren Brut später flügge ist; ein größerer Teil der Entwicklung muß hier noch im Ei stattfinden.

Auch die Eiformen sind sehr unterschiedlich. Die Eier der Eisvögel und der Eulen sind fast rund, die der Spechte, Turmschwalben und Lummen lang und spitz. Ein Lummenei, das man anstößt, dreht sich in kleinen Kreisen; offensichtlich soll die Form dazu dienen, daß das Ei nicht so leicht von einer schmalen Felsleiste ins Meer fällt. Die Eioberfläche ist manchmal, wie bei Kormoranen, sehr

Unterschiedliche Eifärbung bei der Troddellumme *Uria aalge* (1) und beim Turmfalken *Falco tinnunculus* (2). Bei einigen Vogelarten kann die Variabilität ganz erheblich sein. Der Troddellumme, die an unzugänglichen Felsklippen nistet, helfen die Unterschiede bei der Erkennung der eigenen Eier. Die einzelnen Vögel legen selbst ihr Leben lang immer nur ähnliche Eier.

Die Form der Eier schwankt bei den verschiedenen Arten zwischen elliptisch und konisch. (1) Falkenbussard *Buteo vulpinus*, (2) Rothalstaucher *Podiceps grisegena*, (3) Kronenflughuhn *Pterocles coronatus*, (4) Berberfalke *Falco pelegrinoides*, (5) Teichhuhn *Gallinula chloropus*, (6) Zwergscharbe *Phalacrocorax pygmaeus*, (7) Geierperlhuhn *Numida meleagris*, (8) Schwalbenmöwe *Xema sabini*, (9) Goldregenpfeifer *Pluvialis apricaria*, (10) Kiebitz *Vanellus vanellus*, (11) Dunkler Wasserläufer *Tringa erythropus*, (12) Grünschenkel *Tringa nebularia*. Die Eier von Eulen und Eisvögeln sind fast kreisrund, während Segler und Spechte besonders stark schlank-elliptische legen. Am stärksten konisch sind die Eier bei Watvögeln (8-12) und Möwen, in deren Gelege die Eier eng beisammenbleiben und die beanspruchte Oberfläche kleinhalten.

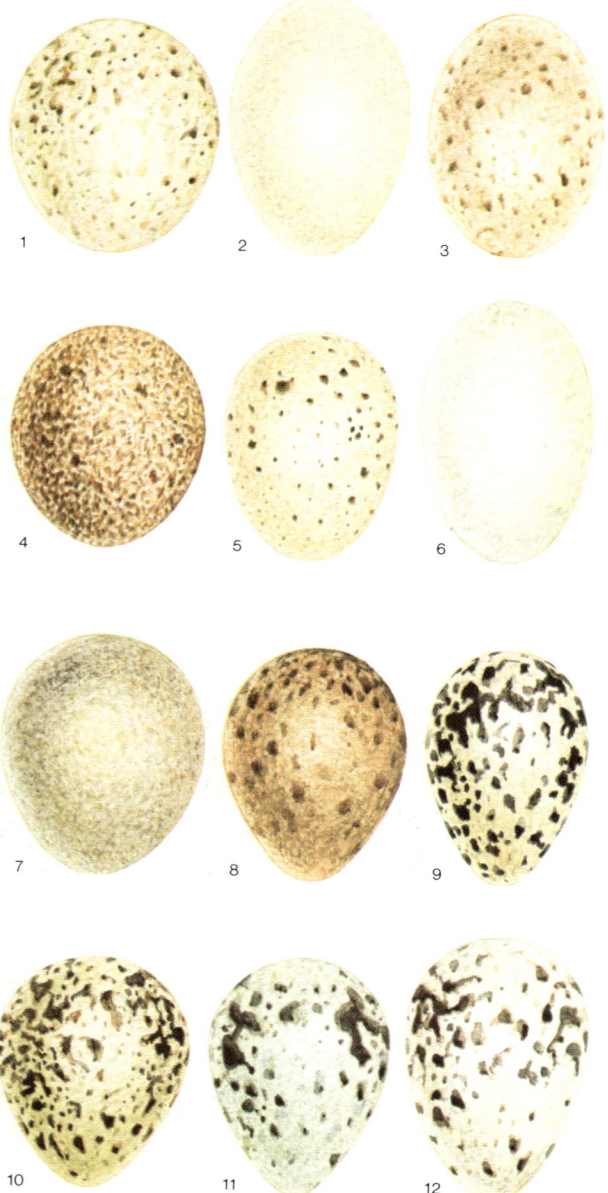

rauh und kalkig, bei einigen Drosseln und Steißhühnern dagegen glatt und wie poliert, so daß man sich darin spiegeln kann.

Am meisten ins Auge sticht die Farbe der Eier. Leider waren gerade Farben und Muster der Grund dafür, daß viele Vogeleier gesammelt worden sind. Aus welchem anderen Grund als dem der Tarnung bei Bodenbrütern die Eier so bunt gefärbt sind, weiß man nicht. Jedenfalls passen sich deren Eier bestens der Umgebung an. Eier in Bodenhöhlen, die ja in der Regel dunkel sind, haben meist eine weiße oder weißliche Farbe, oft mit rötlichen Punkten oder schwach blauer Tönung. Eine plausible Erklärung hierfür hat man bis heute noch nicht gefunden. Eier, die an offenen Stellen bebrütet werden, sind häufig gepunktet, fleckig oder gar gestreift. Auffällig gemusterte Eier wie die der Steißhühner sollen wohl dem Vogel die Erkennung erleichtern; man nimmt an, daß ein bestimmter Vogel in aufeinanderfolgenden Jahren Eier mit gleichem Muster legt.

Die Eier einiger Arten scheinen nicht besonders schmackhaft zu sein. In dem Fall ist wohl davon auszugehen, daß die Feinde dies auch wissen und solche Gelege in Ruhe lassen, auch wenn gerade diese Eier häufig besonders auffällig sind.

Das Eiweiß eines Vogeleies unterscheidet sich von jedem Eiweiß einer anderen Art. Seine chemische Zusammensetzung ist damit artspezifisch, man kann es in der Analyse geradezu als Merkmal einer Vogelart zur systematischen Bestimmung benutzen.

Auch das Verhältnis von Körpergewicht des Vogels zur Eigröße zeigt erhebliche Unterschiede bei den Arten. Das Straußenei wiegt zwar 3 Pfund, das sind aber weniger als 2% des Körpergewichtes. Beim kleinen Zaunkönig dagegen macht das Ei schon 13% des Körpergewichtes aus. Daraus läßt sich allerdings nicht die naheliegende Regel ableiten, daß kleinere Vögel verhältnismäßig größere Eier legen. Den Rekord der relativ größten Eier hält der neuseeländische Kiwi. Sein 400g schweres Ei macht über ein Viertel des eigenen Körpergewichtes aus. Bei einem flugfähigen Vogel wäre das nicht denkbar. Nach dieser ansehnlichen Leistung des Weibchens übernimmt der Hahn das 10 bis 11 Wochen dauernde Brutgeschäft allein. Da er vom Weibchen nicht gefüttert wird, verliert er während dieser Zeit nun seinerseits fast die Hälfte seines Körpergewichtes.

Eine wenig erforschte Besonderheit zeigen die Kuckuckseier. Da der Kuckuck nicht selbst brütet, sondern seine Eier in den Nestern oft viel kleinerer Wirtsvögel ablegt, müssen seine Eier im Verhältnis zu seiner Körpergröße sehr klein sein. Nur so erregen sie bei den Wirtsvögeln keinen Verdacht. Die Anpassung geht so weit, daß sich auch die Eierfarbe den jeweiligen Wirten anpaßt.

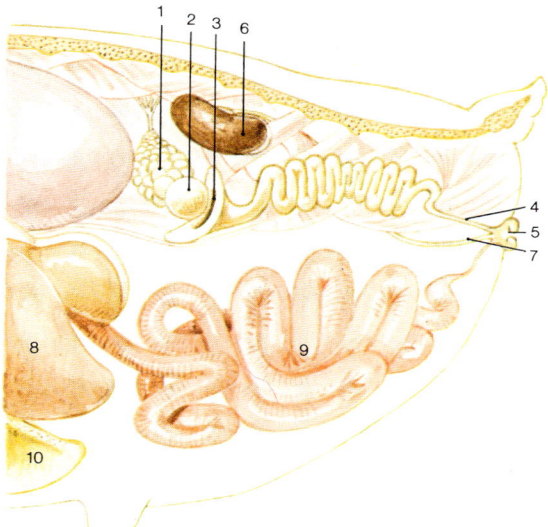

Ein Querschnitt durch das Ei zeigt die Schale (1), die Schalenhäute (2), das Eiweiß (3), die Luftkammer (4), die Hagelschnüre (5), die äußere und die innere Dottermembrane (6 und 7), die weißen (8) und die gelben (9) Schichten des Dotters sowie die Keimscheibe (10).

Die Reproduktionsorgane des weiblichen Vogels bestehen aus dem Eierstock (1), der die Eier (2) abgibt, dem in einer Tube endenden Eileiter (3), der Vagina (Scheide — 4) und der Kloake (5). Die Fortpflanzungsorgane schließen sich eng an die Niere (6) und an den Harnleiter (7) an, der von der Niere zur Kloake führt. Im unteren Bildteil sind auch noch der Magen (8), der Darm (9) und die untere Brustbeinspitze (10) zu erkennen.

Die Eiform läßt sich in Beziehung zum Beckengürtel und seiner Ausformung bringen. Vögel mit breitem Beckengürtel legen rundere Eier als solche mit abgeflachtem, deren Eier in der Regel spitzer ausfallen. Eier und Beckengürtel von (1) Mäusebussard *Buteo buteo*, (2) Ringelgans *Branta bernicla*, (3) Haubentaucher *Podiceps cristatus* und Uhu *Bubo bubo* deuten dies an.

Brut und Brutpflege

Die Brutzeit verläuft sehr unterschiedlich. Bei kleinen Vögeln beträgt sie vielleicht 11 oder 12 Tage, bei großen — etwa bei Albatrossen — 11 bis 12 Wochen. Das geschlüpfte Küken wiegt etwa 70% des frisch gelegten Eies, und das trifft so ziemlich auf alle Arten zu. Die Größe des Kükens hängt immer von der Eigröße ab. Kleine Vögel legen im Verhältnis zu ihrer Größe oft größere Eier als große Vögel, und ihre Jungen sind deshalb auch relativ größer.

Man unterscheidet zweierlei Arten von Küken: die Nestflüchter und die Nesthocker. Nestflüchter sind beispielsweise die Küken der Haushenne, die ein paar Stunden nach dem Schlüpfen schon umherrennen; Nesthocker dagegen die Amsel- oder Rotkehlchenjungen, die beim Schlüpfen relativ sehr klein sind und noch nicht für sich sorgen können. Bis zum Zeitpunkt des Schlüpfens haben sich verschiedene Körperteile der beiden Typen unterschiedlich entwickelt. Ein Watvogel zum Beispiel besitzt ein Gehirn mit 6% des Gesamtgewichtes, während das Gehirn einer Krähe nur 3% ausmacht. Bei den Augen ist das Gewichtsverhältnis 10 zu 5%, beim Verdauungstrakt ist es umgekehrt: 6% beim Watvogel und 13% bei der Krähe. Augen und Gehirn müssen bei den Nestflüchtern selbstverständlich besser entwickelt sein als bei den Nesthockern, die längere Zeit praktisch nichts anders als kleine »Futterverwertungsmaschinen« darstellen. Sobald die Nestlinge voll ausgewachsen sind und sich ihr Futter selbst besorgen können, haben sich diese Unterschiede ausgeglichen. Bei den nesthockenden Jungvögeln wachsen die Beine relativ rascher als die Flügel, denn die Flügel werden erst später zum Fliegen gebraucht; die Beine aber helfen dem Jungen dabei, sich über seine Geschwister zu erheben, um beim Füttern nicht übersehen zu werden.

Nesthockende Jungvögel sind fast oder ganz nackt und gewöhnlich blind, wenn sie schlüpfen, infolgedessen ganz von ihren Eltern abhängig. Würden diese nicht sehr gewissenhaft für ihre Brut sorgen, müßten die Jungen verhungern und erfrieren. Sie bleiben fast die ganze Nistperiode im Nest. Zu den Nesthockern gehören fast alle Sperlingsvögel.

Nestflüchter entschlüpfen dem Ei gut entwickelt, mit schon offenen Augen und voll mit Daunen befiedert. Natürlich hängen auch sie von ihren Eltern ab, wenn man von den extrem selbständigen Jungen der Großfußhühner absieht. Deren Eier liegen im Sand oder inmitten verrottender Vegetation, wo es warm genug ist, und oft sehen die ausgeschlüpften Jungvögel ihre Eltern gar nicht; und wenn diese etwa auftauchen, erkennen die Jungen sie nicht und laufen vor ihnen davon in den Busch. Die Jungvögel besitzen ein voll ausgebildetes Federkleid und sorgen vom Moment des Schlüpfens an für sich selbst. Innerhalb weniger Stunden sind sie auch voll flugfähig, eine einmalige Erscheinung in der Vogelwelt!

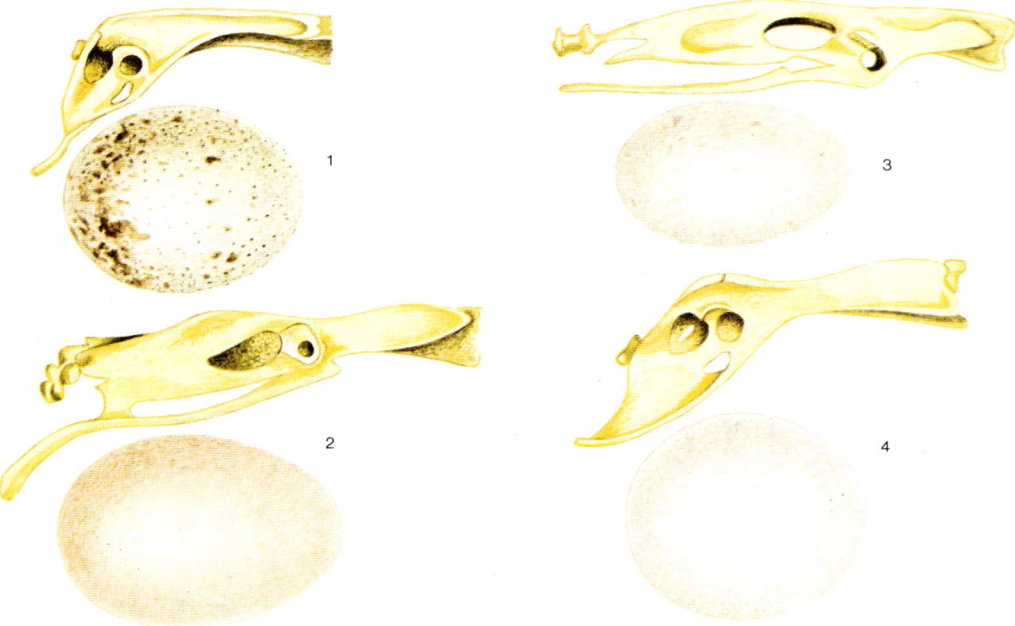

Die meisten Kleinvögel halten ihre Nester sehr sauber. Während des Nestlingsstadiums werden die Kotballen der Jungen, die häufig in gelatinösen Säckchen verpackt sind, von den Altvögeln entweder verspeist oder ein Stück vom Nest wegtransportiert. Das Bild zeigt einen Schilfrohrsänger *Acrocephalus schoenobaenus* bei dieser Tätigkeit.

Ein Altvogel untersucht den Nestrand nach Fremdmaterial oder Parasiten. Das kräftige Schütteln verbessert den Zustand des Nestes wie ein Frischmachen des Bettes.

Brutfürsorge: (1) Ein Mönchsgeier *Aegypius monachus* bringt seinen Jungen Wasser im Schnabel, (2) ein Altvogel der Rauchschwalbe *Hirundo rustica* füttert sein eben flügges Junges, (3) eine junge Silbermöwe *Larus argentatus* pickt nach dem roten Fleck am Schnabel der Mutter und regt damit das Auswürgen von Nahrung an, (4) eine Wasserralle *Rallus aquaticus* entfernt die Eierschalen von einem schlüpfenden Jungen und (5) junge Hoatzins *Opisthocomus hoatzin*, die anscheinend auch von älteren Jungen mitbetreut werden können.

Auch die meisten Nestflüchter suchen bei der Mutter regelmäßig Wärme oder Schutz vor Gefahren. Sie profitieren von den Warnschreien der Mutter und lernen von ihr Wachsamkeit und richtiges Verhalten bei der Futtersuche. Die Haushenne kratzt für ihre Küken den Boden auf. Manche Rallen bringen ihren Jungen zunächst Futter, auch Austernfischer tun dies; allmählich werden die Jungen dann selbständig. Einige Tauchereltern bringen ihren Jungen nicht nur Futter, sie tragen sie auch auf dem Rücken zu guten Futterplätzen hin.

Es lassen sich keine Regeln aufstellen, die für alle Arten gültig wären. Die Alken liefern ein gutes Beispiel für die Schwierigkeit der Zuordnung: Sie werden als Nestflüchter klassifiziert; die Jungen sind voll befiedert und haben offene Augen. Jungvögel der Gattung *Synthliborhamphus* verlassen den Nistfelsen nach ein oder zwei Tagen und schwimmen in Gesellschaft ihrer Eltern ins Meer hinaus, um dort ihre Entwicklung abzuschließen. Der Tordalk und die Troddellumme verlassen den Nistfelsen, wenn sie etwa ein Drittel ihrer späteren Größe erreicht haben. Sie hüpfen oder taumeln in der Abenddämmerung zum Meer hinunter und erscheinen sehr unbeholfen, kommen aber sicher unten an. Ihre großen Flugfedern sind zwar noch nicht gewachsen, aber die Stummelflügelchen bremsen in ausreichendem Maß. Für räuberische Möwen ist es um diese Zeit zu dunkel, und in der Morgendämmerung sind die Jungen bereits sicher im Wasser. Die Taubenteiste und der atlantische Papageitaucher bleiben im Nest, bis sie voll ausgewachsen sind, und das dauert bei letzterem etwa sechs Wochen. Dann können sie allerdings gut fliegen und sind nicht mehr auf die Hilfe der Eltern angewiesen. Auch sie verlassen ihr Erdnest im Dunkeln, um vor Räubern sicher zu sein.

Viele andere Vögel lassen sich nicht eindeutig als Nesthocker oder Nestflüchter einordnen. Reiher und Greifvögel haben als Küken die Augen offen und gut ausgebildete Daunen; sie bleiben aber für die ganze Nistperiode im Nest. Eulen schlüpfen dagegen blind, Möwen und Seeschwalben haben voll entwickelte, gut tarnende Daunen und offene Augen; sie bleiben lieber in Nestnähe, doch wenn sie sich weiter entfernt haben und Gefahr droht, können sie ausgezeichnet laufen. Junge Ziegenmelker sind vortrefflich getarnt und bewegen sich nur wenig von dem sehr dürftig auf dem Boden angelegten Nest weg.

Die Vogeleltern haben viele Pflichten. Sie müssen ihre Jungen vor Räubern schützen und darauf achten, daß sie durch ihre Besuche das Nest nicht verraten. Die Umgebung des Nestes muß reinlich gehalten werden, also auch frei von Kot. Die meisten kleinen Vögel produzieren ihre Ausscheidungen in Fäkalsäckchen, die von den Eltern anfangs gefressen, doch später in einiger Entfernung vom Nest abgelegt werden. Bei den Watvögeln müssen die Eierschalen beseitigt werden, weil die weiße Schaleninnenseite verräterisch wäre.

Die meisten Vogeleltern locken etwaige Räuber vom Nest weg oder lenken sie auf irgendeine Weise ab. Amseln können mit den Füßen oder dem Schnabel ziemlich harte Schläge austeilen, wenn Greifvögel knapp über dem Nest hinfliegen. Bodennister tun manchmal so, als seien sie verletzt und flugunfähig, aber wenn der Räuber sie verfolgt, halten sie sich immer genau außer Reichweite. Haben sie den Feind weit genug vom Nest weggelockt, fliegen sie plötzlich davon.

Die Eltern müssen ihre Jungen warmhalten, besonders wenn sie noch nackt und sehr klein sind. Hat das Weibchen die Jungen ausreichend gewärmt, fliegt es zur Futtersuche weg. Wie lange es zum Wärmen im Nest bleiben muß, hängt in erster Linie vom Wetter ab; je kälter es ist, desto weniger Zeit hat das Muttertier zur Futtersuche. Bei sehr kaltem Wetter kann das Weibchen nicht mit auf Futtersuche gehen; das Männchen allein findet aber oft nicht genug, und so gehen viele Jungvögel zugrunde.

Die kleinen Insektenfresser unter den Waldvögeln finden ihr Futter meistens ziemlich leicht und reichlich. Die Blaumeise fliegt das Nest bis zu tausendmal täglich an, um die schnellwachsenden Jungen zu sättigen. Andere Vögel arbeiten sechzehn oder achtzehn Stunden täglich und machen über 200 Besuche. Einige Ar-

Einige Watvogelarten, die in sehr heißen Gebieten leben, bringen wie dieser Krokodilswächter *Pluvianus aegyptius* Wasser zur Kühlung von Eier und Jungen.

ten sammeln die erbeuteten Insekten im Kropf und kommen nur ein paarmal mit größeren Mengen zum Nest; analog verfahren manche Samenfresser. Größere Vögel, wie Möwen, Reiher und Störche, kommen in unregelmäßigen Abständen ans Nest mit Fischen oder anderem Futter, das sie für die Jungen auswürgen. Greifvögel müssen ihre Beute sehr oft erst für die Jungen aufbrechen. Einen Extremfall stellen einige Meeresvögel dar, die über weite Strecken fliegen müssen und nur alle vier bis fünf Tage mit größeren Futtermengen zum Nest zurückkehren. Um den Transport großer Futtermengen über weite Strecken zu vereinfachen, sind zum Beispiel Sturmtaucher dazu übergegangen, die erbeuteten Fische vorzuverdauen. Da Fisch bis zu 70% Wasser enthält und das Wasser zum Teil ausgeschieden wird, bringen sie eine äußerst proteinreiche, dicke »Suppe« für ihre Jungen mit.

Tauben haben eine ausgefallene Fütterungsmethode: Während der Brutzeit schwellen den Eltern die Kropfschleimhäute an und sondern eine weißliche Flüssigkeit ab, die sogenannte Kropfmilch. Die Jungen stecken den Eltern den Kopf in den Schlund und trinken diese Kropfmilch — ein einmaliger Fall von Anpassung! Die meisten Arten verpflegen ihre Nestlinge normalerweise mit dem gleichen Futter, das sie selbst auch zu sich nehmen, allerdings in größeren Portionen.

Nur manche Finken füttern ihre Jungen mit Insekten statt mit Samen; wahrscheinlich ist der Wassergehalt der Samen zu gering, so daß die Jungen unter Wassermangel leiden und nicht gedeihen würden. Außerdem sind Insekten proteinreicher. Der amerikanische Storch bringt seinen Jungen Wasser im Schnabel mit, und Flughühner saugen mit ihren Brustfedern Wasser an, damit es die Jungen von den Federspitzen wegnippen können.

Greifvögel müssen vor allem darauf achten, daß die Jungen von der Beute nicht verletzt werden können. Bienenfresser entfernen für die Jungvögel erst den Stachel, und der Sekretär hackt gefangenen Schlangen den Kopf ab, ehe er die Jungen damit füttert. Sogar Vögel, die große Raupen mitbringen, entfernen diesen erst die Freßwerkzeuge, damit sie den Jungen keinen Schaden zufügen.

Die meisten Vogelarten verteidigen heftig ihre Jungen gegen jeden Angreifer, dem sie einigermaßen gewachsen sind. Hier versucht ein Adeliepinguin *Pygoscelis adeliae* eine Große Raubmöve (Skua) *Catharacta skua* abzuwehren, die sein Küken erbeuten will. Die jungen Pinguine sind in Gefahr, sobald sie sich auch nur etwas von den schützenden Altvögeln fortbewegen, denn die Skuas sind viel schneller als die am Land unbeholfenen Pinguine.

(1, 2) Ziegenmelker *Caprimulgus europaeus* bringt ein Ei bzw. ein Junges in Sicherheit. (3) Auch die Waldschnepfe *Scolopax rusticola* soll ihr Junges mit den Beinen wegtragen können.

Bei den Meisen bekommen die Jungen zunächst kleinere Happen, zum Beispiel kleine Raupen, später dann größere, sobald sie diese schlucken können. Etwa um die Mitte der Nestlingsperiode bringen die Eltern reichlich Spinnen. Warum sie das tun, ist unbekannt; man nimmt an, daß dies mit der Federbildung zusammenhängt, die durch die Spinnennahrung gefördert wird.

Die Jungen betteln ihre Eltern um Futter an, und zwar sehr nachdrücklich; und je mehr sie betteln, desto mehr Futter bringen die Eltern an, denn schreiende Nestlinge locken unweigerlich Feinde an. Selbst die Warnschreie der Eltern können dann häufig schon zu spät kommen.

In der Regel legen die Vögel nur so viele Eier, wie sie Junge aufziehen können, denn je größer die Brut, desto größer auch der Futterbedarf. Bei einer Brut mit zahlreichen Jungen bekommt der einzelne Jungvogel allerdings — proportional gesehen — weniger Futter, so daß er mit geringerem Gewicht das Nest verläßt und schlechtere Überlebenschancen hat als ein kräftigerer Jungvogel aus einer weniger umfangreichen Brut. Bei kaltem Wetter jedoch, wenn die Vögel größere Nahrungsmengen zur Erhaltung ihrer Körpertemperatur brauchen, kann eine volle »Kinderstube« von Vorteil sein: Die Jungvögel wärmen sich gegenseitig und entlasten dadurch die Mutter, die nun ihrerseits länger auf Nahrungssuche gehen kann. — Als Faustregel gilt, daß ein Nesthocker so viel Futter braucht, wie er selbst wiegt.

Viele Nestflüchter, wie Rallen und Enten, haben 6 bis 15 Junge, Watvögel nur 2 bis 4. Kolibris ziehen meistens nur 1 bis 2 Junge auf; kleinere Vögel haben jedoch gewöhnlich mehr Junge. Manche sehr große Greifvögel, auch Albatrosse und Pinguine, ziehen immer nur ein Junges groß, jedoch auch hier kann es Ausnahmen geben. Tropenvögel haben meistens kleinere Gelege als Vögel der gemäßigten Zonen, denn diese erleben um die Brutzeit meistens einen Futterüberfluß, der die Aufzucht größerer Bruten ermöglicht. Auch Seevögel, die weit draußen auf dem Ozean Futter suchen, haben kleinere Gelege als andere, die ihr Futter aus der Umgebung beziehen. Höhlenbrüter ziehen mehr Junge auf als Vögel mit offenen Nestern; sie wachsen auch langsamer, weil sie in relativ großer Sicherheit leben und länger im Nest bleiben können.

Drosseln ernähren sich gerne von Gehäuseschnecken, die sie auf einem Stein als Amboß oder auf einer anderen festen Unterlage aufschlagen und so regelrechte »Schneckenschmieden« anlegen.

125

Königsalbatros *Diomedea epemophora* beim Füttern seines Jungen. Albatrosse ziehen nur ein Junges auf, das sie — insbesondere die großen Arten — über ein Jahr lang betreuen. Sie können daher nur jedes zweite Jahr brüten. Die Jungen werden mit ausgewürgtem Gemisch aus Fischen und Weichtieren gefüttert.

Bei Störungen flüchten manche junge Seeschwalben und Möwen aufs offene Wasser, um der Bedrohung zu entgehen. Bei diesem gefährlichen Unternehmen können sie leicht verlorengehen, doch es lohnt sich, wenn die Gefährdung durch Feinde in der Kolonie größer ist als auf dem Wasser. Dorthin werden sie mitunter auch von Altvögeln begleitet; im Bild eine Rüppellsche Seeschwalbe *Sterna bengalensis*.

Nestlinge (1) Singdrossel *Turdus ericeferum,* (2) Kiebitz *Vanellus vanellus,* (3) Mornellregenpfeifer *Eudromias morinellus,* (4) Reiherläufer *Dromas ardeola,* (5) Mittelsäger *Mergus serrator,* (6) Mantelmöwe *Larus marinus,* (7) Baßtölpel *Sula bassana,* (8) Steinadler *Aquila chrysaetos* und (9) Rosaflamingo *Phoenicopterus ruber.* Die Arten (1), (7) und (8) bleiben als Nesthocker im Nest, bis sie flügge sind. Die Möwe (6) bewegt sich nur wenig fort, um Deckung zu finden. Die Arten (2), (3), (4), (5) und (9) sind Nestflüchter, die wenige Tage nach dem Schlüpfen ihren Eltern folgen können. Der Reiherläufer (4) tut das jedoch gewöhnlich nicht, solange er noch ganz jung ist; seine Eltern bringen ihm Futter, ungewöhnlich für Watvögel.

Wenn die Futterbasis sehr schmal ist, müssen meistens ein paar Nestlinge verhungern. Viele Vögel fangen erst dann zu brüten an, wenn sämtliche Eier gelegt sind, damit alle Jungen gleichzeitig schlüpfen. Vögel, die zu brüten beginnen, bevor das Gelege komplett ist, füttern immer zuerst die größeren Jungen, die zuerst geschlüpft sind, so daß die kleineren häufig verhungern. Den Gesetzen der Natur entsprechend werden die schwächeren Jungen geopfert, damit die anderen kräftiger und lebensfähiger werden. Manche Vögel, wie Reiher, Eulen und Greifvögel, die sich von lebender Beute ernähren, schlüpfen oft asynchron; in anderen Gruppen gibt es gewöhnlich einen oder zwei Nachzügler, die geringere Überlebenschancen haben.

Bei guter Fütterung haben die Jungen, wenn sie das Nest verlassen, oft das Gewicht erwachsener Vögel; Sturmtaucher wiegen sogar eineinhalbmal soviel wie ihre Eltern. Dieses zusätzliche Fettpolster brauchen sie für ihren ersten Zug, denn die meisten können nicht mehr auf die Hilfe ihrer Eltern rechnen, wenn sie das Nest erst verlassen haben. Ein junger Segler zum Beispiel verließ sein Nest in England und wurde vier Tage später in Spanien getötet, während die Eltern noch ihr Heimatnest bewohnten. Ein ähnliches Schicksal erleiden wohl nicht viele Vögel, denn in der Regel stehen die Eltern anfangs ihren flügge gewordenen Jungen bei, die sich erst mit den Gefahren des Lebens vertraut machen müssen.

Sperlingsvögel kümmern sich meistens noch eine Woche um die flügge Brut, zeigen dann aber allmählich immer weniger Interesse, weil das Weibchen bereits die zweite Brut vorbereitet. Andere Vögel bleiben einen Monat, oft auch ein Jahr oder länger bei den Eltern, und dazu gehören fast alle Arten mit Gruppenrevieren. Nordische Wildgänse bleiben während des Fluges nach Süden als Familienverbände zusammen, so daß die Jungen die traditionellen Routen und Futterplätze der Alten kennenlernen. Fregattvögel, andere große Seevögel und Greifvögel kümmern sich viele Monate lang um ihre Jungen und tun dies noch länger, wenn sie im nächsten Jahr nicht brüten. Selbst der europäische Waldkauz, der Ende Mai oder Anfang Juni das Nest verläßt, wird bis Ende September von den Eltern betreut.

Nicht immer werden die Nestlinge und Jungvögel von beiden Elternteilen betreut. Bei vielen Nestflüchtern kommt ein solches »Familienleben« erst gar nicht zustande. Aber auch bei den Nesthockern, zum Beispiel den Kolibris, trägt die Last der Aufzucht manchmal allein das Weibchen. Die Aufteilung des Brütens, Fütterns und Beschützens der Jungen ist jedoch nie der Willkür der Einzeltiere überlassen, sondern als Instinkt, als vererbtes Verhalten jeweils der Art eigen und kann vom Individuum nicht durchbrochen werden. Vom menschlichen Standpunkt ist man oft versucht, die gemeinsame hingebungsvolle Brutpflege von Vogeleltern oder andererseits das Sich-Entziehen eines Partners — meistens des Männchens — von allen Unbequemlichkeiten der Aufzucht moralisch zu werten. Dieses Verhalten steht jedoch nicht dem einzelnen Tier zur Wahl, sondern ist fester Bestandteil der Art. Nur in dem langen Prozeß der Entwicklung, Anpassung und Spezialisierung vollziehen sich Verhaltensänderungen Schritt für Schritt in der Generationenfolge — niemals als Entscheidung des Individuums, wie sie dem Menschen möglich ist.

Die häufigste Erscheinung, daß die Brut von den Vogeleltern gemeinsam betreut wird, kann nach beiden Seiten hin abweichen: Bei manchen Arten beschränkt sich das Männchen auf die Revierverteidigung, während das Weibchen allein füttert, bei anderen Arten füttert nur das Männchen, das Weibchen hudert die Jungen, sorgt also ausschließlich für die lebenswichtige Nestwärme, oder es kümmert sich schon um das zweite Gelege. Bei Greifvögeln und manchen Sperlingsvögeln wiederum schafft das Männchen nur die Beute heran, die dann nur vom Weibchen zerkleinert und verfüttert wird.

Beim Rothuhn legt das Weibchen hintereinander zwei verschiedene Gelege, die vom Männchen und Weibchen getrennt ausgebrütet werden (Goodwin).

Spechte nisten gewöhnlich in selbstgefertigten Baumhöhlen. Wenn die Jungen größer geworden sind, kommen sie häufig schon zum Höhleneingang, sobald sie den Altvogel sich nahen hören. Dieser Grünspecht *Picus viridis* kann daher seine Jungen schon von außen füttern.

Die Männchen der Kaiserpinguine brüten das einzige Ei ohne Nest auf ihren Füßen ganz allein aus. Dabei stehen sie zwei Monate im Eis des antarktischen Winters ohne Futter. Rechtzeitig zum Schlüpfen kommt das Weibchen vom offenen Meer zurück, vollgestopft mit Futter, und übernimmt die Aufzucht, während das Männchen den langen Marsch zum Meer antritt, um sich das verlorene Körpergewicht wieder anzufressen.

Bei Straußen, Kasuaren und Nandus sind sowohl die Brut als auch die Aufzucht und das Führen allein Sache des Männchens. Das Weibchen hat lediglich die Eier »abzuliefern«.

Die Unterscheidung in Nesthocker, die oft noch sehr lange von den Eltern gefüttert werden müssen, und Nestflüchter, die gleich nach dem Schlüpfen das Nest verlassen können, bedeutet nicht, daß die Nestflüchter keiner elterlichen Pflege mehr bedürften. Das ist, wie am Beispiel der Großfußhühner ausgeführt wurde, bei einzelnen Arten möglich, aber nicht die Regel. Als es auf unseren Bauernhöfen noch Küken gab, konnte man gut beobachten, wie die Glucke für ihre Küken nicht nur lebenserhaltender Wärmeplatz war, sondern wie sie den Kleinen auch beibrachte, Futter aufzupicken.

Die Eltern der Nestflüchter müssen ihre Kinder durch Warnrufe vor Gefahren schützen. Enten und Taucher nehmen beim Schwimmen ihre Jungen oft auf dem Rücken mit und zeigen ihnen Futterplätze. Die Verständigung zwischen Eltern und Kindern geschieht über eine Reihe verschiedener Laute. Locken, Warnen und Futter, aber auch die Zufriedenheit der Kleinen oder deren Hilferuf, wenn sie den Anschluß verloren haben, können signalisiert werden.

Daneben spielen auch optische Reize eine Rolle, der Folgetrieb bei den Jungen ist häufig an ein sichtbares Kennzeichen der Altvögel gebunden. Hierbei scheint die optische Prägung der Küken gleich nach dem Schlüpfen stärker zu sein als ererbte Instinkte. Nur dadurch ist es möglich, daß zum Beispiel Puten oder Enten Hühnerküken erbrüten und führen können.

Angeboren ist dagegen das Verhalten der Küken bei Nestflüchtern nach einem Warnruf der Eltern. Sie ducken sich in die Deckung, sammeln sich oder zerstreuen sich blitzartig — je nach der Lebensweise einer Art.

Die Eltern sehen aber nicht tatenlos zu, wenn ihre Kinder entdeckt und angegriffen werden. Bekannt sind die Attacken der Greifvögel und Möwen, wenn ein Eindringling — auch von der Größe eines Menschen — ihren Brutplätzen zu nahe kommt. Sogar kleine Singvögel können sich dann in wütend zeternde Angreifer verwandeln. Andere Vögel — zum Beispiel Kiebitze und Enten — versuchen einen Feind von ihrer Brut abzuhalten, indem sie sich verletzt stellen, um so den Angreifer auf sich zu ziehen. Das Schauspiel endet erst außerhalb der Gefahrenzone. Nesthocker sind beim Ausfliegen etwa so weit entwickelt, wie Nestflüchter nach dem Schlüpfen. Nesthocker werden auch außerhalb des Nestes noch gefüttert, aber später, wenn sie selbständig leben können, oft aus dem Revier der Eltern von diesen selbst vertrieben.

Viele Bodenbrüter können aus dem Nest gefallene Eier wieder einrollen. Das Bild zeigt die Eirollbewegung mit der Schnabelunterseite für eine Graugans *Anser anser*.

Ein junger Schwarzkehl-Honiganzeiger *Indicator indicator*, ein Vertreter einer Gruppe, die bei Bartvögeln und Spechten parasitiert. Der frisch geschlüpfte Honiganzeiger tötet die Jungen der Wirtsvögel mit seinen scharfen Schnabelhaken. Diese Haken fallen später ab. Auffallend sind die stark ausgebildeten Schwielen am Fersengelenk. Der Vogel ruht den größten Teil seiner Nestlingszeit auf ihnen.

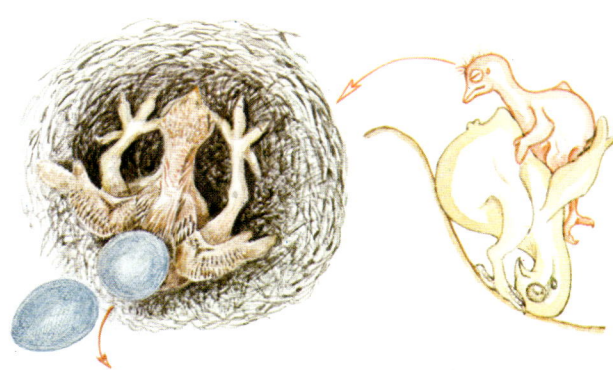

Ein frisch geschlüpftes Junges des europäischen Kuckucks *Cuculus canorus* kann Eier oder kleine Junge des Wirtsvogels, hier die einer Heckenbraunelle *Prunella modularis*, aus dem Nest werfen. Eine grubenartige Vertiefung im Rücken verhindert dabei, daß die Eier herunterrollen. Auch nach Verlassen des Nestes wird der Jungkuckuck von seinen Pflegeeltern noch gefüttert, selbst wenn er schon erheblich größer als diese geworden ist. Hier füttert ein Zaunkönig *Troglodytes troglodytes,* ein ungewöhnlicher Wirt, einen voll befiederten Jungkuckuck.

Brutparasiten

Eine kleine Gruppe von Vögeln hat sich darauf spezialisiert, ihre Eier in die Nester anderer Vögel zu legen, so daß die Jungen von Stiefeltern aufgezogen werden. Das tun vor allem Enten, Honiganzeiger, Kuckucke, Stärlinge und Witwen.

Man kann sich, wenn man die Gewohnheiten der einzelnen Arten studiert, ein gutes Bild von der Entwicklung dieser Parasitenvögel machen. Ein amerikanischer Stärling kümmert sich ganz normal um seine Jungen, nur daß er die Eier in verlassene Nester anderer Spezies legt. Die Kuckucksente legt ihre Eier in fremde Nester der verschiedensten Vogelarten und überläßt denen auch das Ausbrüten und die Aufzucht der Jungen; Enten sind allerdings fast immer Nestflüchter, so daß sie wenig Fürsorge von den Pflegeeltern brauchen. Der Gemeine Kuhstärling ist ebenfalls Brutparasit; dabei sind seine Eier kaum getarnt und könnten von den Pflegeeltern leicht zurückgewiesen werden. Einige Kuckucksvögel dagegen legen ihre Eier in die Nester solcher Vögel, deren Eier ähnlich aussehen, und bei Witwen gleichen die Schnäbel der Parasitenjungen ebenso wie ihr Ruf auffällig denen der Gasteltern bzw. ihrer Jungen.

Die Vollkommenheit dieser Anpassung führt zwangsläufig zu einem Verhalten der Pflegeeltern, das sich nachteilig auf die eigenen Jungen auswirkt. Der europäische Kuckuck geht so weit, daß er die Eier der Gasteltern aus dem Nest wirft, so daß diese dann keine eigenen Jungen ausbrüten. Selbst dann, wenn Parasiteneier mit eigenen zusammen ausgebrütet werden, ist die Sterblichkeit unter den eigenen Jungen ziemlich groß: Der Vogel könnte mehr eigene Junge ausbrüten, wenn der Parasit nicht wäre. Vogeleltern versuchen sich auch gegen Parasiten zu wehren. Einige verjagen das Kuckucksweibchen, bevor es sein Ei ablegen kann; andere erkennen das fremde Ei, verlassen das Nest und beginnen mit einem neuen Gelege, um sicherzugehen, daß sie nur eigene Junge aufziehen. Manche Vögel kennen auch ihre eigenen Jungen ganz genau und füttern das fremde Junge einfach nicht. In all diesen Fällen stirbt dann das Parasitenjunge. Natürlich entwickeln die Parasitenvögel als Evolutionsergebnis immer bessere Tarnungsmethoden, die Gasteltern aber immer stärker die Fähigkeit, zwischen eigenen und fremden Eiern oder Jungen unterscheiden zu können.

Die Parasitenvögel haben eine breite Skala von Möglichkeiten entwickelt, um ihre Strategie erfolgreich durchzuführen. Der männliche Honiganzeiger greift zum Beispiel ein Bartvogelpaar an; ist dieses vom Nest verjagt, legt das Weibchen des Honiganzeigers sein Ei hinein. Beim europäischen Kuckuck braucht das Weibchen nur acht Sekunden, um sein Ei in das fremde Nest zu legen und wieder davonzufliegen. Andere Vogelweibchen legen ihr Ei an einer anderen Stelle und tragen es im Schnabel in irgendein fremdes Nest. Der europäische Kuckuck spezialisiert sich auf bestimmte Gasteltern, und seine Eier gleichen jeweils den ihren. Das funktioniert wohl so: Die Jungen, die nur ausschlüpfen können, wenn ihre Eier nicht als fremd erkannt wurden, werden so auf die Gasteltern geprägt, daß sie als Erwachsene immer wieder zur gleichen Wirtsvogelart zurückkehren.

Die Eier mancher Parasitenvögel entwickeln sich schneller als die der Gasteltern. Deshalb kann auch der Parasitenvogel schneller wachsen als die eigene Brut der Wirte, ihr das Futter wegfressen und sie verdrängen. Das europäische Kuckucksweibchen legt nur jeden zweiten Tag ein Ei; möglicherweise beginnt die Bebrütung bzw. Entwicklung schon im Eileiter, so daß das Parasitenjunge auch einen oder zwei Tage früher als das Wirtsjunge schlüpft. Das Kuckucksjunge ist dann der einzige Vogel im Nest und so groß und gefräßig wie sonst die gesamte Brut. Häufig manövriert das Kuckucksjunge auch die anderen Eier aus dem Nest hinaus. Der junge Honigkuckuck besitzt einen speziellen Eizahn, mit dem er die Jungen seiner Gasteltern tötet. Dieser Eizahn fällt nach etwa einer Woche ab.

Der indische Koel, ein Kuckuck, legt sein Ei in Krähennester; als Anpassungsergebnis sind die jungen Vögel beider Geschlechter schwarz wie Krähen, aber

Der europäische Kuckuck *Cuculus canorus* (1) ist ein hoch-
spezialisierter Brutparasit. Die Abbildung zeigt ihn, wie er
ein Ei aus dem Nest des Wiesenpiepers *Anthus pratensis* entfernt, bevor er sein eigenes hineinlegt. Der Riesenstärling
Scaphidura oryzivora (2) ist ein Vertreter der Stärlinge der
Neuen Welt, der bei seinen Verwandten, hier einem Montezu-
mastirnvogel *Gymnostinops montezuma*, parasitiert. Auch die
Kuckucksente *Heteronetta atricapilla* (3) läßt ihre Eier von
anderen Vogelarten ausbrüten.

wenn sie flügge sind, werden die Weibchen braun, während die Männchen ihr Leben lang schwarz bleiben. Der junge Parasitenweber und die Jungen der Wirte sehen vom Rücken her gleich aus; nur die Bauchfedern sind anders, doch die sehen
die Gasteltern ja nicht; daher brauchte der Parasitenvogel dort auch keine passenden Federn zu entwickeln. Junge Witwenvögel (Whidafinken) werden von den Eltern nahe verwandter anderer Webervögel aufgezogen, die um den Schnabel herum Höcker und Zeichnungen aufweisen, die für die jeweilige Art charakteristisch
sind. Sie dienen dazu, die eigenen von fremden Jungen unterscheiden zu können,
aber die Parasitenvögel haben genau die gleichen Merkmale entwickelt, sogar fast
genau den gleichen Ruf. Es ist also ungeheuer schwierig für die unfreiwilligen
Gasteltern, die Parasitenjungen von ihren eigenen zu unterscheiden.

Nicht alle Arten der Familie der Kuckucke sind Brutparasiten. Neben verschiedenen Übergangsformen findet man auch normales Brutverhalten. In Mitteleuropa lebt außer dem europäischen Kuckuck keine andere Vogelart als Brutparasit.
Unser Kuckuck kennt keine Paarbildung — außer der Paarung gibt es ja keine gemeinsame Aufgabe. Der Kuckuck verteidigt auch kein Revier. Kuckucksweibchen legen etwa 20 Eier — also viel mehr als selbstbrütende Vögel. Der Über-
schuß muß die Verluste decken, die durch die vielfache Verteilung der Eier entstehen können. Denn das Weibchen legt jeweils nur ein einziges Ei in ein fremdes
Nest. Da — wie schon früher erwähnt — die Farbgebung der Eier auf einen bestimmten Wirt ausgerichtet ist, sucht sich das Kuckucksweibchen nacheinander

aufnahmefähige Nester eben dieser Vogelart. Die Bevorzugung, besser das Angewiesensein des Kuckucks auf eine Art von Wirtsvögeln ist erblich — nur so können die angepaßten Eier entwickelt werden. Das Kuckucksweibchen legt sein Ei nicht immer unmittelbar in das Wirtsnest. Es muß dafür eine passende Gelegenheit abwarten. So kommt es vor, daß das Ei zunächst auf den Boden gelegt und dann im Schnabel eingetragen wird. Mitunter wird das Ei sogar versteckt und erst bei der nächsten sich bietenden Gelegenheit abgeholt. Hat das Weibchen seine Eier ringsum verteilt, überwacht es die verschiedenen Nester, wie um sich zu vergewissern, daß die Eier von den Wirtsvögeln auch angenommen werden. Dies ist nicht immer der Fall. Mitunter geben die Wirtsvögel ihr um ein Kuckucksei bereichertes Gelege auf und beginnen eine andere Brut. Das Kuckucksweibchen findet sein eigenes Ei in einem verlassenen Nest wieder heraus und kann versuchen, es woanders unterzubringen.

Schon nach 12 Tagen schlüpft der junge Kuckuck. Er genießt so einen Vorsprung von 1 bis 2 Tagen. Obwohl er noch nackt und blind ist, versucht er sofort, etwa schon geschlüpfte Nestlinge oder Eier aus dem Nest zu befördern. Er beruhigt sich erst, wenn er das Nest allein behauptet und das Futter der Wirtsvögel nur für sich in Anspruch nehmen kann. Es ist erstaunlich, daß die Wirtsvögel nichts gegen dieses »mörderische Treiben« des jungen Kuckucks unternehmen. Sie füttern ihn mit Hingabe groß.

Parasitische Vögel: (1) Die Witwen parasitieren die Nester anderer kleiner Prachtfinken. Die Männchen der Paradieswitwe *Steganura paradisea* versammeln sich an gemeinsamen Balzplätzen, zu denen auch die Weibchen kommen, wenn sie paarungsbereit sind. Die Weibchen legen dann ihre Eier in die Nester anderer Finken, wie z.B. des hier gezeigten Grünflügel-Pytilia *Pytilia melba*. Jedes Weibchen des europäischen Kuckucks *Cuculus canorus* (2) legt Eier ganz bestimmter Zeichnungstypen, die denen der Wirtsvögel sehr ähnlich sind. Bei den Eierpaaren (3), (6) ist jeweils das Kuckucksei links angegeben (3) = Teichrohrsänger *Acrocephalus scirpaceus*, (4) V = Drosselrohrsänger *Acrocephalus arundinaceus*, (5) = Heckenbraunelle *Prunella modularis* und (6) = Sibirische Wiesenammer *Emberiza cioides*. Ein Paar Schwarznacken-Bartvögel *Lybius torquatus* (7) verjagt einen Honiganzeiger *Indicator minor* vom Nest.

131

ZUGVÖGEL

Überwinterung

Die Vögel, die den Sommer in gemäßigten Zonen verbringen, müssen sich im Herbst entscheiden, ob sie bleiben oder in den Süden ziehen wollen. Der Flug in das Winterquartier dauert oft sehr lang und führt über gefährliche und unwirtliche Gegenden, wo es wenig Futter gibt. Junge Vögel verfügen überdies noch über keinerlei Erfahrung mit den Bedingungen des Zielgebiets. Wenn sie bleiben wollen, müssen sie dagegen oft mit strengen, schneereichen Wintern rechnen. Diese »Entscheidung« hat der Vogel natürlich nicht jedes Jahr selbst zu treffen, sondern jede Art hat im Lauf der Zeit genau den »Entschluß« entwickelt, der für sie am sichersten ist. Vögel aus arktischen Gegenden und solche, die sich von Insekten ernähren, müssen wegziehen. Andere ziehen nur dann, wenn die Futterbasis zu gering wird. Diese Arten nennt man Invasionsvögel; dazu gehören viele Samenfresser, die Schnee-Eule und der Rauhfußbussard.

Von Buchfink, Amsel und europäischem Rotkehlchen fliegen dagegen nur Teile des Gesamtbestandes in den Süden, andere aber bleiben in der Heimat oder in der Nähe zurück. Wenn mehrere milde Winter aufeinander folgen, bleibt eine größere Zahl Vögel in der Heimat, und nach strengen Wintern ziehen mehr Vögel weg. In milden Wintern haben die Vögel bessere Überlebenschancen in der Heimat als auf dem gefährlichen Flug ins Winterquartier. Man nimmt an, daß die Verhaltensweise junger Vögel in erster Linie von der Gewohnheit der Vogeleltern abhängt, daß sich aber die älteren Vögel im allgemeinen nach den Erfahrungen aus dem vorhergehenden Winter richten.

Man kann beobachten, daß bei den Teilziehern mehr junge als ältere und mehr weibliche als männliche Vögel sind. Gibt es nämlich Futterkämpfe, dann sind junge und weibliche Vögel gegenüber den anderen im Nachteil, und deshalb ist ihr Überleben während strengerer Winter in der Heimat stärker gefährdet.

Insekten und Früchte gibt es im Winter nicht, und so gestaltet sich die Futtersuche äußerst schwierig. Deshalb müssen sich die Vögel, die in der Heimat bleiben, ernährungsmäßig oft umstellen. Wasser- und Watvögel ziehen häufig nur ein Stück nach Süden, bleiben aber weiter in der gemäßigten Zone, und Marschen und Küstengebiete sind im Winter stärker von Vögeln bevölkert als im Sommer. Da sie offenes Wasser zur Nahrungssuche brauchen, ziehen viele dieser Vögel nur vom Inland an die Küste, wo durch den wärmenden Einfluß des Meeres das Winterwetter milder ist. In Westeuropa finden sich im Winter viele Wasservögel, Amseln und Kiebitze aus Polen und Rußland.

Die Amsel, ein Zivilisationsfolger, zog früher regelmäßig in südliche Winterquartiere. Seit sie unsere Städte so erfolgreich erobert hat, bleibt sie zunehmend auch im Winter bei uns. Eine Stadt strahlt viel Wärme aus, die Winter sind also hier nicht so kalt wie auf dem flachen Land. Die Häuser bieten einen gewissen Windschutz. Eine wichtige Rolle spielt natürlich die Tatsache, daß die Vögel der Städte im Winter gefüttert werden. Auch wo das nicht der Fall ist, erweisen sich die Lebensbedingungen durch das Fehlen natürlicher Feinde als günstig, der Zugtrieb erlischt allmählich.

Überwinternde Zaunkönige *Troglodytes troglodytes* sparen Energie, wenn sie sich an gemeinschaftlichen Schlafplätzen eng zusammenkuscheln. Manchmal können 30 bis 40 Zaunkönige in einem einzigen Nest einer Mehlschwalbe *Delichon urbica* versammelt sein.

Das Schneehuhn *Lagopus mutus* lebt in sehr kalten Gegenden. Es verbringt die Nacht in selbstgegrabenen Tunnels im Schnee und spart dabei ebenfalls Energie. Die Temperatur in den Schneehöhlen liegt erheblich über der Außentemperatur, und hier sind sie auch vor den kalten Winden geschützt. Bei starkem Schneefall müssen sich die Hühner auch wieder ausgraben. Das Bild zeigt ein Schneehuhn im Winterkleid beim Verlassen der Höhle.

Arten, die in kalten Klimazonen überwintern: (Wenigstens einige Populationen dieser Arten verbringen den Winter in Gegenden mit hoher Schneelage) (1) Hakengimpel *Pinicola enucleator*, (2) Schwarzkopfhäher *Cyanocitta stelleri*, (3) Haubenmeise *Parus cristatus*, (4) Schnee-Eule *Nyctea scandiaca*. Häher und Meisen speichern Nahrungsvorräte im Herbst, die ihnen ein Überleben in den kurzen, kalten Wintertagen ermöglichen. Andere Arten, wie die Schnee-Eule, wandern bei Erschöpfung der Nahrungsvorräte weiter nach Süden oder ziehen unstet umher, wie die Kreuzschnäbel.

Steinschmätzer kommen im größten Teil der nördlichen Hemisphäre in den gemäßigten Breiten vor. Die nordatlantischen Brutvögel müssen auf ihrem Weg ins afrikanische Winterquartier weite Hochseestrecken überfliegen. Die Brutvögel von Süd-Grönland gehen erst wieder an Land, wenn sie auf ihrem Zug Nord-Spanien (nach 3000 km!) erreicht haben. Sie benötigen hierzu rund 3 Tage.

Einige typische Zugvögel: (1) Europäischer Kuckuck *Cuculus canorus*, (2) Lazuli-Ammer *Passerina amonea*, (3) Falkenraubmöwe *Stercorarius longicaudus*, (4) Gelbstirn-Vireo *Vireo flavifrons*, (5) Rotkopfspecht *Melanerpes erythrocephalus*, (6) Grauer Kranich *Grus grus*, (7) Tannenhäher *Nucifraga caryocatactes*, (8) Dunkler Sturmtaucher *Puffinus griseus*, (9) Graukopfalbatros *Diomedea chrysostoma*, (10) Rauchschwalbe *Hirundo rustica* (amerikanische Rasse), (11) Sturmschwalbe *Hydrobates pelagicus*, (12) Amerikanischer Säbelschnäbler *Recurvirostra americana*, (13) Mauersegler *Apus apus*, (14) Rotbrauner Kolibri *Selasphorus rufus*, (15) Blauflügelente *Anas discors*, (16) Brandseeschwalbe *Sterna sandvicensis*, (17) Spatelraubmöwe *Stercorarius pomarinus*, und (18) Sumpfohreule *Asio flammeus*.

Eleonorenfalken *Falco eleonorae* brüten im Mittelmeergebiet im Herbst und ernähren ihre Jungen mit den europäischen Zugvögeln. Das Brutgebiet und die Winterquartiere sind nicht genau bekannt, doch überwintern sicher einige Eleonorenfalken im 6000 km entfernten Madagaskar.

Der Vogelzug

Am Ende jeder Eiszeit kam mit dem Abschmelzen der Eisdecke immer mehr vogelfreies Land zum Vorschein. Gerade diese Gebiete boten im Sommer die besten Futter- und Brutplätze, so daß Vögel, die nach Norden flogen, im Überfluß lebten, für den Winter aber wieder nach dem Süden zurückkehren mußten. Allmählich wich das Eis immer mehr zurück, und die Vögel mußten immer weiter fliegen. Man nimmt an, daß auf diese Weise im Laufe der Jahrtausende die Zugvogelrouten entstanden.

Ausgesprochene Vogelzüge verlagern einmal pro Jahr eine ganze Vogelbevölkerung aus einem eng umrissenen Brutgebiet in ein ebenso klar als Nichtbrutgebiet definiertes Terrain und wieder zurück. Dazu gehören auch Vertikalwanderungen von Bergvögeln. Man kennt aber kaum eine Zugvogelart, die sowohl im Sommer- als auch im Winterquartier brütet.

Der Vogelzug findet also deshalb statt, weil das Brüten im Winterquartier ebenso unmöglich oder mindestens schwierig ist wie das ganzjährige Überleben im Sommerquartier, wo gebrütet wird. Die Vögel müssen aufbrechen, ehe das Wetter zu kalt wird, denn jede Verzögerung ist lebensgefährlich. Die Zugvögel müssen für den langen Flug in ausgezeichneter Verfassung sein und gute Fettvorräte angelegt haben. Einige kleine Waldsänger, wie der nordamerikanische Blackpoll oder der Schilfrohrsänger, dessen Gewicht durchschnittlich 12 g beträgt, wiegen zu Beginn des Zuges oft doppelt soviel, und der Sanderling, ein Strandläufer, erhöht vor der Abreise sein Gewicht von 60 auf 120 g. Größere Vögel, wie Gänse, legen sich ungefähr 50 % ihres normalen Körpergewichtes an Fett zu, ehe sie sich auf den langen Flug machen. Die Vögel müssen also über reiche Nahrungsgebiete verfügen, ehe sie auf die Reise gehen.

Manche Flugrouten sind ausnehmend lang. Der 8 g leichte Fitislaubsänger beispielsweise unternimmt einen erstaunlich weiten Flug; ein kleiner Bestand dieser Art brütet in Alaska und überwintert — wie ihre weiter östlich heimischen Artgenossen von den gleichen Breitenlagen — in Afrika, so daß sie ca. 13 000 km oder mehr zurücklegen müssen. Die arktische Küstenseeschwalbe, die den nördlichen Winter in der Antarktis verbringt und so jährlich zwei Sommer erlebt, fliegt jedesmal 14 500 km. Viele kleine Landvögel, die über weite Wasserflächen fliegen, finden unterwegs keinen Rastplatz. Steinschmätzer aus Grönland fliegen 3 200 km bis zur Nordküste von Spanien, und die Goldregenpfeifer legen 4 000 km von Alaska bis Hawaii zurück.

Eine Reihe kleiner Vögel verirrt sich jeden Herbst an der Ostküste Amerikas und landet in Europa. Viele dieser Vögel verdanken ihr Überleben nur der Rastmöglichkeit auf einem Schiff, denn diese Reiseroute ist viel länger als die ursprünglich vorgesehene. Andere wieder hatten möglicherweise starken Rückenwind, so daß der Flug weniger anstrengend war.

Unser heutiges Wissen um die Tatsache des jährlichen Vogelzugs ist noch nicht alt. Aristoteles, Philosoph und Naturforscher der Antike, machte sich Gedanken über den Vogelzug. Während er die Wanderungen von Pelikanen und Kranichen erkannte, vermutete er von anderen Vögeln, daß sie sich im Winter nur verbergen. Bis ins Mittelalter hielt sich auch die immer wieder ungeprüft abgeschriebene Behauptung, daß sich eine Vogelart im Winter einfach in eine andere Vogelart verwandelt. Das mag durch die Beobachtung bestärkt worden sein, daß in unseren Breiten einige Vogelarten im Winter nicht zu sehen sind, während andere Arten, zum Beispiel die Schwanzmeisen, nur als Wintergäste auftreten. Den Sommer verbringen sie im Norden.

Ein Kaiser des Heiligen Römischen Reiches, der Staufer Friedrich II., hatte zur Blütezeit der Falknerei Anlaß, auch den Vogelzug wirklich zu beobachten. Um die Mitte des 13. Jahrhunderts schrieb er seine Ergebnisse auf. Um so erstaunlicher ist es, daß die Gelehrten der folgenden Jahrhunderte zu diesem Gegenstand

Obwohl Zugvögel auf ihren langen Wanderungen bei Tag und bei Nacht fliegen müssen, können sie doch primär in Tag- und Nachtzieher eingeteilt werden. Tagzieher: (1) Bergfink Fringilla montifringilla, (2) Rotdrossel Turdus iliacus, (3) Rauchschwalbe Hirundo rustica, (4) Rotschulterstärling Agelaius phoeniceus, (5) Kaminsegler Chaetura pelagica. Nachtzieher: (6) Blauer Kernbeißer Guiraca caerulea, (7) Rosabrüstiger Kernbeißer Pheuticus ludovicianus, (8) Schwarz-Weißer Sänger Mniotilta varia, (9) Blaukehlchen Cyanosylvia svecica und (10) Mönchsgrasmücke Sylvia atricapilla.

Der Borstenbrachvogel Numenius tahitiensis brütet rund um die Beringstraße und überwintert auf den Pazifischen Gesellschaftsinseln. Von seiner 10 000-km-Strecke muß er wenigstens 4000 km ohne Zwischenlandung überwinden.

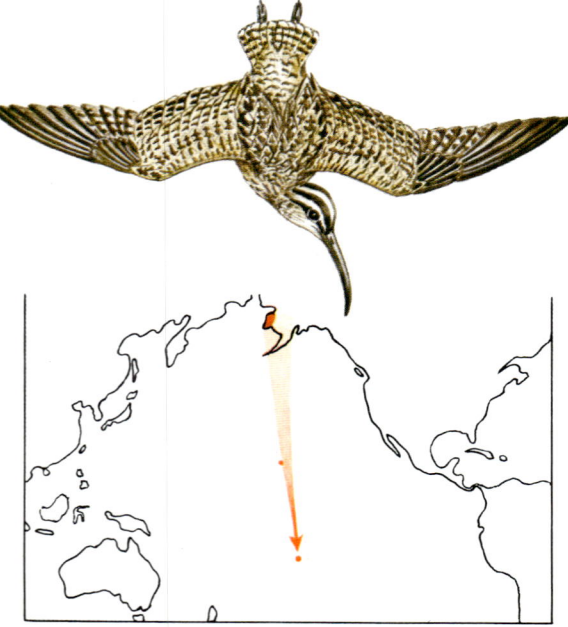

kaum etwas dazulernten. Ein Engländer ließ noch 1703 die Zugvögel auf dem Mond überwintern, und selbst der große schwedische Naturforscher, Carl von Linné, Zoologe und Botaniker zugleich, schrieb rund dreißig Jahre später von der Mehlschwalbe: ». . . gräbt sich im Winter völlig ein . . .«

Viele europäische Vögel überqueren das Mittelmeer, finden aber auch in Nordafrika keine Nahrungsquellen, denn die Sahara ist nicht einladender als das Meer. Dazu sind in letzter Zeit am Südrand der Sahara weite Strecken zu Dürregebieten geworden und vom Menschen ihrer letzten Vegetationsreste als Futter für Ziegen und Rinder beraubt worden, so daß die Vögel noch weiter fliegen müssen. Manche Arten der Grasmücken werden daher immer seltener.

Kleine Singvögel fliegen durchschnittlich 48 km/h, die größeren Watvögel etwas schneller. Um eine Entfernung von etwa 2400 km hinter sich zu bringen, müssen manche der kleinen Vögel Nonstopflüge von mindestens 48 Stunden schaffen. Gegenwinde halten sie dabei natürlich empfindlich auf; auch unvorhergesehene Routenverlängerungen beeinträchtigen die Kräfte der Vögel. Sie müssen daher auf alle Fälle vor dem Flug möglichst viel Fett ansetzen.

Waldsänger sind Nachtzügler, das heißt, sie fliegen in der Abenddämmerung ab und müssen die Nacht durch fliegen. Finken fliegen nur bei Tag und machen meistens kürzere Reisen. In den USA halten sich die Finken und Ammern an den südlichen Küsten auf, während die Waldsänger zu den Karibischen Inseln fliegen.

Auch Greifvögel, Störche und Kraniche fliegen bei Tag, doch aus anderen Gründen. Diese großen und relativ schweren Vögel sparen damit Energie, daß sie sich mit dem Wind treiben lassen und die Thermik ausnützen, die es ja nur untertags gibt. Hier und in den Aufwinden der Berge brauchen sie eine gute Sicht und eine hervorragende Fluggewandtheit. Segler halten sich immer ziemlich genau an

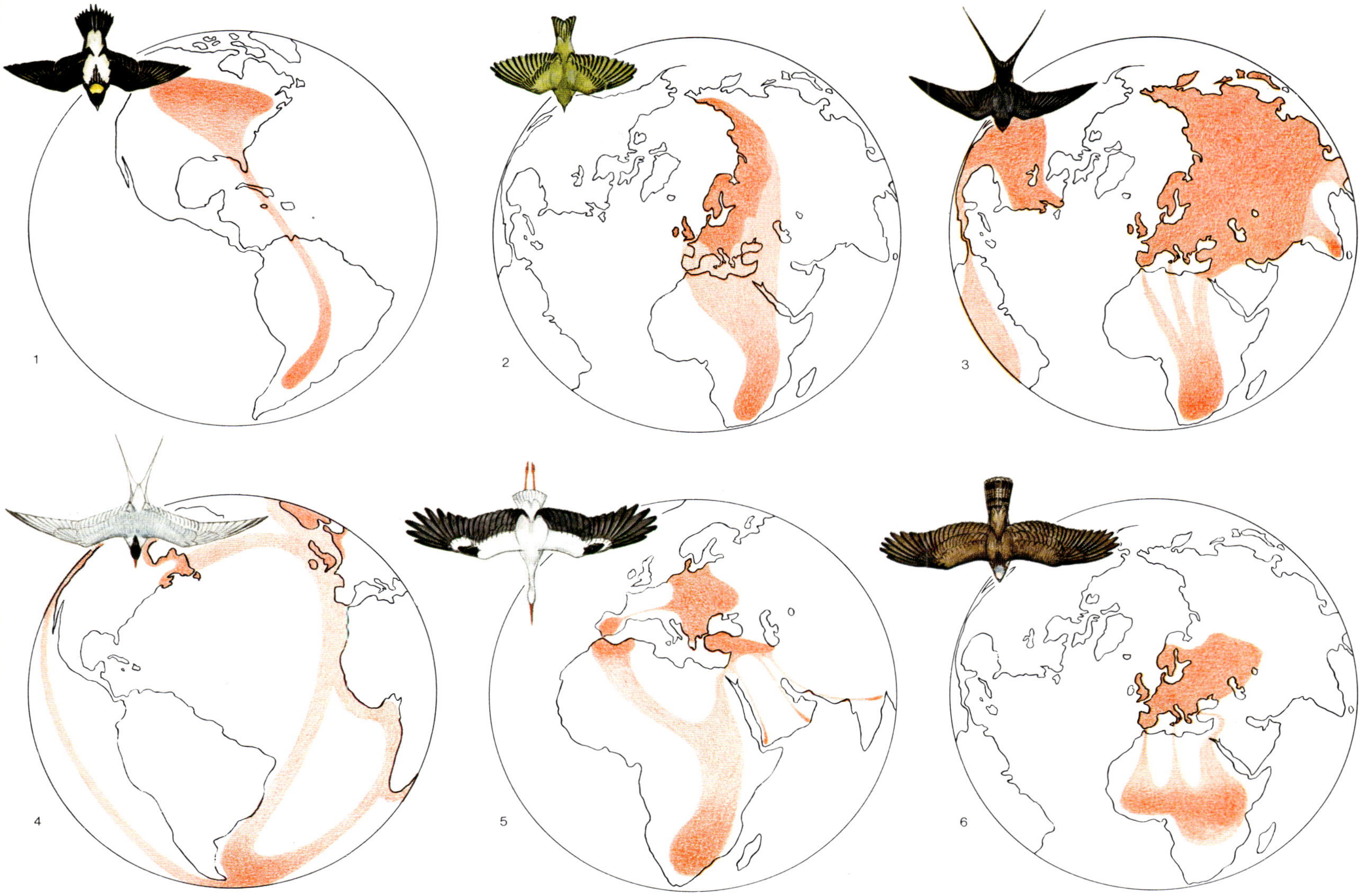

Zugvögel, die eine lange Entfernung zurücklegen: (1) Reisstärling *Dolichonyx oryzivous*, einer der am weitesten ziehenden Zugvögel der Neuen Welt; (2) Fitis *Phylloscopus trochilus*, verbringt den Winter in Afrika; (3) Mehl- *Delichon urbica* und Rauchschwalbe *Hirundo rustica*, Vögel aus verschiedenen Teilen Europas, überwintern in unterschiedlichen Gebieten Südafrikas; (4) die Küsten-Seeschwalbe *Sterna paradisea* macht von allen Arten die längste Reise; (5) der Weiße Storch *Ciconia ciconia* und (6) der Wespenbussard *Pernis apivorus* umgehen beide das Mittelmeer.

Der Kurzschwanzsturmtaucher *Puffinus tenuirostris* brütet in Südost-Australien; außerhalb der Brutzeit unternehmen wenigstens einige der Vögel eine ausgedehnte Pazifikreise in Form einer Acht.

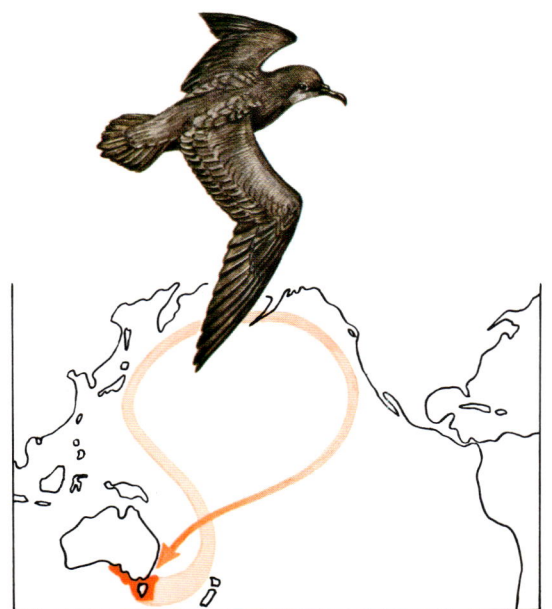

bestimmte Routen — zum Beispiel an Bergzügen entlang —, die sich aus den geographischen Bedingungen ergeben. Um lange Meeresrouten zu vermeiden, überqueren die europäischen Störche, die nach Afrika fliegen, das Mittelmeer entweder bei Gibraltar oder am Bosporus. In Amerika folgen die Wasserhühner mit Vorliebe dem Lauf großer Ströme, so daß die Vögel Rast einlegen können, wo sie wollen, und ihr Ziel trotzdem nicht aus den Augen verlieren. Finken und Krähen folgen gern der Küste und fliegen nicht über das Meer, wenn sie es vermeiden können. Der Buchfink aus Nordeuropa, der den Winter in England verbringt, fliegt die Küste von Holland und Belgien entlang und überquert am Cap Gris Nez den Kanal nach England, das heißt, er wählt die kürzere Route.

Nachtzugvögel fliegen im Gegensatz zu Tageszugvögeln in breiter Front, manchmal auch einzeln, um Zusammenstöße zu vermeiden. Im Herbst verlassen über 200 Arten Europa, um den Winter in Afrika zu verbringen. Es muß sich um eine Gesamtzahl von mindestens einer Milliarde Vögel handeln, vielleicht sogar um drei Milliarden Individuen. Die Nordküste Afrikas ist ca. 4000 km lang, so daß jede Küstenmeile täglich von 4000—12 000 Vögeln überflogen wird, und das zwei Monate lang!

Es handelt sich hier aber nur um grobe Schätzungen, die sich auf die Zahlen der in Europa brütenden Vögel und ihrer Jungen stützen. Ähnliche Zahlen treffen vermutlich auch für Nordamerika und Asien zu. Aus der südlichen Hemisphäre sind keine Zahlen bekannt. Man weiß jedoch, daß eine Papageienart aus Tasmanien nordwärts in andere Gebiete Australiens zieht, um dort zu überwintern. Auch in den Tropen wandern viele Vögel, um Trockenzeiten zu vermeiden. In Afrika ziehen verschiedene Vögel über dem Äquator hin und her, um von zwei Regenzeiten zu profitieren.

Navigation und Orientierung

Seit Menschengedenken weiß man, daß Vögel auch über sehr weite Strecken hin ihren Weg finden, und man benützte deshalb vor allem Tauben, gelegentlich aber auch andere Vögel zur Nachrichtenübermittlung. Die Ägypter haben mit Sicherheit Tauben benützt, und den Römern wird nachgesagt, daß sie farbiges Baumwollgewebe an den Ständern von Schwalben befestigt haben, um einen schnellen Bericht über die Ergebnisse bei den Wagenrennen zu geben. In der Neuzeit hat man durch das Beringen von Vögeln den Beweis für ihren Orientierungssinn erbracht. Der europäische Schwalbennestling aus einer Scheune in Nordeuropa verbringt den Winter in Südafrika und kehrt im Sommer an seinen angestammten Platz zurück, um hier zu brüten. Auch im Winter bezieht er immer dasselbe Revier. Wenn unterwegs eine Rast eingelegt wird, so geschieht das jedes Jahr fast an der gleichen Stelle. So hat der einzelne Vogel nicht nur zwei Heimatreviere, sondern auch zwei gleichbleibende »Anlaufhäfen«. Der einzelne Vogel muß also nicht nur ausgezeichnet navigieren können, sondern auch einer möglichst eng begrenzten Flugroute folgen.

Eine Reihe von Versuchen sind mit Vögeln vorgenommen worden, die man von ihren Brutplätzen weggenommen und etwas entfernt davon wieder freigelassen hat. Oft sind diese Vögel in bemerkenswert kurzer Zeit wieder zu ihren Nestern zurückgekehrt. Ein Schwarzschnabel-Sturmtaucher von Skokholm Island, in Wales, wurde in Boston, USA, freigelassen und kehrte innerhalb von 12 ½ Tagen wieder in sein Nest zurück, und ein Albatros aus Laysan unternahm einen Flug von vergleichbarer Länge und kehrte innerhalb von 10 Tagen nach Laysan zurück. Diese Zeiten bedeuten, daß die Vögel mehr oder weniger geradewegs von dem Ort ihrer Freilassung nach Hause flogen; sie hatten keine Zeit, herumzuschweifen, während sie ihren Heimweg suchten.

Um von einem Ort zu einem anderen zu gelangen, braucht der Mensch Landkarte und Kompaß, und eines ist ohne das andere ziemlich nutzlos. Zugvögel müssen sozusagen über beides verfügen: Sie müssen genau wissen, wohin sie wollen, und einen sehr ausgeprägten Richtungssinn ihr eigen nennen. Selbstverständlich hat auch der Vogel, dem beides angeboren ist, einiges dazuzulernen. Stare zum Beispiel, die durch Holland ziehen, verbringen den Winter in Nordwestfrankreich. Man fing einige Individuen aus dem Zug und brachte sie in die Schweiz, wo man sie wieder freiließ. Da benahmen sich nun junge und alte Vögel recht unterschiedlich. Die alten Vögel »disponierten um« und flogen nach Nordwestfrankreich, wo sie früher schon gewesen waren, die jungen Vögel aber folgten einer Route parallel zu ihrer ursprünglichen und verbrachten den Winter im Pyrenäengebiet. Die alten Vögel erkannten also, daß man sie von ihrer gewohnten Route abgelenkt hatte, und konnten in die ursprünglich vorgesehene Gegend finden. Den Jungvögeln fehlte zwar die Erfahrung des Winterquartiers, sie kannten aber die allgemeine Richtung und die ungefähre Entfernung, die sie zu fliegen hatten. Sie kehrten in ihre Heimatreviere zurück, und einige verbrachten nun auch künftige Winter dort, wohin sie »irrtümlich« geflogen waren.

Vögel richten sich vorwiegend nach der Sonne. Sie kennen sogar den der Tageszeit entsprechenden Sonnenstand und richten sich auch dann danach, wenn man sie vorher im Zimmer gehalten hat. Sie müssen also neben »Landkarte« und »Kompaß« auch eine »Uhr« besitzen. Es ist jedoch merkwürdigerweise schwieriger, einem Star die im Lauf des Tages gleichbleibende Sonnenpeilung einzuüben, als ihn nach einer ganz bestimmten Kompaßrichtung fliegen zu lassen.

Der Mensch kann seine Position auf der Erdoberfläche mit einer präzisen Uhr und einem Sextanten genau bestimmen. Diese Instrumente teilen ihm den Scheitelpunkt der Sonne mit und die genaue Zeit, wann sie diesen Punkt erreicht hat, und ermöglichen es ihm so, Längen- und Breitengrad seines Standorts auszurechnen. Vögel bringen anscheinend etwas Ähnliches fertig, und zwar auch zu ande-

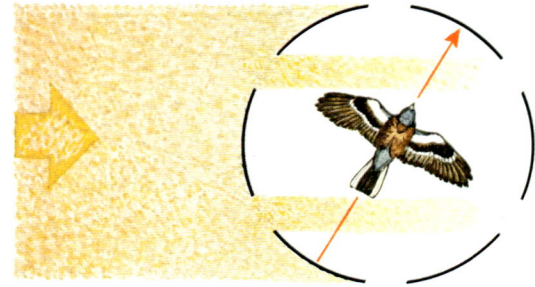

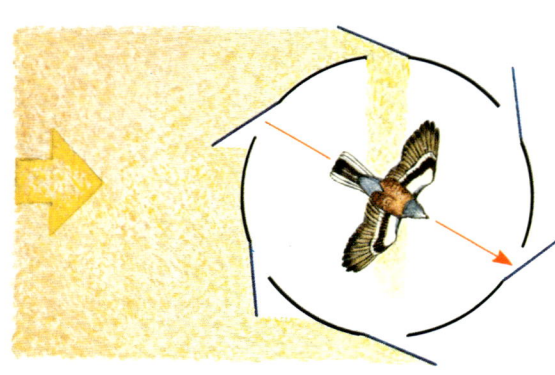

Orientierung: Primär bestimmen Vögel ihre Flugrichtung nach der Sonne oder den Sternen. Um das zu können, müssen sie die Tageszeit wissen; es ist nachgewiesen, daß sie eine genau funktionierende innere Uhr besitzen. Hier ein Buchfink *Fringilla coelebs* in einem Orientierungskäfig; er kann die Sonne durch eine Reihe von Fenstern sehen (oberes Bild. Wenn die Fenster durch Spiegel bedeckt werden (unteres Bild), können die Sonnenstrahlen nicht direkt gesehen werden, nur indirekt durch die Reflexion von den Spiegeln. Unter diesen Versuchsbedingungen ändert der Buchfink seine Orientierung dahin, wo er die Sonne vermutet.

Fast einmalig unter Vögeln orientieren sich die Fettschwalme der Gattung Salanganen inmitten dunkler Höhlen durch das Mittel des Echolots. Sie geben eine Serie von Geräuschen ab und bestimmen anhand des Echos ihre Lage zu den nächsten Felswänden der Höhle.

ren Zeiten als am Mittag. Man glaubt, daß Vögel, die dies bewerkstelligen, fähig sein müssen, die Bewegung der Sonne schon in einem winzigen Abschnitt ihrer Umlaufbahn zu beobachten und den Rest dieser Bahn zu extrapolieren. Es hat viele Diskussionen darüber gegeben, ob Vögel zu solchen Leistungen fähig sind oder nicht. Inzwischen gibt es zunehmend Beweise dafür, daß die Orientierungsleistungen vieler Tiere weit genauer sind als die des Menschen. Vögel können daher durchaus dazu besonders befähigt sein. Außerdem ist es ein schwaches Argument, daß die Messungen der Vögel angeblich nicht genau genug seien. Schließlich legen sie viele weite und komplizierte Flüge zurück und kommen gut ans Ziel. Welche Mittel auch immer sie dazu einsetzen mögen, sie liegen jenseits unserer unmittelbaren Erfahrung. Folglich ist es kein Wunder, daß es uns Menschen schwerfällt, den von der Wissenschaft angebotenen Erklärungen Glauben zu schenken.

Nicht nur die Sonne benützen die Vögel zur Orientierung, sondern auch die Sterne. Viele Zugvögel fliegen normalerweise bei Nacht. Man hatte schon Experimente durchgeführt, die die Fähigkeiten der Vögel untersuchten, die Sonne zur Orientierung zu benützen. Nun führte man einen ähnlichen Test durch, bei dem man Vögel bei sternklarer Nacht in Orientierungskäfige sperrte. In Gefangenschaft aufgezogene Singvögel, die den Himmel nie gesehen haben, können sich nach dem künstlichen Sternenhimmel eines Planetariums orientieren. Folglich sind zumindest gewisse Orientierungstechniken angeboren. Anscheinend brauchen die Vögel nur gewisse Sternbilder, um sich auf ihrer Flugroute zurechtzufinden. Eine dicke Wolkendecke behindert sowohl die bei Tag als auch die bei Nacht fliegenden Zugvögel in ihrer Fähigkeit, ihren Kurs einzuhalten.

Unter normalen Umständen kann man annehmen, daß Vögel ihren Weg entweder mit Hilfe der Sonne oder der Sterne finden. Eine der größten Gefahren droht den Zugvögeln — besonders den bei Nacht fliegenden — von Wetterumstürzen. Denn es werden dabei nicht nur die Sterne verdunkelt, sondern auch die Windrichtung kann sich schlagartig ändern. Die Vögel, die so ihrer Orientierungshilfe beraubt sind, können ihre Richtung nicht mehr beibehalten und sind in Gefahr, in unwirtliche Gebiete oder sogar aufs offene Meer abgetrieben zu werden. Unter solchen Bedingungen haben die Ornithologen auf den Beobachtungsstellen einen »guten Tag«, da vielleicht viele seltene Vögel auftauchen. Für die Vögel ist es allerdings ein böser Tag, da viele von ihnen nie mehr den richtigen Kurs finden werden und zugrunde gehen müssen. Möglicherweise werden wenigstens einige der älteren erfahrenen Vögel fähig sein, sich dennoch zu orientieren und die ursprüngliche Flugroute wiederzufinden, wenn sie nur genügend Nahrung bis zur Wetterbesserung finden. Neueste Forschungen lassen allerdings vermuten, daß Vögel bei bestimmten Gelegenheiten über geheimnisvolle Hilfsmittel zu verfügen scheinen, um ihren Weg zu finden. Welcher Art diese Hilfsmittel sind, ist nicht genau bekannt. Am wahrscheinlichsten ist eine zusätzliche Orientierung mit Hilfe des Magnetfeldes der Erde. Auch wenn zeitweise Zweifel daran bestanden, scheinen die Vögel außer den üblicherweise nicht angezweifelten Methoden diese Möglichkeit zusätzlich nutzen zu können.

Noch immer wissen wir nicht, wie die Vögel so schnell nach Hause finden. Bei vielen Freilassungs-Experimenten — häufig mit Brieftauben — erkannten die Tiere schon kurz nach der Freilassung aus lichtundurchlässigen Transportkäfigen, wo die Richtung lag, die sie nach Hause führte. Lange bevor die Vögel außer Sichtweite sind, fliegen die meisten von ihnen schon in die richtige Richtung. Viele von ihnen schlagen bereits innerhalb von dreißig Sekunden nach Freilassung den ungefähr passenden Kurs ein.

Die wichtigsten Vogelbeobachtungsstationen für den Vogelzug liegen für Deutschland auf den der Nordseeküste vorgelagerten Halligen und Inseln, die bedeutendste Vogelwarte ist Helgoland.

139

VOGELBESTÄNDE

Der Königs-Albatros *Diomedea epomophora* ist das Beispiel eines besonders langlebigen Seevogels. Das Studium dieser Art zeigte, daß nur etwa 3% aller Brütenden jedes Jahr sterben. Das bedeutet, daß das Durchschnittsalter der Erwachsenen etwa 38 Jahre beträgt.

Das Europäische Rotkehlchen *Erithacus rubecula* ist ziemlich typisch für einen kleinen Singvogel der gemäßigten Breiten, von denen rund 50-60% der ausgewachsenen Vögel innerhalb eines oder den nächsten Jahres sterben. So überlebt nur ein winziger Teil ein Alter von 10 Jahren.

Lebensdauer

Viele Untersuchungen — normalerweise mit beringten Vögeln — sind durchgeführt worden, um herauszufinden, wie alt Vögel werden können und wie viele pro Jahr sterben. Die kleinen Vögel der gemäßigten Klimazonen sind inzwischen wohl am besten erforscht, und man weiß, daß viele nur eine sehr kurze Lebensdauer haben. Bei Meisen und Rotkehlchen leben nur 50% der Tiere so lange, daß sie in zwei aufeinanderfolgenden Jahren brüten können. Bei einigen größeren Vogelarten, wie Star oder Amsel, kann die Überlebensrate bei ausgewachsenen Vögeln 66% betragen. Obgleich es einige Ausnahmen gibt, leben im allgemeinen die größeren Vögel länger als die kleineren. Das höchste Alter erreichen Seevögel und große Greifvögel, die bis zu 30 Jahre alt werden können. Von einigen Vogelarten weiß man, daß die ausgewachsenen Tiere eine Überlebensrate von 95% haben, was bedeutet, daß die Durchschnittslebensdauer der Tiere 20 Jahre beträgt. Folglich kann man annehmen, daß einige Individuen dieser Arten sogar beträchtlich älter als 30 Jahre werden können.

Die eben aufgeführten Daten scheinen im großen und ganzen für viele Vögel der gemäßigten Klimazonen zu gelten. Leider sind in anderen Gebieten nur wenige gründliche Untersuchungen durchgeführt worden. Insbesondere scheinen die Überlebensraten der tropischen Vögel sehr von den eben genannten abzuweichen. Im Moment erforscht man vor allem die dort lebenden kleinen Waldvögel und kommt zu dem Schluß, daß sie viel länger leben als vergleichbare Vögel der gemäßigten Zonen. Der schwarz-weiße Manakin aus Trinidad, ein Vogel von der Größe einer Meise, hat eine jährliche Überlebensrate von ungefähr 90%.

Die Sterbequoten der Vögel verlaufen nach einem Muster, das sich von dem der Säugetiere (Menschen eingeschlossen) ziemlich unterscheidet. Nach der hohen Säuglingssterblichkeit folgt bei den Säugetieren die Phase »mittleren Alters«, in der relativ wenige Exemplare sterben. Danach steigt die Sterbequote wieder an. Bei den Vögeln ist es anders. Nach der hohen Sterblichkeit der Küken bleibt die Sterbequote während des restlichen Vogellebens ziemlich konstant; es gibt keine Phase des »mittleren Alters«, in der wenige sterben, auf die wiederum eine Phase der hohen Sterblichkeit im Alter folgt. Daher ist es meist aufschlußreicher, bei den Vögeln zu sagen, daß die jährliche Sterbequote bei 10% liegt, statt das Alter anzugeben, das normalerweise erreicht wird. Man kann verallgemeinernd sagen, daß nur sehr wenige Vögel in hohem Alter sterben. Eine lange Lebensdauer, wie sie ab und zu in Gefangenschaft registriert wird, ist sehr selten.

Durch das Beringen von Vögeln erhielt man eine Reihe von Daten, nach denen einige freilebende Vögel ein beträchtliches Alter erreicht haben. Es muß jedoch betont werden, daß nur ein geringer Bestandteil wild lebender Vögel ein hohes Alter erreicht. Wenn z. B. 50% der Rotkehlchen pro Jahr sterben (die Durchschnittsquote), dann wird nur eins von jeweils 1000 Rotkehlchen zehn Jahre alt werden. Beringungs-Unterlagen zeigen, daß einige Möwen und Sturmtaucher von der Insel Man und ein Brachvogel das Alter von 30 und mehr Jahren erreichten. Eine Anzahl anderer Möwen, Seeschwalben und Greifvögel wurden zwischen 20 und 30 Jahre alt. Bei den kleineren Sperlingsvögeln der gemäßigten Zonen ist eine Lebensdauer von 10 Jahren schon sehr hoch.

Bei der Lachmöwe *Larus ridibundus* haben ausgewachsene Vögel eine Sterblichkeit von 25 % pro Jahr. Wenn sie erst einmal die Brutreife erreichen, haben sie eine Lebenserwartung von durchschnittlich 3 1/2 Jahren oder mehr. Wie bei anderen Arten ist die Überlebenschance der jungen Vögel geringer.

Bei vielen kleinen Vogelarten der gemäßigten Zonen ist die Sterblichkeit im Sommer erstaunlich hoch und erreicht fast die eines durchschnittlichen Winters. Häufig sterben die Vogelweibchen etwas früher als die Männchen, da sie häufiger im Nest sitzen und daher in größerer Gefahr sind, von Feinden erbeutet zu werden.

Die Überlebens- und Sterbequoten, die bisher besprochen wurden, gelten für ausgewachsene Vögel. Bei eben flügge gewordenen Jungvögeln ist die Sterblichkeit wesentlich höher. Da der Vogelbestand auf lange Sicht hin konstant bleibt, muß man folgern, daß die Anzahl der Jungvögel, die alt genug werden, um selbst zu brüten, die Anzahl der sterbenden ausgewachsenen Vögel ausgleicht. Wenn z. B. 50 % ausgewachsener Blaumeisen innerhalb eines Jahres sterben, dann muß im Durchschnitt ein Küken von jedem Paar überleben, um den Bestand aufrechtzuerhalten. Da Blaumeisen zehn und mehr Eier legen und häufig auch ausbrüten, folgt daraus, daß nur aus einem dieser Eier ein Jungvogel heranwächst, der lang genug lebt, um selbst zu brüten. Beringungsstudien bestätigen solche theoretischen Berechnungen. Bei den Kohlmeisen — bei ihnen sterben pro Jahr 50 % der ausgewachsenen Tiere — werden im Durchschnitt 5 oder 6 Junge eines Paares flügge, und etwa 17 % des entstehenden Bestands an Jungvögeln brütet seinerseits.

Bei größeren Vogelarten liegen die Sterbequoten etwas niedriger, doch auch hier sterben viele der Jungvögel. Viele der größeren Vogelarten sind erst nach mehreren Jahren reif zum Brüten. Im ersten Lebensjahr ist die Sterblichkeit am höchsten, aber während der ganzen Zeit vor der Geschlechtsreife bleibt die Sterbequote bei den Jungvögeln höher als bei den ausgewachsenen Tieren.

Die Sterblichkeit ist bei Nestlingen besonders hoch. Andererseits wird bei vielen Vogelarten angenommen, daß auch nach dem Flüggewerden, wenn sie es lernen müssen, sich selbst zu ernähren, viele sterben. Diese hohe Sterblichkeit bei Jungvögeln ist von Bedeutung bei den Untersuchungen über Vogelbestände.

Auch die Bestandsdichte eines Lebensraumes spielt eine bedeutende Rolle für die Höhe der Sterblichkeit. Individuen, die wegen zu hoher Bestandsdichte aus ihren Heimatrevieren abgedrängt werden, haben nur wenig Überlebenschancen. Die Verkleinerung eines Lebensraumes schädigt daher immer den Bestand einer Vogelart.

Der Höckerschwan *Cygnus olor* (1) hat ein Gelege von etwa sechs Eiern. Etwa 40 % davon schlüpfen, aber nur die Hälfte der Jungen erreicht die Flugfähigkeit. Weniger als ein Viertel der flugfähigen Jungen überlebt, bis sie in einem Alter von 4 Jahren selbst zum Brüten kommen. Wenn sie einmal voll ausgewachsen sind, liegt ihre Lebenserwartung bei fünf Jahren, 18 % sterben jedes Jahr. Nicht alle vergleichbaren Daten wurden für den Trompeterschwan *Cygnus buccinator* (2) erarbeitet, gleichen aber den vorhergenannten sehr.

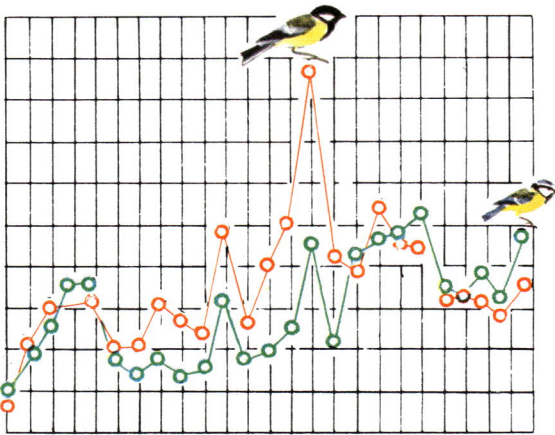

Die Anzahl von Paaren der Kohlmeise *Parus major* (rote Darstellung) und der Blaumeise *Parus caeruleus* (grüne Darstellung), die in einem kleinen Wald in Zentralengland brüten. Ungeachtet ihrer sehr großen Gelege bleibt ihre Zahl bemerkenswert konstant. Eine große Zunahme ist nur nach einem Winter, wo für die Vögel Sämereien im Überfluß vorhanden waren, zu verzeichnen.

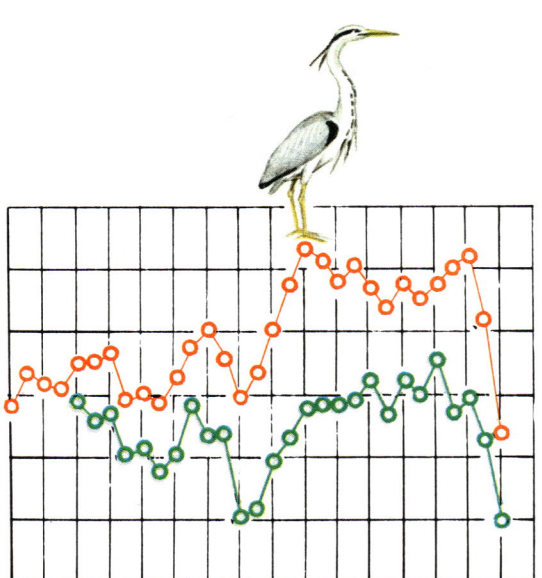

Die Bestände des Graureihers *Ardea cinerea* in zwei Regionen Englands. Das gleichzeitige Absinken zeigt die hohe Sterblichkeitsrate der Reiher in strengen Wintern, wenn ihre Fischgründe mit Eis bedeckt sind. Sind die nachfolgenden Winter mild, steigt der Bestand wieder auf die vorherige Größe an.

Bestandsschwankungen

Eines der überraschendsten Merkmale der Vogelbestände ist, wie wenig sich ihre jeweilige Gesamtzahl von Jahr zu Jahr verändert. Der Bestand bleibt konstant. In jedem Frühjahr wird ein Hausbesitzer entdecken, daß sein Garten von ein oder zwei Amselpärchen und ein oder zwei Meisenpärchen bevölkert wird. Wenn man die Gefahren bedenkt, die auf Vögel lauern, und wenn man andererseits die Anzahl der Jungen betrachtet, die sie manchmal aufziehen können, dann ist diese Unveränderlichkeit der Bestandsgrößen schon recht erstaunlich.

Solche zufälligen Beobachtungen werden durch genaue Zählungen der brütenden Vögel verschiedener Gegenden bestätigt. Auch wenn die Bestände von Zeit zu Zeit einmal zahlenmäßig schwanken mögen, so bleibt die Fluktuation doch erstaunlich gering im Vergleich zur theoretisch denkbaren Schwankungsstärke. Wenn man z.B. ein Pärchen Amseln betrachtet, dann brüten diese zwei- bis dreimal pro Jahr und ziehen vielleicht 8 Junge auf. Wenn all diese Vögel überlebten, dann würde es im nächsten Jahr 10 Vögel (oder 5 Pärchen) geben. Wenn alle Eltern und Jungen wiederum überlebten, würde solch ein einziges Paar es auf 25, 125 und 625 Pärchen im dritten, vierten und fünften Jahr bringen.

Man braucht keine genauen Berechnungen, um zu wissen, daß so etwas in Wirklichkeit nicht vorkommt — aber wodurch wird es eigentlich verhindert? Der Vogelbestand eines bestimmten Gebiets hängt von Geburt und Tod ab. Wenn der Vogelbestand konstant bleibt, sind Geburten- und Todesziffer gleich. Daher müssen in unserem Beispiel von den Gartenvögeln pro Jahr die gleiche Zahl von Vögeln ausschlüpfen und sterben. Dies braucht nicht in jedem Garten so der Fall zu sein, entspricht aber dem Durchschnitt.

Ein Faktor, der auf solche Berechnungen Einfluß hat, ist die Zu- und Abwanderung einzelner Vögel in oder aus dem Gebiet der Zählungen. Dies geschieht unzweifelhaft bei Vogelbeständen, die sich in einer bestimmten Gegend zu stark fortpflanzen und daraufhin in weniger besiedelte Gebiete überwechseln, wo die Vögel nicht fähig waren, ihren Bestand aufrechtzuerhalten.

Ornithologen führen Untersuchungen über brütende Vögel am liebsten während des Sommers durch. In dieser Jahreszeit sind die Vögel seßhaft und können daher einfacher gezählt werden. Zu Beginn der Brutzeit ist die Anzahl der Vögel am geringsten. Nachdem die Küken ausgeschlüpft sind, steigt die Zahl schon zwei bis drei Wochen danach — Alte und Jungvögel zusammengerechnet — rapide an, bis sie ihren Höhepunkt gegen Ende der Nistzeit erreicht hat. Wenn die Jungvögel dann die Nester verlassen, sinkt die Anzahl stark ab, da viele von ihnen zugrunde gehen. Ein Großteil der Jungvögel ist im Herbst bereits schon gestorben. Danach nimmt der Bestand weiterhin ganz langsam ab, bis er kurz vor der nächsten Brutzeit seinen Tiefpunkt erreicht hat.

Auch wenn die Vogelbestände als ganzes genommen ziemlich konstant bleiben, so gibt es dennoch Veränderungen. Die meisten haben von Jahr zu Jahr eine etwas unterschiedliche Größe, und diese Unterschiede können mitunter sogar recht groß werden.

Die Gründe dafür sind zahlreich und vielfältig. Wie im Fall des Graureihers, des Eisvogels und anderer Vogelarten, die auf offenes Wasser angewiesen sind, kann ein harter Winter für viele Tiere das Ende bedeuten. Sobald das Wasser zugefroren ist, können diese Vögel keine Nahrung mehr finden und gehen in großer Zahl zugrunde. Ähnliche Wirkung hat starker Frost auf viele der Vögel, die ihre Nahrung auf der Erde suchen, wie z.B. Drosseln und Stelzvögel. Die Kälte an sich macht den Vögeln nicht so viel aus. Sogar kleine Vögel halten starken Frost aus, immer vorausgesetzt, daß sie genügend Nahrung finden können. Anfang 1963 erlebte Südengland den härtesten Winter seit ungefähr 200 Jahren, und zwei, drei Monate lang lag tiefer Schnee. Nichtsdestotrotz haben einige Vogelarten gut überlebt, weil sie ausreichend Nahrung fanden. Die Dompfaffen ernähr-

Der Papageitaucher *Fratercula arctica* ist eine relativ langlebige Art; 6% der ausgewachsenen Vögel sterben pro Jahr, und das Durchschnittsalter, das die Brütenden erreichen, ist etwa 20 Jahre; allerdings hat jedes Paar nur jeweils ein Junges, von denen viele nicht überleben. Wenn dann aus irgendeinem Grund große Verluste auftreten, wird sich die Anzahl der brütenden Paare nicht annähernd so schnell erholen, wie das bei den Reihern der Fall ist, die drei Junge pro Jahr großziehen können.

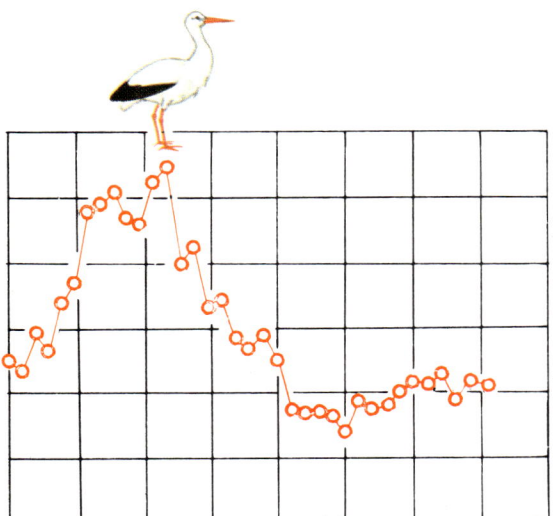

Die Zahlen des weißen Storches *Ciconia ciconia* in einem Gebiet Deutschlands. Hier schien ein langzeitiges Absinken stattgefunden zu haben, möglicherweise als Ergebnis der Trockenlegung von Wiesen, wo die Störche sich ernähren. Die Tiere verbringen den Winter in Afrika und haben wohl auch dort unter einer ansteigenden Sterblichkeit zu leiden.

ten sich von den Samen der Eschenbäume, von denen es in diesem Winter ungewöhnlich viel gab. Im Gegensatz zu ihnen starben unzählige Buchfinken, die ihre Nahrung hauptsächlich auf der Erde finden.

Ungünstige winterliche Wetterverhältnisse sind nicht der einzige Grund für die Dezimierung von Vogelbeständen. Schwere Regenfälle lassen viele Möwen und Seeschwalben kurz nach dem Ausschlüpfen umkommen. Auch zu lang andauerndes trockenes Wetter ist für gewisse Vogelarten gefährlich, denn Amseln brauchen beispielsweise weiche, feuchte Erde, um Würmer für ihre Jungen zu finden. In ungewöhnlich trockenen Sommern werden Amseln weniger häufig brüten als in regnerischen, und folglich werden weniger Junge aufgezogen.

Eine rasche Vermehrung des Vogelbestands kann häufig auf besonders günstige Umstände zurückgeführt werden — Nahrungsüberfluß ist einer der wichtigsten. Viele Vögel ernähren sich im Winter von Samen. In Europa sind Samen eine wichtige Nahrungsquelle für Fasane, Ringeltauben, Buchfinken, Bergfinken und einige der Meisenarten. Wenn es z.B. viele Bucheckern gibt, ernähren sich die Meisen oft den ganzen Winter hindurch davon, und viele von ihnen können im folgenden Sommer brüten.

Wie schon erwähnt wurde, schwankt die Größe der meisten Vogelbestände von Jahr zu Jahr, aber diese Veränderungen sind immer noch relativ gering im Vergleich zu den Veränderungen, die theoretisch denkbar wären. Die potentielle Vermehrung, die an früherer Stelle am Beispiel eines Amselpärchens beschrieben wurde, kommt praktisch nie vor. Normalerweise ist es schon ziemlich ungewöhnlich, wenn sich die Zahl der brütenden kleinen Vogelarten vom einen Jahr zum nächsten verdoppelt oder halbiert. Allerdings wurden drastische Dezimierungen bei einigen kleinen Vogelarten nach dem harten Winter von 1963 registriert. In Europa erlitten Schwanzmeisen, Wintergoldhähnchen, Grünspechte, Schleiereulen und einige Wasservögel beträchtliche Verluste. Diese Vogelarten füllten ihren Bestand jedoch in den darauffolgenden Jahren wieder auf.

Zahlen, die sich jenen nähern, die theoretisch möglich wären, haben sich unter gewissen Bedingungen sogar auch in der Praxis ergeben. Dies geschah besonders dann, wenn eine Vogelart in einem bestimmten Gebiet angesiedelt wurde, wo sie bis dahin noch nicht gelebt hatte. Häufig sind solche Veränderungen durch Menschen herbeigeführt worden. Ein klassisches Beispiel ist die Einführung von Fasanen auf Protection Island im Staat Washington, USA. Zwei Fasanenhähne und sechs Hennen wurden dort im Jahre 1937 ausgesetzt. Die Gegend war offensichtlich besonders gut geeignet für diese Vogelart, denn bereits nach 6 Jahren gab es schon fast 2000 Fasane. Doch selbst diese rapide Vermehrung entsprach nicht der theoretisch denkbaren. Da es im Frühling immer weniger Tiere als im vorherigen Sommer gab, folgt daraus, daß in jedem Winter eine große Anzahl von Vögeln gestorben war.

Eine Vermehrung von solchen Ausmaßen findet nicht in einem angestammten kleinen Gebiet statt, sondern nur dann, wenn Vögel in einem neuen Gebiet angesiedelt werden, wo sich die Art erfolgreich ausbreiten kann. Über die Ansiedelung der Stare und Spatzen in den USA gibt es genaue Unterlagen. An die 150 Stare wurden 1890 im Staat New York ausgesetzt. Innerhalb von nur 60 Jahren hatten sich die Vögel millionenfach vermehrt und über fast das ganze Land ausgebreitet. Einige der Vögel erreichten Ontario im Jahre 1919, und innerhalb von 15 Jahren zählten die Stare zu den häufigsten Vögeln der südlichen Gebiete dieses Staates. Ähnlich hat sich der Haussperling, der 1850 nach Amerika gebracht wurde, innerhalb von 50 Jahren in allen Bundesstaaten ausgebreitet. Auch in anderen Teilen der Welt haben sich diese beiden und einige weitere Vogelarten außergewöhnlich rasch vermehrt, sobald sie in einem neuen Gebiet angesiedelt wurden. So hat sich der Hirtenstar in weiten Teilen der wärmeren Zonen der Erde ausgebreitet. Was solche Zahlen allerdings verschweigen, ist die Tatsache, daß sich die eingebürgerten Arten oft zu Lasten einheimischer Arten entwickeln.

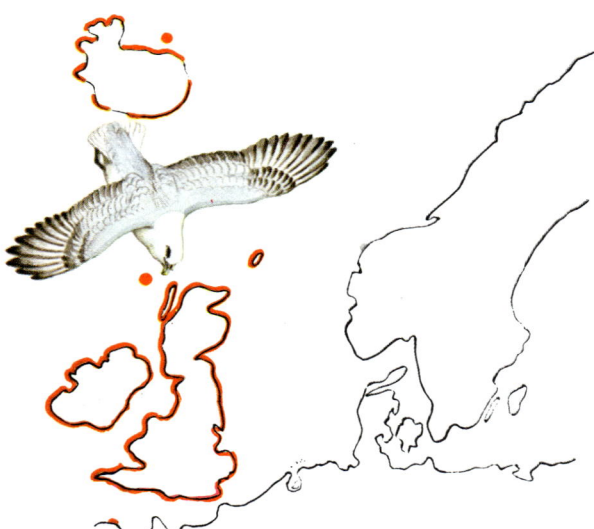

Der Eissturmvogel *Fulmarus glacialis* nistete ursprünglich nur auf St. Kilda, England. Im Jahre 1878 wurde an anderer Stelle noch ein Nest gefunden. Seit dieser Zeit hat sich die Art ständig weiterverbreitet und brütet jetzt an vielen Stellen an den Küsten der britischen Inseln. Für das Jahr 1970 nahm man an, daß bereits 300 000 Nester existierten. Diese Expansion hat stattgefunden, obwohl der Eissturmvogel jedes Jahr nur ein Ei legt und normalerweise nicht vor einem Alter von sieben bis acht Jahren brütet.

Die meisten Vogelbestände vermehren sich jedoch nicht so stark, obwohl sie theoretisch dazu in der Lage wären. Was verhindert eine besonders rasche Vermehrung? Wir bekommen einen gewissen Einblick in das Problem, wenn wir die Graureiher betrachten, über die es in England seit vielen Jahren Unterlagen gibt. Der Reiherbestand bleibt jahrelang relativ konstant, bis in einem harten Winter viele der Vögel verhungern. Im darauffolgenden Jahr gibt es nur relativ wenige brütende Pärchen. Der Bestand erreicht jedoch rasch wieder ungefähr seine vormalige Größe, die er dann auch für eine Zeit wieder aufrechterhält. Es scheint eine Höchstgrenze für einen Vogelbestand zu geben, die nicht leicht zu überschreiten ist.

Dieses Phänomen läßt sich bei vielen Vogelarten beobachten. Die Vögel werden durch irgendeine Naturkatastrophe dezimiert, erholen sich jedoch rasch wieder, bis sie ungefähr die vorherige Anzahl erreicht haben. Nur in den Jahren, die auf eine deutliche Dezimierung des Vogelbestands folgen, vermehren sich die Vögel besonders stark. Die Natur setzt der Anzahl dann eine Grenze, da es ja auch nur begrenzte Nahrung für die Vögel gibt. Wenn der Nahrungsvorrat knapp ist, werden weniger Vögel überleben und brüten. Ist die Nahrung reichlich, dann werden mehr Vögel überleben, und der Vogelbestand vergrößert sich infolgedessen. Wir nennen eine solche Wechselwirkung »dichteabhängig«, da das Überleben der Vögel von ihrer eigenen Dichte abhängig ist. Es gibt viele Ursachen, die den Bestand verschiedener Vogelarten begrenzen. Das Nahrungsproblem ist eines der wichtigsten. Es kann aber auch zu wenige Nistplätze geben, besonders dann, wenn ein spezieller Nistplatz erforderlich ist, wie z.B. ein Astloch oder eine zerklüftete Klippe auf einer sicheren Insel.

Wir können uns nun vorstellen, was im Fall des Graureihers in einem harten Winter geschieht. Nach dem Winter ist die Anzahl der Reiher stark verringert, so daß jedes Tier leichter Futter finden kann. Wenn sich die Vögel dann rasch vermehren, wird es erneut schwieriger, ausreichend Nahrung zu finden, so daß sich die Sterblichkeit erhöht und der Bestand sich langsam wieder auf seine übliche Größe einpendelt.

Die relativ hohe Geburtsrate bei Vögeln sorgt dafür, daß der Bestand gegen Ende der Brutzeit hoch sein wird. Da die Dichte von der Sterblichkeit abhängig ist, wird die Anzahl bis zu dem Punkt dezimiert, zu dem die Nahrungsquellen den restlichen Vogelbestand erhalten können.

Das Wechselspiel dieser beiden Faktoren — auf eine starke Vermehrung folgt erhöhte Sterblichkeit — hat wichtige Konsequenzen für all jene, die sich der Erhaltung seltener Vogelarten widmen oder mit der Kontrolle von Vogelplagen betraut sind. Unter natürlichen Bedingungen werden Vögel weit mehr Junge ausbrüten als überleben können, um dann ihrerseits wieder zu brüten. Daher werden sich die Vögel nach einer Naturkatastrophe, wenn die Anzahl gering ist und die Überlebensrate hoch, wieder rasch bis zu einem größeren Bestand vermehren. Der Vogelschützer muß daher nach einer Naturkatastrophe keine Angst um die Vögel haben.

Der Wildhüter schießt einige der überzähligen Tiere ab. Wenn dieses Abschießen kontrolliert erfolgt, kann es nicht nur Nahrung für den Menschen beschaffen, sondern auch ein angenehmer Sport für ihn sein, ohne daß die Vogelart auf irgendeine Weise gefährdet wird. Der Bauer, der eine Plage — beispielsweise Tauben — unter Kontrolle bekommen will, steht vor einer schwierigen Aufgabe. Um deren Anzahl zu verringern, muß er mehr als nur jene Tiere töten, die sowieso dem Untergang geweiht sind, oder die ausgebrüteten Vögel werden die Anzahl wieder ausgleichen. Weiterhin ist es für ihn äußerst schwierig, den Bestand fortlaufend auf einem geringen Niveau zu halten, da die starke Fortpflanzung und die hohe Überlebensquote es den lästigen Vögeln ermöglichen, daß sie schnell wieder ihre frühere Anzahl erreichen. Das Gleichgewicht von Tierbeständen ist bei künstlichen Veränderungen ihrer Lebensbedingungen immer gefährdet.

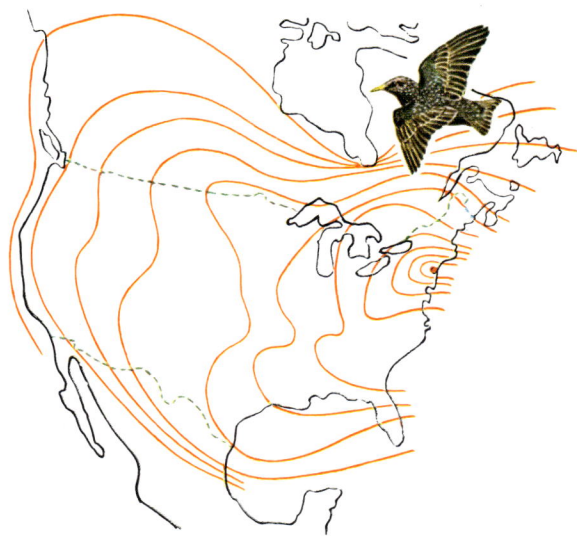

Schnelle Kolonisation: Der Star *Sturnus vulgaris* wurde in New York 1890 angesiedelt. Er verbreitete sich sehr schnell, und in etwas mehr als 50 Jahren war er in den ganzen Vereinigten Staaten festzustellen. Das deutet wohl auf einen millionenfachen Zuwachs hin.

Obwohl die meisten Vögel bekannt sind und bereits vor vielen Jahren ihre Namen bekamen, werden trotzdem immer wieder neue Arten entdeckt: (1) *Conioptilon mcilhennyi*, ein Cotingide aus Peru (1965); (2) *Amytornis barbatus*, ein Gras-Zaunkönig aus Australien (1968); (3) *Pseudochelidon sirintarae*, eine merkwürdige Schwalbe aus Thailand (1968); (4) *Grallaria eludens*, eine Ameisenpitta aus Peru (1967); (5) *Monarcha sacerdotum*, ein Fliegenschnäpper aus Flores (Indonesien) (1973); und (6) *Hemispingus parodii*, eine Tangare aus Peru (1968).

Veränderungen im Vogelbestand

Auch wenn die Vogelbestände dazu neigen, konstant zu bleiben, gibt es über lange Zeiträume hinweg doch Veränderungen. Die Geschichte der Evolution der Vogelwelt ist von Veränderungen geprägt, wobei eine Vogelart eine andere ablöste. Solche Übergänge sind sehr langsam erfolgt, oft über Millionen von Jahren hinweg. Wenn ein Lebensraum verfiel, entstand ein anderer, und die Vogelart, die an jene frühere Umgebung angepaßt war, mußte sich entweder den neuen Veränderungen anpassen oder dasselbe Schicksal wie die Umgebung erleiden.

Die Lebensräume der meisten Gegenden der Welt haben sich sogar noch in den letzten 10 000 und 20 000 Jahren beträchtlich verwandelt. Vor ungefähr 12 000 Jahren herrschten in den gemäßigten Zonen unter der Gewalt der letzten Eiszeit Eis und Schnee. Als das Eis allmählich schmolz, entstanden neue Lebensräume für die Vögel, aber bestimmte Gebiete Zentraleuropas waren noch mehrere tausend Jahre nach der Eisschmelze nur spärlich mit Laubwäldern bedeckt. Wie die verschiedenen Eiszeiten gekommen und gegangen sind, so verschwanden und entwickelten sich die Lebensräume in der ganzen Welt. So waren die Vögel, die bestimmten Lebensräumen angepaßt waren, normalerweise dazu fähig, ihren passenden Typ von Lebensraum irgendwo anders zu finden — die Lebensräume sind nicht untergegangen, sondern haben sich lediglich verlagert.

Vor noch kürzerer Zeit sind viele Veränderungen durch den Menschen herbeigeführt worden. Häufig bedeuteten sie die Verminderung von Lebensraum ohne entsprechenden Ersatz an anderer Stelle. Die Änderungen auf lange Sicht, die durch die Menschen hervorgerufen wurden, unterscheiden sich von den natürlichen darin, daß sie viel schneller stattfanden und die Vögel daher weniger Möglichkeiten hatten, sich an sie zu gewöhnen. In den Mittelmeer-Gebieten haben die Menschen die Landschaft seit mehr als 5000 Jahren verändert. In vielen anderen Gegenden haben die wenigen Bewohner fast gar keinen Einfluß auf die Landschaft genommen, die unverändert blieb, bis vor etwa fünfzig Jahren westliche Menschen mit hochtechnisierten Maschinen auftauchten. Daher sind die Chancen

Rascher, natürlicher Zuwachs: (1) Die Türkentaube *Strepto-pelia decaocto* hat sich in den letzten 50 Jahren sehr schnell über ganz Europa ausgebreitet. Sie brütete im Jahre 1955 zuerst in England, und man nahm an, daß es nach 10 Jahren wenigstens 20000 Vögel im Land gab. Wahrscheinlich kamen zu den ursprünglich eingewanderten immer wieder neue Türkentauben aus dem Kontinent nach.
(2) Der Kuhreiher *Bubulcus ibis*, eine Vogelart der Alten Welt, brütete 1930 in Guyana, Südamerika. Seither hat er sich rund um die Karibik bis in die Vereinigten Staaten ausgebreitet, wo sein Vordringen anhält. Sein Bestand hat sich während der letzten 20 Jahre etwa auf das 20fache vermehrt. Es ist anzunehmen, daß die Bestände der Neuen Welt nur auf die ersten Einwanderer zurückzuführen sind.

Ausgestorbene Vögel: Für Vögel, die in der letzten Zeit ausgestorben sind, existieren Daten. Für solche, die nur durch Fossilien bekannt sind (1-5, 10 und 11), sind die Farben hypothetisch. (1) *Ichthyornis*, (2) *Hesperornis*, (3) *Archaeopteryx*, (4) *Diatryma*, (5) *Teratornis*, (6) Riesenalk *Alca impennis* (ausgestorben im Jahre 1844), (7) Reunion-Star *Fregilupus varius* (1832), (8) Wandertaube *Ectopistes migratorius* (1914), (9) Huia *Heterolocha acutirostris* (1907), (10) Moa *Dinornis maximus* (die letzte Art der Moas starb wahrscheinlich im späten achtzehnten Jahrhundert aus), (11) Elefantenvogel *Aepyornis titan* oder *A. maximus* (möglicherweise hat eine Art bis ins siebzehnte Jahrhundert überlebt), (12) Dronte *Raphus cucullatus* (1681), und (13) Madagaskar-Coua *Coua delandei* (1930).

der Vögel, sich an die durch Menschen geschaffenen Veränderungen anzupassen, in den verschiedenen Teilen der Erde unterschiedlich gewesen.

Wir haben nur sehr wenige mengenmäßige Angaben über die Wirkungen, die solche Veränderungen bei Vögeln hervorgerufen haben. Wir können normalerweise nur vermuten, welche Vogelart möglicherweise in einer bestimmten Gegend heimisch war, indem wir festzustellen versuchen, wie die jeweiligen Landschaften früher beschaffen waren. Immerhin gibt es seit den letzten 100 und vor allem seit den letzten 50 Jahren genauere Daten, und wir wissen, was bestimmten Arten zugestoßen ist. Viele dieser Veränderungen, wie beispielsweise die Einführung des Stars und des Spatzen in den USA, sind durch Menschen bewerkstelligt worden. Veränderungen bei anderen Vogelarten mögen gleichermaßen ein Ergebnis menschlicher Eingriffe in die Natur sein, deren Art und Weise wir noch nicht erkannt haben. Andererseits hat der Kuhreiher Südamerika ganz gewiß aus eigener Kraft erreicht. Zum erstenmal gibt es Aufzeichnungen über ihn, als er um 1930 in Guyana brütete, und dann hat er sich rasch die Küste entlang ausgebreitet. Florida erreichte er innerhalb von 11 Jahren. Im Jahr 1956 schätzte man die Anzahl seiner Brutpaare in Florida auf 1100, und der Kuhreiher breitete sich immer noch weiter nach Norden hin aus.

In England hat der Eissturmvogel früher nur auf den St.-Kilda-Inseln gebrütet. 1878 berichtete man von Brutstätten in den Shetlands, und seit damals hat er sich über weite Gebiete Englands verbreitet, wo er in allen Küstengegenden nistet. 1959 schätzte man die Zahl der Brutpaare in England auf ungefähr 100000. Diese Vogelart hat sich so erstaunlich vermehrt, obwohl jedes Eissturmvogelpärchen nur ein Ei pro Jahr legt und die Jungvögel erst im siebten oder achten Lebensjahr anfangen, Eier zu legen.

Die Türkentaube hat sich rasch vom Mittleren Osten über Europa ausgebreitet; in England brütete sie zum erstenmal 1955. Bereits im Jahr 1964 schätzte man für England 20000 Türkentauben. Als Zivilisationsfolger bewohnt die Türkentaube heute unsere Städte, was noch vor einigen Jahrzehnten nicht der Fall war.

146

Der Hirtenstar *Acridotheres tristis* ist ein Verwandter unseres Stars und hat viele Gebiete, wo man ihn angesiedelt hat, erfolgreich bevölkert. Er ist jetzt in weiten Gebieten des südlichen Afrikas, in Australien und auf Ozeaninseln verbreitet.

Gefährdete Arten: (1) Der Schneckenmilan *Rostrhamus sociabilis* ist eine aus Südamerika stammende Art und kommt in kleiner Zahl in Florida vor. Er frißt hauptsächlich Schnecken in Sumpfgebieten. Das Trockenlegen solcher Gebiete stellt eine große Gefahr dar. (2) Die Bestände des amerikanischen Weißkopfseeadlers *Haliaeetus leucocephalus* haben in den letzten Jahren drastisch abgenommen, in erster Linie wohl aufgrund der chemischen Verunreinigung der Flüsse mit Giften und ihre Anreicherung in Fischen, die er frißt.

Einflüsse der Menschen

Der Mensch hat wesentlichen Einfluß auf die Landschaft und demzufolge häufig einschneidend die Lebensräume der Vögel beeinflußt. Grundsätzlich hat er sie auf zweierlei Weise verändert, nämlich durch Eingriffe in die Substanz der Landschaft oder durch Verseuchung mit Giftstoffen.

Der Mensch hat die Sümpfe ausgetrocknet und die Wälder gerodet, sie durch Ackerland, später häufig durch Städte ersetzt. Waldrodungen wurden in ungeheurem Umfang durchgeführt. In England und anderen Teilen Europas sowie in Australien wurde oft gerodet, um Weideland für die Schafherden zu bekommen. Man kann sich heutzutage nur schwer vorstellen, in welchem Umfang dies geschah, da so viel nachgewachsen ist oder aufgeforstet wurde. In Amerika wurde fast das gesamte Hartholz der Tiefebenen der östlichen Bundesstaaten gefällt, um Ackerland zu gewinnen. In den feuchteren Klimazonen der Tropen wird oft sehr kurzsichtig gerodet. Nur wenige Jahre lang kann solcher Grund und Boden bebaut werden, weil dann starke Regenfälle alles wegspülen. So hat schon das Abholzen gewisser Bäume einen Wechsel in der Zusammensetzung der Wälder mit sich gebracht; zum Teil zum Schaden der Vögel, die auf spezifische Bäume für ihren Lebensunterhalt angewiesen waren.

Als die technische Ausrüstung der Menschen immer perfekter wurde, zog er Gräben, um die Entwässerung zu verbessern, begradigte und erweiterte Flußbetten, um die Strömung zu verstärken und verläßliche Wasserwege zu schaffen. Sumpfvögel scheinen mehr darunter gelitten zu haben als Waldvögel. Viele der letzteren scheinen es fertiggebracht zu haben, auch in kleinen Waldabschnitten

Der Star *Sturnus vulgaris* war einer der Vögel, die sehr erfolgreich mit den von Menschen verursachten Änderungen fertig wurden. Er liebt das offene Land und kommt gut auf Farmen und in Städten zurecht. Demzufolge müßte er heutzutage, seit der Mensch die Landschaft so sehr verändert hat, noch zahlreicher sein als in früheren Zeiten.

Der Haussperling *Passer domesticus* war in seiner Anpassung an die Veränderungen, die der Mensch gebracht hat, wahrscheinlich noch erfolgreicher als der Star. Beide Arten haben menschliche Transportmittel benutzt, um neue Gebiete zu besiedeln, und beide Arten bauen ihre Nester an Gebäuden und finden in Gärten und auf Bauernhöfen ihr Futter. Anfang dieses Jahrhunderts war der Haussperling in den Zentren der Städte wohl noch häufiger zu finden. Zur damaligen Zeit holten sich die Sperlinge ihre Nahrung aus den »Pferdeäpfeln«. Durch das Aufkommen der Autos hat sich die Häufigkeit der Spatzen vielleicht etwas verringert.

zu leben, während die Sumpf- und Wasservögel es immer schwerer hatten, geeignete Lebensräume zu finden.

Keineswegs waren jedoch die von Menschenhand herbeigeführten Veränderungen für alle Vogelarten schädlich. Arten, die in den freien Ebenen leben, haben sogar beträchtlich davon profitiert. In einigen gemäßigten Zonen ist es nicht klar, wie oder wo diese Vogelarten überhaupt existierten, als das Land noch vollständig bewaldet war. Für Vögel wie die Stare und die Spatzen ist Ackerland geradezu ideal. Andere Vogelarten, wie einige der Schwalben und Mauersegler, nisten heutzutage fast ausschließlich an Häusern, so daß man sich nur schwer vorstellen kann, wo sie früher ihre Nester gebaut haben.

In jüngster Zeit hat der Mensch noch andere Veränderungen im Lebensraum der Vögel durchgeführt, einschließlich der Aufforstung von Wäldern. In vielen Fällen unterscheidet sich dieser Baumbestand von dem ursprünglich vorhandenen, wie z.B. die neuen Nadelwälder und Eukalyptushaine. Zum Teil waren sie für die dort heimischen Vögel nicht sehr günstig; möglicherweise deshalb, weil Nadelbäume und Eukalyptus nur über einen bescheidenen Insektenbestand verfügen. Andere Wälder ziehen Vogelarten an, die nicht zu denen gehören, die ursprünglich in den natürlich dort wachsenden Wäldern lebten. In vielen Teilen Europas wurden und werden Nadelbäume gepflanzt, wo früher breitblättrige Laubwälder gestanden hatten. Andererseits hat es dort durchaus Nadelwälder in höher gelegenen Gebieten gegeben (oder in anderen Breitengraden), und die Vögel, die von Natur aus in diesem Lebensraum hausten, haben sich über ihren natürlichen Lebensraum hinaus ausgebreitet. Insbesondere haben die Tannenmeise und der Fichtenkreuzschnabel in vielen Teilen Europas von diesen Anpflanzungen profitiert.

Moderne Forstpflege umfaßt auch das Entfernen von abgestorbenem Holz, häufig zum Schaden von Vögeln, wie z.B. den Spechten, die speziell in solchem Holz ihr Futter suchen. Ferner verschwanden die Großtrappen aus den Ebenen Englands, als die weiten Gebiete von Schafweideland durch Aufforstungen zerschnitten wurden. Zweifellos spielten auch die modernen Feuerwaffen eine Rolle.

Der Mensch hat große Speicherseen angelegt, die die ökologischen Vorbedingungen für viele Wasservogelarten geschaffen haben. Wie es bei den neuen Nadelwäldern der Fall war, so schaffen diese Stauseen einen Lebensraum für viele Vogelarten. Sumpf-, Wat- und Wasservögel haben von den neuen Stauseen besonders profitiert.

Die Veränderungen, die durch die Umweltverschmutzung der Menschen entstanden, sind ein ganz anderer Aspekt. Die Umweltverschmutzung verändert nicht nur die Landschaft in einer Weise, daß nur wenige Tierarten günstige Bedingungen vorfinden, sondern sie macht es für viele Arten schwierig, dort zu überleben. Vögel werden häufig nicht fähig sein, genügend Junge aufzuziehen, wenn ihre Nahrung vergiftet worden ist; besonders dann nicht, wenn die Sterbequote der Altvögel dadurch gleichfalls steigt. Die chemische Vergiftung der Erde, der Seen und Flüsse nimmt in alarmierendem Maße zu. Beständige Giftstoffe wie DDT hatten Rückgänge im Bestand der Wanderfalken und der Weißkopf-Seeadler verursacht. Diese beiden und eine Reihe weiterer Vogelarten sind vom Aussterben bedroht, weil sich die Giftstoffe in ihnen so sehr angereichert haben, daß ein erfolgreiches Brüten verhindert worden ist.

Auf ähnliche Weise hat die Vergiftung des Wassers drastische Auswirkungen auf alle dort lebenden Tiere. Die Vögel sterben, weil die Gewässer entweder keine Nahrung mehr bieten, oder aber, weil diese Nahrung — Beutetiere — selbst voller Giftstoffe ist. Ihre natürliche Überlebensfähigkeit ermöglicht es Vögeln zwar, sich von einer Naturkatastrophe zu erholen, und selbst eine größere Menge ausgelaufenen Öls werden sie überstehen. Ein Überleben angesichts chronischer Vergiftung der Gewässer wird allerdings kaum möglich sein.

Der Nipponibis *Nipponia nippon* ist heute in China vermutlich schon ausgestorben. In Japan sollen nur noch 12 Vögel dieser Art leben.

Obwohl er eine weltweite Verbreitung hat, gingen die Bestände des Wanderfalken *Falco peregrinus* stark zurück. In Deutschland droht der Wanderfalke auszusterben.

Gefährdete Arten: (1) Der Kaiseradler *Aquila heliaca d'alberti* kommt in einer besonderen Rasse noch in Spanien und Nordafrika vor. Seine Bestände haben sich wahrscheinlich schon auf weniger als 100 Vögel reduziert. Vermutlich kommt die Art auch nicht mehr in Nordafrika als Buntvogel vor. Dieser Vogel wurde, wie viele Adler, von den Menschen verfolgt. (2) Mauritius-Turmfalke *Falco punctatus*. Hier gab es nie eine große Population, denn die Art wurde häufig bejagt, und die Insel ist nicht groß. Es wird nur noch das eine oder andere Paar in der Freiheit leben. (3) Seychellen-Ohreule *Otus insularis*. Es sind nur noch wenige von ihnen übriggeblieben. Ihr Lebensraum wurde zerstört, und sie mögen unter dem Kampf mit der eingeführten Schleiereule *Tyto alba* gelitten haben.

Gefährdete Arten: Die angegebenen Zahlen beruhen auf Schätzungen der letzten 10 bis 15 Jahre, sie geben die heutigen Verhältnisse nur ungenau wieder. (1) Affenadler *Pithegophaga jefferyi* von den Phillippinen (weniger als 100 Vögel), (2) Kalifornischer Kondor *Gymnogyps californianus* in Kalifornien (etwa 40 Tiere), (3) Takane *Notornis mantelli* aus Neuseeland (vielleicht 200 Individuen), (4) Elfenbeinspecht *Campephilus principalis* (die Rassen dieser Art, die in Kuba und den USA vorkommen, schrumpften zu geringsten Stückzahlen: 1961 sah man noch 5 Tiere in Texas), (5) Eulenpapagei *Strisops habroptilus* (vielleicht nur noch etwa 20) und (6) Bermuda-Sturmvogel *Pterodroma cahow* (um 30 Paare, durch Schutz möglicherweise Erholung).

Gefährdete Arten

In den letzten 200 Jahren sind an die 70 bis 80 Vogelarten ausgestorben. Viele von ihnen, wenn nicht vielleicht sogar alle, sind als Folge von menschlichen Eingriffen verschwunden. Außerdem kennt man eine Anzahl anderer Vogelarten, die in den Jahrhunderten vor der überlieferten Geschichte ausgestorben sind; die Moas von Neuseeland und die Elefantenvögel Madagaskars überlebten, bis ihre Heimat von den Menschen bevölkert wurde.

Es gibt einige verallgemeinernde Daten über die ausgestorbenen Vogelarten. Daraus und aus anderen Zeugnissen kann man Rückschlüsse darauf ziehen, welche lebenden Arten am meisten gefährdet sind. Über zwei Drittel der ausgestorbenen Formen bevölkerten Inseln von weniger als 2600 Quadratkilometer, nur neun Vogelarten lebten auf dem Festland. Einige von ihnen waren flugunfähig (Elefantenvögel, Moas, Dronten, Riesenalken und mehrere Rallenarten).

Die Gründe, warum diese Arten ausstarben, sind nicht immer bekannt, aber vier bis fünf Ursachen geben einigen Aufschluß. Mehrere Arten (Riesenalk, Dronte) wurden vom Menschen gejagt, andere wurden von den Tieren vertilgt, die der Mensch eingeführt hatte, wie Hunde, Katzen und Ratten. Andere konnten nach dem Verlust ihres Lebensraums nicht überleben. Wieder andere waren vielleicht unfähig weiterzuleben, angesichts der Konkurrenz mit andern eingeführten Vogelarten. Verallgemeinernd kann man behaupten, daß Vogelarten, die auf dem Festland heimisch waren, im Wettstreit mit den Arten gewannen, die kleine Inseln bevölkerten. So sind z.B. mehrere hawaiische Kleidervögel kurz nach der Ausbreitung eingeführter Vogelarten ausgestorben. Die fünfte mögliche Ursache für das Aussterben ist die, daß die neu eingeführten Arten Krankheiten einschleppten, denen gegenüber sie selbst zwar einigermaßen immun waren, wohingegen die einheimischen Vögel nicht über eine solche Immunität verfügten. Eine Anzahl Vogelarten auf Neuseeland starb innerhalb kürzester Zeit aus, nachdem westliche Kolonisatoren eingewandert waren und mehrere Vogelarten

Während des letzten Jahrhunderts nisteten vielleicht eine Million Kurzschwanz-Albatrosse auf verschiedenen kleinen Inseln im Süden Japans. Sie wurden durch japanische Federhändler schwer bedroht und galten später als ausgestorben. Auf einer kleinen Insel, Torishima, bildete sich jedoch eine kleine Kolonie. Unter strengem Schutz scheint sich der Bestand zu erholen.

Gefährdete Arten: (1) Korallenmöwe *Larus audouinii*, eine seltene Art aus dem Mittelmeerraum, die in kleiner Zahl an vielen Plätzen brütet. Es dürfte gegenwärtig noch etwa 1000 Paare geben. (2) Der Kagu *Rhynochetos jubatus* ist ein abweichender Verwandter der Kraniche. Er ist sehr selten und wurde nur in Neukaledonien festgestellt. Er ist praktisch flugunfähig. Die Wälder, in denen er lebt, wurden ständig vernichtet, und viele für ihn schädliche Tiere, wie Schweine, Ratten, Katzen und Hunde, wurden eingeführt. (3) Der Nachtsittich *Geopsittacus occidentalis* wohnt auf dem Boden im offenen Land von Australien. Über ihn wurde in diesem Jahrhundert nur gelegentlich berichtet, und er galt eine gewisse Zeit lang als ausgestorben.

Der Schreikranich *Grus americana* brütet am Süßwasser in Nordwestkanada und überwintert an der Küste in Texas. Nur um 50 Tiere überlebten. Trotz Schutzmaßnahmen scheinen sich die Vögel nicht zu vermehren, vielleicht finden sie in ihren Winterquartieren zu wenig geeignetes Futter.

mitgebracht hatten. Es ist durchaus denkbar, daß diese Tiere Krankheiten hatten, an denen die einheimischen Vögel starben.

Die Vogelarten, die heute am meisten gefährdet sind, kann man grob in ähnliche Kategorien einteilen, wie sie eben beschrieben wurden. Viele Inselvögel, die es nie auf einen großen Bestand brachten, sind teilweise durch die Zerstörung ihres Lebensraums und teilweise durch die von den Menschen mitgebrachten Säugetiere gefährdet: Ratten, Katzen, Mungos, Schweine, Affen. Etliche flugunfähige Vogelarten sind äußerst gefährdet; dazu gehören der Eulenpapagei oder Kakapo von Neuseeland. Mindestens 100 lebende Vogelarten sind jeweils nur noch durch weniger als 2000 Exemplare vertreten. Obgleich sich der Mensch inzwischen klargeworden ist, wie sehr er solche Arten gefährdet, und vielleicht auch damit Erfolg haben wird, die Jagd auf solche Arten zu verbieten (im Gegensatz zur Situation Anfang dieses Jahrhunderts, als Vogelsammler alles daransetzten, sich noch die letzten Exemplare einer Art zu sichern), so sieht die Zukunft dennoch nicht rosig aus.

Auf dem Festland sind sehr große Vögel, wie Adler, und Vogelarten, wie die Silberreiher, die in Kolonien brüten, besonders vom Menschen gefährdet. Die Individuen der ersten Gruppe sind nicht nur groß und daher leicht zu schießen, sie vermehren sich auch nur langsam, wodurch ihr Bestand noch leichter zu dezimieren ist. Einige Reiherarten waren durch die große Nachfrage an Reiherfedern zu Beginn dieses Jahrhunderts dem Aussterben nahe.

Zum Glück hat nun in vielen Teilen der Welt das systematische Abschlachten ein Ende gefunden — leider jedoch noch nicht überall. Selbst wenn der Mensch die unmittelbare Bedrohung für gefährdete Tierarten reduziert, können nachlässige Eingriffe des Menschen immer wieder die Lebensräume einzelner Arten zerstören. Wenn die davon betroffene Art selten ist und auf ein bestimmtes Gebiet beschränkt lebt, wird sie möglicherweise zugrunde gehen. Die größte Gefahr der Zukunft liegt in der Umweltverschmutzung, die auf lange Sicht nicht nur das Aussterben der Vögel, sondern auch das Ende vieler Menschen bedeuten könnte.

152

Hausvögel

Nur etwa ein Dutzend Vogelarten von ungefähr 8600 Arten kann man als echte Haustiere bezeichnen. Vier von diesen — Haushuhn, Ente, Gans und Truthahn — sind wichtige Faktoren in der Nahrungsmittelindustrie. Alle domestizierten Arten haben zwei gemeinsame Merkmale: Ihr Futter besteht aus Körnern und Grünfutter, und sie leben — zumindest zeitweilig — in Scharen zusammen.

Das Haushuhn, ein Abkömmling des südostasiatischen Bankivahuhns *Gallus gallus,* ist bei weitem die wichtigste Art unter den domestizierten Vögeln. Vermutlich wurde es von primitiven Menschen domestiziert, die nach Möglichkeit Tiere lebend einfingen und sie so lange durchfütterten, bis sie für eine Mahlzeit benötigt wurden. Sein zusätzlicher Vorteil, daß es auch noch genießbare Eier legte, führte dazu, daß es für längere Zeiten gehalten wurde.

Es gibt Anhaltspunkte, daß das Huhn in China schon gegen 1500 v. Chr. domestiziert wurde, in Indien möglicherweise schon 1500 Jahre vor diesem Zeitpunkt. Zu Anfang der Jungsteinzeit hielt man in Europa schon Hühner. Meistens wurden die Tiere nur ihres Fleisches und ihrer Eier wegen gehalten. Schon ziemlich früh muß man mit selektiven Züchtungen angefangen haben (daher die Trennung in einzelne Rassen), denn schon zur Römerzeit gab es mehrere Hühnerrassen. Heutzutage gibt es über 200 verschiedene Züchtungen. Die Züchtung erfolgte in den letzten Jahren nach zwei Hauptgesichtspunkten. Erstens legt man besonderen Wert auf schnelles Wachstum, und zweitens legt man Wert auf Hühner, die möglichst viele Eier legen. Das natürliche Gelege von 6—8 Eiern hat einer fast durchgehenden »Eierproduktion« Platz gemacht.

Auch der Truthahn ist ein wichtiges Haustier. Man nimmt an, daß er in Mexiko seit ebenso langer Zeit als Haustier gehalten worden ist wie das Huhn im Fernen

Alle Vögel dieser Seite werden von Menschen gehalten — manchmal als Haustiere. Einige wurden durch selektive Zucht vom Menschen verändert. Andere entkamen in neue Gebiete, die sie besiedelten.
(1) Der Wellensittich *Melopsittacus undulatus* aus Australien, wo die Wildform grün ist, (2) der Zebrafink *Taeniopygia guttata* aus Australien, (3) der Beo *Gracula religiosa* wurde in viele warme Gebiete der Erde gebracht, (4) die Haustaube stammt von der Felsentaube *Columba livia* ab, (5) der afrikanische Graupapagei *Psittacus erithacus* und (6) der Reisfink *Padda oryzivora* wurden beide in viele neue Gebiete eingebürgert.

Vögel, die hauptsächlich als Nahrung vom Menschen gehalten wurden:
(1) Das Haushuhn stammt vom Bahkivahuhn *Gallus gallus* ab,
(2) der Truthahn *Meteagris gallopavo* aus der Neuen Welt und
(3) der Pfau *Pavo cristatus*.

Osten. Bei dieser Art legt die Züchtung mehr Wert auf schnell wachsende, schwere Tiere als auf die Eierproduktion. Die größten marktfähigen Tiere wiegen zur Zeit an die 31 kg.

Die meisten Enten — mit Ausnahme der Moschusenten, die Abkömmlinge der wilden Moschusenten *Cairina moschata* aus Südamerika sind — stammen von den Stockenten *Anas platyrhynchos* ab. Die meisten Gänse entwickelten sich aus der Graugans *Anser anser*, obwohl die chinesischen Gänse von der Schwanengans *Anser cygnoides* abstammen. Andere handelsübliche Arten sind die japanischen Wachteln *Coturnix coturnix* und der Strauß. Die letztere Art bietet außer dem Fleisch auch noch die begehrten Straußenfedern.

Eine Anzahl anderer Vögel wird in großen Mengen gezüchtet. Es sind Jagdvögel, wie z.B. Fasane. Solche Vogelarten kann man kaum als wirklich domestiziert ansehen, aber eine Anzahl von Fasanen wird immerhin zur Zierde gehalten. Der Pfau ist hierfür ein gutes Beispiel.

Eine Taubenart, die Felsentaube *Columba livia*, ist gründlich domestiziert worden, und es gibt eine ganze Reihe von Liebhaberzüchtungen. Dennoch bleibt die wichtigste Art in dieser Gruppe die Haustaube, die mindestens schon seit römischen Zeiten als Brieftaube benutzt wurde. Außerdem wird sie vielfach bei wissenschaftlichen Forschungen über das Zielflugvermögen von Vögeln eingesetzt.

Von anderen Arten läßt sich sagen, daß sie nur zu einem geringen Maß domestiziert werden konnten. Die Höckerschwäne waren in früheren Zeiten wertvoller königlicher Besitz. Die Chinesen züchteten Kormorane in Gefangenschaft für den Fischfang. Viele andere Arten dienten der Liebhaber-Vogelzucht. Die vielen Spielarten der Wellensittiche und Kanarienvögel sind völlig domestiziert. Die meisten Vogelarten, die in Gefangenschaft gehalten werden, können nur durch fortlaufende Aufstockung mit freilebenden Exemplaren erhalten werden.

VOGELSTUDIEN

Die Meisen besuchen nicht nur Häuser und Gärten im Winter, sondern nehmen auch gern Nistkästen an, die für sie eingerichtet wurden. Wenn diese fehlen, benutzen die Vögel Höhlen und Löcher als Schlupfwinkel. Unten verläßt eine Kohlmeise ihr Nest in einem ausgehöhlten Zaunpfahl.

Vogelbeobachtung

Der Mensch hat vermutlich zu allen Zeiten Vögel beobachtet. Frühere Beobachtungen konnten häufig sehr wichtig für das Überleben primitiver Menschen sein. So ließen z.B. kreisende Geier darauf schließen, daß irgendein Tier kürzlich verendet war. Das bedeutete Fleisch für den Menschen! Forschungsreisende haben den Flug der Vögel beobachtet, um Aufschlüsse über das nächste offene Wasser zu erhalten. Seefahrer benutzten die Fluglinien der Seevögel, um zur nächstgelegenen Küste zu gelangen. Das Wissen über die Gewohnheiten der Vögel kann auf vielfältige Weise nützlich sein. In unserer zivilisierten und industrialisierten Gesellschaft ging dieses Wissen häufig verloren.

In unserer modernen Industriegesellschaft, in der es mehr Zeit für Muße gibt, hat man damit begonnen, Vögel mehr aus Vergnügen denn aus Notwendigkeit zu beobachten, wobei dies von der rein zufälligen ergötzlichen Beobachtung von Vögeln bis zu detaillierten Studien wissenschaftlicher Forscher reicht. Die letzteren sind imstande, genaueste Informationen über die Vögel und ihre Lebensformen zu sammeln. Diese Informationen können uns z.B. auch helfen, den Schaden zu vermindern, den gewisse Vogelarten an unserer Ernte anrichten.

Historisch gesehen haben sich die Vogelbeobachtungen in vielen Gebieten der Erde ähnlich entwickelt. Frühere Forscher machten zufällige Beobachtungen und brachten einige Vogelfänge zum Beweis in ihre Heimat zurück. Ihnen folgten Zoologen, die genauere Sammlungen anlegten und größere Mengen von Exemplaren für Museen zurückbrachten, wo sie mit anderen Exemplaren verglichen, beschrieben und bezeichnet werden konnten. Nachdem einigermaßen umfassende Sammlungen und Vergleichslisten zur Verfügung standen, begann der Mensch die Bestände zu zählen, ihre Lebensräume und ihre Verbreitung in größerem Detail zu erforschen. Nur wenn detaillierte Informationen vorhanden sind, nur wenn man über den Vogel Bescheid weiß, den man beobachtet, können noch genauere Untersuchungen einzelner Vogelarten gut durchgeführt werden. Es mag für die Bewohner Europas und Nordamerikas, denen eine Unmenge von Vogelbüchern und Feldkarten zur Verfügung steht, schwer zu fassen sein, daß in vielen Teilen der Welt nicht einmal Grundlageninformation vorhanden ist. Die meisten lebenden Gattungen sind zwar identifiziert, doch immer noch werden ein, zwei neue Arten pro Jahr entdeckt. Detaillierteres Wissen, wie z.B. Einzelheiten über das Gelege, die Nistplätze, das Brutverhalten und die Überlebensquoten, gibt es nur über wenige Arten. Wie sich schon vermuten läßt, sind über die Vögel Europas und Nordamerikas die genauesten Untersuchungen angestellt worden. Daß diese Studien nicht für alle Vögel typisch sind, ist erst allmählich klargeworden. Wir glauben z.B. häufig, daß Vögel paarweise zusammenleben und ihr Gebiet gegen Eindringlinge verteidigen. Dabei leben viele tropische Vogelarten in Gemeinschaftsstrukturen. Bis zu einem Dutzend Vögel bleiben das ganze Jahr hindurch zusammen und helfen bei der Aufzucht der Jungen, die von einem einzigen Pärchen ausgebrütet wurden. Bei einigen dieser und anderer Arten scheint die Verteidigung des Territoriums kaum eine Rolle zu spielen.

Manchen Menschen gefallen nur Vögel, die sie in Gefangenschaft halten können. Seit vielen Jahrhunderten wurden Vögel wegen ihres Gesanges gepflegt. Finken erwiesen sich als besonders zugänglich für diese Behandlung; sie waren einfach zu füttern, blieben in kleinen Käfigen und sangen wunderschön. Abgebildet ist der Stieglitz oder Distelfink *Carduelis carduelis*.

Die Silbermöwe *Larus argentatus* ist eine der Vogelarten, die am intensivsten untersucht worden ist. Sie ist die am häufigsten vorkommende kolonienbrütende Art. Da sie relativ einfach zu studieren ist, wurde sie zum Kernstück einer der klassischen, ornithologischen Untersuchungen, nämlich der Studie von Professor Niko Tinbergen »Die Welt der Silbermöwe«.

Mit zunehmender Hintergrundinformation wurden kompliziertere und detailliertere Untersuchungen möglich. Obgleich Verbreitungsstudien Aufschluß darüber gaben, wo sich die Vögel zu allen Zeiten des Jahres aufhielten, konnten die Forscher früher nicht herausbekommen, wohin sich die verschiedenen Zugvogelschwärme zu verschiedenen Zeiten im Jahr wandten. Detaillierte Untersuchungen darüber waren erst mit dem Aufkommen der Beringung möglich, der Praxis, dünne numerierte Ringe um die Füße der Vögel zu legen. Normalerweise tragen diese Ringe die Adresse der Organisation des Landes, wo die Beringung stattgefunden hat, und man hofft, daß der Finder eines toten Vogels den Ring an dessen Ursprungsort zurückschickt. Bei den meisten Arten ist die Chance, daß ein kleiner toter Vogel gefunden wird — besonders in einigen der größeren Waldgebiete der Tropen —, jedoch unglaublich gering. Wenn man eine sehr große Anzahl beringt, ist es dennoch möglich, nicht nur die Brut- und Überwinterungsgebiete der Zugvögel herauszufinden, sondern auch die Flugrouten, auf denen sie diese Gebiete erreichen.

Es ist ein häufiges Mißverständnis zu glauben, daß Ornithologen Vögel nur deshalb beringen, weil sie Informationen über deren Wanderflüge erhalten wollen. Es gibt sogar immer wieder Leute, die meinen, daß man inzwischen schon so viel weiß, daß es doch ganz unnötig wäre, weitere Beringungen durchzuführen. Selbst wenn dies wahr wäre, würde es nur für einen winzigen Teil der Vogelarten gelten. Von beinahe keiner Art sind schon ausreichend viele Vögel beringt worden, um es uns zu erlauben, ihre Standortwechsel vollständig zu erfassen. Es gibt einige Anhaltspunkte dafür, daß sich z.B. die Bewegungen der Amseln etwa in den letzten 30 Jahren verändert haben. Solche Annahmen bedürfen natürlich ständiger neuer Überprüfungen. Bei manchen Vogelarten können unterschiedliche Winter verschiedene Wanderbewegungen auslösen. Die Rotdrosseln Nordeuropas ziehen z.B. in verschiedenen Jahren in verschiedene Teile Südeuropas. Ein anderer wichtiger Grund, Vögel mit Hilfe der Beringung zu studieren, liegt darin, daß sie es einem ermöglicht, die Lebensdauer und die Sterblichkeit der Vögel in verschiedenen Stadien ihres Lebens zu bemessen. Wir benötigen Untersuchungen über die Struktur der Bestände über lange Zeiträume hinweg. Insbesondere dann, wenn die Landschaft sich so rasch verändert wie im Augenblick, müssen wir wissen, ob die Vögel weiterhin der Bedrohung durch die Eingriffe des Menschen widerstehen. Dieses Wissen ist auch deshalb interessant, weil eine Veränderung der Anzahl oder der Überlebensquoten der Vögel durch Einflüsse auf die Umwelt hervorgerufen sein könnte, die auch den Menschen in Mitleidenschaft ziehen würden.

Viele detaillierte Studien über Ökologie, Wanderbewegungen oder Verhaltensweisen der Vögel erfordern es, daß der Vogelforscher einzelne Exemplare identifizieren kann, ohne sie häufig einfangen zu müssen. Aus diesem Grund verwenden viele Ornithologen verschiedene Erkennungsmarken — häufig sind es farbige Ringe oder manchmal auch Flügelmarkierungen. Diese Erkennungszeichen können an den Vögeln auf eine solche Weise oder in einer solchen Farbkombination angebracht werden, daß jeder einzelne Vogel vom Forscher erkannt werden kann, ohne daß er dafür eingefangen werden muß.

In den zwanziger und dreißiger Jahren gab es nur sehr wenige Posten für berufsmäßige Vogelkundler, um Studien über Vögel in der Praxis durchführen zu können. Frühere bahnbrechende Untersuchungen wie Eliot Howards *Territory in Bird Life*, David Lacks *Life of the Robin* und Mrs. Nice' *Studies in the Life History of the Song Sparrow* wurden von vielbeschäftigten Leuten in ihrer Freizeit unternommen. Als man jedoch mehr Wissen gesammelt hatte und ornithologische praxisbezogene Arbeit für berufliche Biologen möglich wurde, wurden mehr und mehr der exakten Untersuchungen — insbesondere solche, die eine Anzahl von Mitarbeitern und eine komplizierte Ausrüstung verlangen, die Amateuren nicht zur Verfügung steht — von hauptberuflichen Ornithologen durchge-

Rauchschwalben *Hirundo rustica* sind den Menschen in der Alten wie auch der Neuen Welt besonders gut bekannt. Sie bauen seit 2000 Jahren ihre Nester an menschliche Behausungen, und man sieht sie jetzt kaum noch woanders beim Brüten. Sie bauen ihre Nester aus Schlamm.

Die Goldammer *Emberiza citrinella* und der Zaunkönig *Troglodytes troglodytes* sind zwei weitere in Europa sehr bekannte Arten. Beide sind sie dort weit verbreitet und lassen einen chrakteristischen und weithin zu hörenden Gesang ertönen. Die Goldammer wurde in Neuseeland und auf einigen der nahegelegenen Inseln eingebürgert.

(1) Der Mauersegler *Apus apus* ist bei Stadtbewohnern wohlbekannt. Er baut sein Nest unter den überhängenden Dachkanten von Häusern und sonstigen großen Bauten. Er sucht oft in großen Entfernungen nach in der Luft schwebenden Insekten. (2) Die Amsel *Turdus merula* ist ein weiterer Stadtvogel, der viel studiert wurde. Sie ist heute mehr in Städten als in Wäldern zu finden. (3) Die Rohrammer *Emberiza schoeniclus* lebt im Sumpfland. Ihr sind wesentliche Teile der klassischen Studie von Eliot Howard »Territory in Bird Life« gewidmet.

führt. Man sollte deshalb aber nicht meinen, daß damit die Rolle des Amateur-Vogelbeobachters ausgespielt ist. Zwar kann nur der hauptberufliche Ornithologe langzeitige, detaillierte oder kostspielige Untersuchungen durchführen, die nötig sind, um mehr über gewisse Aspekte des Vogellebens zu erfahren, aber die Amateure können bei großangelegten Untersuchungen über die Verbreitung der Vögel oder bei Schätzungen mithelfen, die möglicherweise nur Hunderte von Menschen bewältigen können, da die Vögel gleichzeitig im ganzen Land gezählt werden müssen. So können z. B. Berufs-Ornithologen alleine nicht den Bestand beringter Vögel feststellen, der über das ganze Land verbreitet ist, um Studien über Vogelsterblichkeit zu ermöglichen. Nur eine kleine Armee hingebungsvoller Amateure kann dies bewerkstelligen.

Das ständig wechselnde Gesicht unserer Landschaften erfordert es, daß Vogelzählungen in relativ kurzen Abständen durchgeführt werden müssen, wenn wir die Veränderungen feststellen wollen, die zweifellos stattfinden. Selbst in den Ländern, wo die Vogelbeobachtung intensiv betrieben wird wie in England, gibt es Gebiete, die nicht gut erforscht sind, und die wechselnden Verbreitungsgebiete der Vogelarten bleiben unbemerkt. Obwohl einige von diesen Veränderungen vermutlich auf menschliche Eingriffe zurückzuführen sind, können wir auf keinen Fall sicher sein, daß es bei allen so der Fall ist, und weitere genaue Daten sind daher ungemein wichtig.

Über die Biologie der Vögel muß noch viel gearbeitet, und die laufenden Veränderungen müssen überwacht werden. Nicht nur die kleineren, detaillierten Studien über einzelne Vogelarten, sondern auch die weitgespannteren Probleme bedürfen fortgesetzter Forschung. Um nur ein Beispiel zu nennen: Wir wissen immer noch nicht genau, wie die Zugvögel vom einen Ende der Welt zum anderen ihren Weg finden. Der Amateur, der unzählige Vögel beringt, und der Ornithologe, der die Zugvögel mit Hilfe von Radar und Funk überwacht und im Detail das Heimkehrvermögen der Brieftauben erforscht, sie können beide sicher sein, daß sie gemeinsam zu weiteren Kenntnissen auf dem Gebiet der Ornithologie verhelfen. Dasselbe gilt für viele Aspekte des Vogelstudiums: Häufig können verschiedene Ansätze kombiniert dazu beitragen, daß wir vielseitigeres Wissen erhalten. Vogelbeobachtung bleibt so faszinierend wie eh und je.

REGISTER

Gattungs- und Artnamen in Kursivschrift. Zahlen in Kursivschrift beziehen sich
auf die Seiten, auf welchen die Abbildungen erscheinen.
Bitte beachten Sie die zusammengesetzten Wörter: z. B. Bläßhuhn siehe »Huhn«.

159

160